ENCYCLOPEDIA

ALLES ÜBERS FAHRRADFAHREN JOHAN TELL

AUS DEM SCHWEDISCHEN VON

ALEXANDER SITZMANN

BEN
EVE
NTO

Die schwedische Originalausgabe erschien 2016 unter dem Titel
En Cyclo Pedi. Allt jag vet om cykling bei Norstedts, Stockholm

1. Auflage 2019

Medieninhaber, Verleger und Herausgeber:
Red Bull Media House GmbH
Oberst-Lepperdinger-Straße 11–15
5071 Wals bei Salzburg, Österreich

Satz & Layout: Philipp von Keisenberg
Umschlaggestaltung: Philipp von Keisenberg
Umschlagillustration: © Lukas Möllersten, Lyth & Co
Printed in Slovakia

ISBN: 978-3-7109-0075-4

FSC
www.fsc.org
MIX
Papier aus verantwortungsvollen Quellen
FSC® C020353

»DAS FAHRRAD WIRD INNERHALB VON ZEHN JAHREN AUSGESTORBEN SEIN.«

P. J. O'ROURKE, SCHRIFTSTELLER, 1987

VORWORT

Dieses Buch ist meine ganz persönliche und liebevolle Huldigung an das Fahrrad und an all die unterschiedlichen Seiten des Radfahrens. Es beruht auf meinen eigenen Erlebnissen und auf Gesprächen, die ich mit Radfahrern auf der ganzen Welt geführt habe.

Viele Reisen sind es geworden, obwohl man doch heutzutage »alles« im Internet findet. Das Netz kann einem allerdings nie das wahre Erlebnis ersetzen, etwa in einer italienischen Fahrradfabrik zu beobachten, wie ein Kettenblatt ausgestanzt wird, in einem spanischen Fahrradcafé abzuhängen, zuzusehen, wie ein britischer Rahmenbauer Rohre zusammenlötet, oder auf einen französischen Berg, durch New York oder in Södermanland in einem Wald über Stock und Stein zu radeln. Man kann sich auch nicht an ein tieferes Verständnis für Städte herangoogeln, die sich wirklich entschlossen haben, auf Radfahrer zu setzen, oder an das besondere Gefühl, wenn ich in meiner eigenen Garage ein Fahrrad auseinandergeschraubt, es repariert oder gewartet habe und es mir danach gelungen ist, es wieder zusammenzuschrauben. Hier bin ich ganz einig mit dem chinesischen Philosophen Konfuzius, der bereits 500 v. Chr. sagte: »Was du mir sagst, das vergesse ich. Was du mir zeigst, daran erinnere ich mich. Was du mich tun lässt, das verstehe ich.«

Ich bin schon immer Rad gefahren, aber erst als sich dieses Interesse zu einer Leidenschaft entwickelte, wurde ich zu einem »Radfahrer«. Gleichzeitig wuchs die Zahl an Fahrrädern in meiner Garage so weit an, dass ich mich heute jedes Mal veranlasst sehe, eine kurze Pause zu machen, wenn mich jemand danach fragt, wie viele ich besitze – ich muss immer nachrechnen (es sind sieben Stück, eines für jeden Einsatzzweck plus eines in Reserve und ein weiteres, nur weil es so schön ist). Der Grund für mein gesteigertes Interesse am Radfahren war ein vierfacher: eine Bewegungsform, die schonender für meinen Körper war, ein immer größeres Umweltengagement, das unter anderem in drei Büchern zum Thema resultierte, eine wachsende ästhetische Leidenschaft für eine schöne mechanische Maschine und der zunehmende Wunsch, vollständig zu verstehen, wie zumindest ein Ding in unserer sonst so digitalisierten Gegenwart funktioniert. Dieses vierblättrige Kleeblatt von Ursachen, das hinter meiner Verwandlung in einen Radfahrer steht, hat sich seither weiter verzweigt. Fährt man plötzlich Hundertkilometerrunden, wächst gleichzeitig das Interesse an der Umgebung, und man beginnt über fahrradunfreundliche Wegnetze und fahrradfreundliche Cafés in kleinen Ortschaften nachzudenken. Das Umweltengagement wirft auch sofort Fragen nach Stadtplanung auf, wer das Recht hat, den öffentlichen Raum zu dominieren und wie man die Leute am besten zu klimafreundlichem Pendeln ermuntert. Der ästhetische Aspekt meiner Fahrräder dreht sich nicht nur darum, schöne Dinge besitzen zu wollen, sondern betont auch, was für eine Art von Mensch ich bin. Sie stehen für meine Ideen von Demokratie, Stadtplanung, Kindererziehung und den Wunsch nach einem kleineren ökologischen Fußabdruck. Und die Freude am Auseinander- und Zusammenschrauben eines Fahrrads schenkt einem dieselbe Art von Wohlbefinden, wie es andere manuelle Arbeiten tun. Die im eigenen Garten gezogene Tomate schmeckt besser, der selbst gestrickte Pullover ist kuscheliger, die mit dem eigenen Werkzeug gezimmerte Terrasse bietet mehr Gemütlichkeit, und das eigenhändig zusammengebaute Fahrrad wird bald so vertraut, dass man es für ein neues Familienmitglied halten könnte.

Dabei dürfen wir nicht vergessen, dass das Fahrrad auch eine einfache und unmittelbare Quelle für ein zeitweiliges Wohlbefinden ist. Etwas, worauf Sir Arthur Conan Doyle, den man unter anderem als Autor der Sherlock-Holmes-Bücher kennt, bereits vor hundert Jahren hingewiesen hat: »Wenn du niedergeschlagen bist, wenn deine Tage immer dunkler werden, wenn die Arbeit nur noch eintönig von der Hand geht, wenn es dir fast sinnlos erscheint, überhaupt noch zu hoffen, dann setz dich einfach aufs Fahrrad und mach eine Spritztour, ohne Gedanken an irgendetwas außer deine wilde Fahrt.«

Jegliches Radfahren und jegliches – in manchen Fällen sehr komplizierte und spezialisierte – Interesse daran beruht im Grunde auf eben dieser Feststellung: Fahr eine Zeit lang Rad, und deine Gedanken werden klarer, du wirst fröhlicher. Radfahren sollte von Ärzten verschrieben werden, denke ich, stelle aber sogleich fest, dass dies bereits geschieht. – Das Fahrrad ist, neben vielem anderen, eine wahre Freudenmaschine.

A

ABENTEURER

auf dem Fahrrad gibt es reichlich. Göran Kropp fuhr mit dem Rad von Stockholm aus zum Mount Everest, den er dann ohne fremde Hilfe und zusätzlichen Sauerstoff bestieg. Janne Corax hat 110 Länder bereist und gut zweimal auf dem Fahrrad die Welt umrundet. Renata Chlumska brauchte 439 Tage, um einmal rund um die USA zu radeln und zu paddeln.

Vielleicht war es Thomas Stevens, der diesen Trend auslöste, als er am 22. April 1884 auf einem 50-Zoll-Hochrad in San Francisco zu seiner Weltumrundung aufbrach. Sein Gepäck bestand aus einem Geldgürtel, zwei Hemden, einem Revolver und einem Regencape. Stevens kehrte zwei Jahre später an die amerikanische Westküste zurück und schrieb dann ein 1021 Seiten dickes Buch über seine Abenteuer.

ALBERT EINSTEIN

war nicht nur Wissenschaftler, sondern auch eine veritable Zitatmaschine. So auch übers Radfahren, die zwei bekanntesten stammen aus einem Brief, den er 1930 an seinen Sohn schrieb, beziehungsweise aus seiner Antwort auf die Frage nach dem Zustandekommen der Relativitätstheorie: »Das Leben ist wie Fahrradfahren. Um die Balance zu halten, musst du in Bewegung bleiben.« und »Mir ist es eingefallen, während ich Fahrrad fuhr.«

ALFONSINA STRADA

war eine legendäre italienische Radrennfahrerin und die einzige Frau, die eine Etappe des Giro d'Italia beendete. Man schrieb das Jahr 1924, aber was wirklich geschah, ist nur schwer zu klären in dem Nebelvorhang, der ihr ganzes Leben umgibt.

Geboren 1891 in einem Schuppen außerhalb von Modena, der Vater Tagelöhner, die Mutter Amme, zehn Geschwister, davon acht Brüder, brachte sie sich das Radfahren auf dem Drahtesel ihres Vaters selbst bei, während die Dorfbewohner sich vor diesem sündigen Benehmen eines kleinen Mädchens bekreuzigten. Sie gewann ihr erstes Rennen als Dreizehnjährige. Der Preis war ein Schwein. Sie war Weltrekordhalterin mit 32,58 zurückgelegten Kilometern in einer Stunde. Sie fuhr bei Schaurennen in ganz Europa und sogar in Russland mit, wo sie eine Goldmedaille von Zar Nikolaus II. erhielt. Ihr Mädchenname war Morini, doch heiratete sie einen Mann, der passenderweise Strada hieß, also »Straße«.

Zum Giro d'Italia wurde sie vom Organisator Emilio Colombo von der Tageszeitung *La Gazzetta dello Sport* eingeladen. Er dachte, dass eine weibliche Teilnehmerin zusätzliche Öffentlichkeit schaffen würde. Die männlichen Teilnehmer hielten das Ganze hingegen für einen Gag und drohten mit Streik. Von ihren männlichen Gegnern wurde Alfonsina »Teufel im Rock« genannt.

Jedenfalls ging Alfonsina an den Start, allerdings unter dem eher geschlechtsneutralen Vornamen Alfonsin. Sie schaffte es auf mehreren Etappen ins Ziel und ließ eine ganze Reihe von Männern in der Ergebnisliste hinter sich. Dann aber stürzte Alfonsina bei einem Sturm aufgrund des starken Regens und des schlammigen Untergrunds außerhalb von Neapel schwer, wobei unter anderem ihr Lenker brach. In Ermangelung eines Begleitfahrzeugs dauerte es lang, bis sich ein Bauer ihrer Situation erbarmte und ihr einen Besenstiel lieh, der als Lenker herhalten musste. Zwar im Ziel angekommen, hatte Alfonsina aber das Zeitlimit überschritten und wurde disqualifiziert.

Kürzlich erlebte Alfonsina Strada eine kleine Renaissance, als die italienische Band Têtes de Bois das Album *Goodbike* herausbrachte, auf dem alle Songs vom Radfahren handeln. Zu »Alfonsina e la bici«, also »Alfonsina und das Fahrrad«, gibt es sogar ein schönes Video, in dem die gealterte italienische Astrophysikerin Margherita Hack die Rolle der Alfonsina spielt. Das ist gar nicht so weit hergeholt, wie es vielleicht scheint, denn neben ihren rein wissenschaftlichen Publikationen schrieb Margherita Hack auch Bücher über ihr Leben unter anderem als Vegetarierin, Antifaschistin, Friedensaktivistin und Kernkraftgegnerin. Eines von Hacks letzten Büchern war die Autobiografie *La mia vita in bicicletta* (»Mein Leben auf dem Fahrrad«).

ALLEN KEY

ist die englische Bezeichnung für Innensechskantschlüssel (auch Inbusschlüssel genannt nach dem Ersthersteller INBUS), ein unentbehrliches Werkzeug für jeden Radfahrer. In Italien nennt man dieses Werkzeug *chiave a brugola*, in Frankreich *clé Allen*, in den Niederlanden *inbussleutel* und in Spanien *llave Allen*. Wer Allen ist oder war, weiß ich nicht, aber dafür weiß ich, dass es heutzutage in vielen Ländern auch klappt, wenn man eine Drehbewegung mit der Hand macht und dazu sagt: »Ikea«.

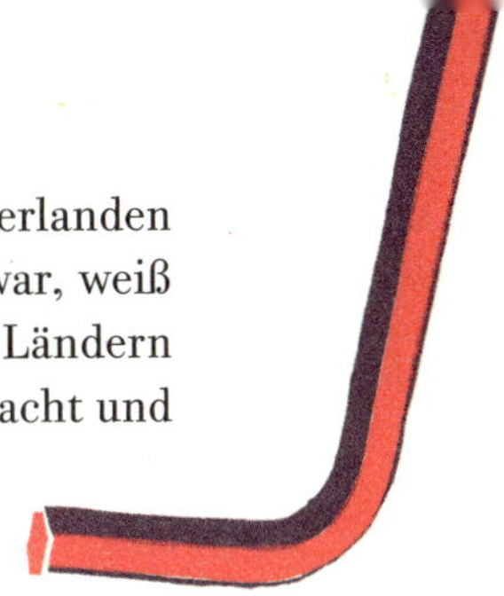

ALLER FAHRRAD ANFANG

Begonnen hat alles 1791, als der französische Graf de Sivrac das Fahrrad erfand oder, genauer gesagt, das erste zweirädrige Fahrzeug. Das Fahrrad wurde anfangs *Célérifère* genannt, grob übersetzt »Schnellläufer«, und bestand aus zwei hintereinander angeordneten Holzrädern, die mit einem Holzstück in Form eines Pferds, eines Löwen, eines Vogels oder irgendeines anderen schnellen Tiers verbunden waren. Der Fahrer setzte sich rittlings auf seinen Schnellläufer und stieß sich mit den Beinen vorwärts. Keines der Räder war seitlich zu bewegen. Dieser Célérifère ließ sich also nicht steuern. Das lenkbare Vorderrad wurde dann erst 1817 von Baron Karl von Drais aus dem Großherzogtum Baden eingeführt, der auch den geschnitzten Holzbalken mit einem etwas bequemeren Sattel versah.

Dieser Geschichtsschreibung zufolge, die in den Nachschlagewerken, die ich konsultiert habe, die gängige ist, musste also sechsundzwanzig Jahre lang jeder Schnellläufer, wenn er auf ein Hindernis stieß, sein Fahrrad anheben und versetzen, um weiterfahren zu können. Das klingt ein wenig absurd. Was es auch ist, denn es ist vermutlich nicht

wahr. Ein zweirädriger Célérifère wurde 1791 im Palais Royal in Paris nämlich gar nie vorgeführt. Nicht einmal der Graf de Sivrac soll existiert haben. Alles war ein Einfall des französischen Journalisten Louis Baudry de Saunier, der 1890 der Meinung war, es brauche mehr ermutigende, nationalistische Artikel in einer Zeit, als das Land noch immer der Demütigung des französisch-deutschen Kriegs 20 Jahre zuvor nachhing. *Bien sûr!* Selbstverständlich! Das Fahrrad ist auch eine französische Erfindung!

Dasselbe kann man über Leonardo da Vinci und seinen Schüler Gian Giacomo Caprotti sagen; keiner von ihnen hat das Fahrrad erfunden. Die Skizzen, die das zeigen, sind rezente Fälschungen - etwas, was jedoch noch nicht alle Italiener akzeptiert haben.

Auch Baron Karl von Drais' Laufmaschine trägt eine beinahe mythologische Geschichte in sich. Es heißt, dass Drais die Idee zu seiner Draisine, wie man sie auch nennt, nach der fürchterlichen Hungersnot kam, die das nördliche Europa und Nordamerika 1816 aufgrund der Klimaveränderungen traf, die der Ausbruch des indonesischen Vulkans Tambora im Jahr zuvor nach sich zog (1816 wurde das »Jahr ohne Sommer« genannt). Abgesehen von den Hunderttausenden von Menschen, die aufgrund ausgebliebener Ernten verhungerten, starben auch viele Pferde. Sie waren es, die von Drais mit seiner Laufmaschine ersetzen wollte. Vielleicht ist es wahr. Vielleicht war es aber einfach so, dass von Drais eine bessere Geschichte brauchte, weil es sich falsch anfühlte, ein Spielzeug zu erfinden, während die Menschen um ihn herum verhungerten. Was diese Theorie stützt, ist, dass das Fahrzeug auch Dandy-Pferd genannt wurde, weil es meist von jungen männlichen Snobs verwendet wurde, die in Parks umherfuhren ohne Anliegen oder ein Ziel in Sicht - insbesondere nicht, die zu retten, die von der Hungersnot betroffen waren.

Übrigens war von Drais' Laufmaschine mit ihren Eisenrädern, Messingbuchsen im Radlager und ihrer Hinterradbremse eine ziemlich fortschrittliche Erfindung für ihre Zeit.

ALLEYCATS

sind informelle Fahrradrennen, die in Städten gefahren werden. Das erste wurde 1989 in Toronto ausgetragen, und die meisten Teilnehmer waren Fahrradkuriere. *Alley cat* ist übrigens die englische Bezeichnung für eine streunende Katze.

Für gewöhnlich finden diese Rennen nachts statt und beinhalten, wie bei einem Orientierungswettkampf, auch Checkpoints. Diese Checkpoints können mitunter, im Unterschied zum Ablauf von Orien-

tierungswettkämpfen, aus verschiedenen Prüfungen bestehen – körperlichen Aufgaben, Wissenstests, sogar Alkohol kann im Spiel sein –, die erst gemeistert werden müssen, bevor man sich auf die nächste Etappe begeben darf.

Alleycats sind nicht immer, aber ziemlich oft, sowohl informell als auch in mehrerlei Hinsicht illegal. Die ersten drei bekommen Preise, genauso wie der, der DFL wird, also *Dead Friggin' Last* (»der Allerletzte«). Legale Rennen kommen vor, aber das ist ein bisschen so, als wollte man eine *alley cat* domestizieren, den Streuner aus der Gasse zu einer Wohnungskatze machen.

ALUMINIUM

scheint von niemandem besonders geliebt zu werden. Jedenfalls nicht als Material für Fahrradrahmen. Exklusive Autos können Karosserien aus Aluminium haben, genauso Flugzeuge, sogar das Gehäuse von Mobiltelefonen kann aus gebürstetem Aluminium sein. Aber ein Fahrradrahmen? Nee. Dabei war es Aluminium, das die Zeit des Stahls als Siegermaterial bei der Tour de France, um nur ein Beispiel zu nennen, beendete. Freilich war dieses Fenster des Ruhms kurz, es öffnete sich

1995 und schloss sich 1998 bereits wieder, aber es hätte einige Enthusiasten hervorbringen müssen. Falls dem so ist, sind sie schwer zu finden.

Die Ersten, die dem Aluminium entgegenarbeiteten, waren die nostalgischen Stahlliebhaber, die meinten, dass früher alles besser war. Danach kam die Kritik von denen, die ihre Hoffnungen auf das künftige Supermaterial Carbon setzten. Es spielte keine Rolle, dass die Hersteller von Alurahmen ins Feld führten, dass das Material leicht war - es wog nur ein Drittel im Vergleich zu Stahl - und steif. Nicht einmal Experimente mit verschiedenen fortschrittlichen Legierungen und Verbundwerkstoffen, bei denen Aluminium mit einem anderen Metall, einer keramischen oder organischen Verbindung gemischt wurde, oder imposante Namen wie *metal matrix composite aluminium* halfen. Das Material wurde weiterhin verschmäht.

Die meisten Radfahrer waren der unerschütterlichen Überzeugung, dass Alurahmen groß und hässlich waren und auf eine eigentümliche Weise brachen, soll heißen mittendurch nach einem Sturz im Wald. Nachher konnte man nicht zum lokalen Schmied gehen und den Rahmen wieder richten lassen, wie es mit einem Fahrrad aus Stahl ging.

Das einzige Mal, dass Alurahmen, wenn schon nicht beliebt, so zumindest eine denkbare Alternative waren, war vor einigen Jahren, als die Preise für die teureren Carbonrahmen zu sinken begannen. Da galt das Mantra: »Lieber ein guter Alurahmen als ein schlechter aus Carbon.« Es gab sogar die, die glaubten, Carbonrahmen würden auf eine noch eigentümlichere Weise brechen als die aus Aluminium. Heutzutage gibt es keinen einzigen Premiumrahmen aus Aluminium. Noch vor wenigen Jahren war es kein Problem, ein Fahrrad aus Aluminium für über 50 000 Kronen (etwa 5000 Euro) zu finden. Heute ist es fast unmöglich, eines über 15 000 Kronen (etwa 1500 Euro) zu finden. Ausgenommen vielleicht das eine oder andere Mountainbike. Wer heute diesem Materialboykott trotzt, kann immer noch einen Aluminiumrahmen von beispielsweise Dedacciai für circa 7000 Kronen (etwa 700 Euro) ergattern. In Material und Ausführung ist er ähnlich wie der, mit dem Marco Pantani 1998 die Tour de France gewann - das letzte Mal, dass ein Alurahmen auf dem Siegerpodest stand. Und wenn er für ihn ausreichte, sollte er heute doch für jeden beliebigen fröhlichen Amateur ausreichen. Hübsch ist er auch. Na gut, Specialized hat ein Aluminiumrad für knapp 70 000 Kronen, aber sonst ...

ASPHALTTÄTOWIERUNG

ist eine permanente Erinnerung an einen früheren Sturz auf einem harten Untergrund. Hat selten die Form eines Marienkäfers.

B

BACON

ist Radfahrerjargon für den Schorf, den man an Knien, Ellenbogen oder anderen hervorstehenden Körperteilen nach einem ordentlichen und schmerzhaften Sturz davongetragen hat.

BALANCE

ist ein Phänomen, über das ich nachdenke, während ich versuche, außerhalb von Vicenza in Italien einen Berghang hinunter an einem Profi dranzubleiben. Für mich geht es schnell dahin, doch für Antonio Furlano ist unsere Geschwindigkeit gemächlich. Vielleicht 50–55 km/h. Der Fahrtwind kühlt trotzdem, und wir haben jetzt die Sonne verloren, weil wir uns auf der Nordseite des kleinen Bergs befinden. Antonio richtet deshalb den Oberkörper auf, lässt den Lenker los, beginnt, in seiner Rückentasche nach seiner Weste zu kramen, holt sie hervor und zieht sie über. Alles, während wir einen langen Bogen mit derselben Geschwindigkeit machen. Balance, denke ich, es ist faszinierend, dass Fahrräder gleichsam von selbst weiterfahren, auch wenn wir den Lenker loslassen.

Als Kind bekam ich zu hören, die Erklärung dafür, dass sich ein Fahrrad aufrecht hält, wenn man es beispielsweise ohne Fahrer eine Wiese hinunterrollen lässt, sei der gyroskopische Effekt. Später hörte ich, dass das mit dem gyroskopischen Effekt falsch sei und dass die Balance des Fahrrads stattdessen auf dem Nachlauf beruhe. Der Nachlauf ist der Abstand zwischen dem Punkt, an dem die gedachte Verlängerung der Gabel den Boden trifft, und dem Punkt auf einer senkrechten Linie, die durch die vordere Nabe geht. Ein großer Nachlauf bewirkt, dass das Fahrrad sich selbst aufrichtet. Je länger der Nachlauf ist, desto besser ist also die Balance.

Kritiker dieser Erklärung führen die Tatsache an, dass man ausgezeichnet die Balance halten kann, selbst wenn man langsam fährt, wo weder gyroskopischer Effekt noch Nachlauf eine große Rolle spielen. Deshalb spricht man heutzutage eher davon, dass es die Geschwindigkeit in Kombination mit der Lenkung ist, die zur Balance des Fahrrads beiträgt. Dass die Möglichkeit zu steuern wichtig ist, weiß jeder, der versucht hat, auf einem Fahrrad mit manipuliertem Lenker zu fahren, der das Rad in die entgegengesetzte Richtung dreht. Dann ist es fast unmöglich, die Balance zu halten.

Alle Faktoren scheinen also eine Rolle zu spielen, und sie tun es in unterschiedlichem Grad in Abhängigkeit von der Geschwindigkeit. Bei niedriger Geschwindigkeit, fast im Stand, arbeitet man viel mit dem Lenker, um die Balance zu halten, aber auch mit Gewichtsverlagerung im Oberkörper, Veränderung des Drucks auf die Pedale, Einknicken mit der Hüfte und den Knien. Alles, um den richtigen Schwerpunkt zu behalten. Je schneller man dann fährt, desto weniger braucht man sich diesen Korrekturen zu widmen. Die Geschwindigkeit hilft einem jetzt, die Balance zu halten. Und ja, man bekommt auch ein wenig Hilfe von der Zentrifugalkraft und der jeweiligen Geometrie der Gabel. Die Geometrie, die für ein Reiserad in Sachen Balance am besten ist – dazu bestimmt, direkt bis nach Timbuktu zu radeln –, ist wiederum am schlechtesten für ein teures Rennrad, das an einen Sprinter angepasst wurde, der abrupte Richtungswechsel und Ausbruchsversuche unternehmen können soll, ohne von einem Drahtesel daran gehindert zu werden, der darauf getrimmt ist, stur geradeaus zu fahren. Also für ein solches Rennrad, auf dem Antonio Furlano vor mir den Berg hinuntersaust, während er in der Rückentasche nach den Kopfhörern für sein Mobiltelefon sucht.

BALLONREIFEN

sind laut meiner Ausgabe der schwedischen *Nationalenzyklopädie* »eine ziemlich unpräzise Bezeichnung für alle modernen Niederdruckreifen für pneumatische Räder«.

Man kann auch sagen, dass ein Ballonreifen größer als die Felge ist, auf die er gezogen ist, einen beinahe kreisrunden Querschnitt hat, weich über Unebenheiten rollt, dafür aber schwerfällig ist. Für gewöhnlich assoziiert man Ballonreifen mit alten Militärfahrrädern, deren Produktion in den 80er-Jahren eingestellt wurde.

BAMBUS

als Material für einen Fahrradrahmen, sollte einen das nervös machen? Ich wäre ganz beruhigt, besonders, wenn man Gerüste für Wolkenkratzer in Hongkong gesehen hat, die ganz aus Bambus bestehen. Wenn Bambus Arbeiter 70 Stockwerke über der Erde sicher halten kann, dann kann man auch auf einem Fahrrad aus demselben Material entspannt bleiben.

Ein moderner Bambusrahmen unterscheidet sich allerdings ziemlich von denen, auf die ein Tourist in Vietnam stößt, die hauptsächlich für Armeleutefahrzeuge dienen und aus zusammengebundenen Stangen gemacht sind. Die heutigen Bambusrahmen sind fast so leicht wie ein Rahmen aus Carbon, fast so fest und fast so verwindungssteif. Jedoch sind sie bedeutend teurer. Wer einen Bambusrahmen wählt, tut dies vermutlich, weil sie gut aussehen oder weil sie in Sachen Umweltschutz einen Vorteil haben. Bambus ist ein nachwachsendes Material, wenn man also seinen Rahmen verschlissen hat, ist sozusagen ein neuer nachgewachsen, was Grundvoraussetzung für nachhaltigen Konsum ist. Das Problem aus dem Blickwinkel des Umweltschutzes wiederum ist selbstverständlich, dass der Rest des Fahrrads - Gabel, Vorbau, Sattelstütze, Schaltung, Lager, Bremsen, Pedale, Kurbelsatz, Züge - aus verschiedenen Arten von Metallen und Kunststoffen besteht. Ist man also nur darauf aus, ein Kilo Kunststoff einzusparen, um das es sich vermutlich dreht, wenn man von einem Carbonrahmen zu einem Bambusrahmen wechselt, ist es einfacher, mit Plastiktüten Schluss zu machen.

Für den, der es sich leisten kann, ist ein Bambusrahmen ein Beitrag zu einem besseren Karma. Allein das Wissen, dass der Rahmen auf einem Feld in Vietnam gewachsen ist, ist vermutlich einiges wert. Und dann gibt es auch noch Fahrräder mit Holzrahmen - noch schöner und noch teurer.

BANDANA

stammt ursprünglich aus dem Hindi und bedeutet so viel wie »(etwas) Gebundenes«. Man bezeichnet damit heute ein im Nacken gebundenes Kopftuch. Man kann es auch »Piratentuch« nennen. In Radfahrerkreisen wurde es dadurch bekannt, dass Marco Pantani, auch der Pirat genannt, es über seinem rasierten Scheitel trug (jedoch ohne Helm).

BAR

kann im Zusammenhang mit Fahrrädern drei Dinge bedeuten:

1. Eine Maßeinheit für den Reifendruck, eine unendliche Quelle für Diskussionen darüber, welcher denn nun der richtige sei.
2. Synonym für einen energiereichen, mehr oder weniger sinnvollen, süßen Riegel, den man in der Rückentasche dabeihat und dessen Kilopreis dem von Biorindfleisch aus Freilandhaltung entspricht.
3. Der Ort, zu dem man unterwegs ist.

BEINRASUR

Glatt rasierte Beine sind unter Profiradsportlern üblich. Die Ansicht, dass kein Rennen in moderner Zeit mit unrasierten Beinen gewonnen wurde, wird als absolute Wahrheit verkauft. Wohingegen die Behauptung, dass das Rasieren einen Radrennfahrer wirklich schneller macht, lange als bloßes Gerücht abgetan wurde. Die, die trotzdem daran festhielten, stützten sich auf einen wissenschaftlich zweifelhaften Artikel im *Bicycle Magazine* von 1987, wo Chester Kyles Studie präsentiert wurde. Kyle meinte, dass rasierte Beine eine Verbesserung von 0,6 Prozent mit sich bringen, was einige Sekunden Zeitgewinn bei einem Vierzigkilometerrennen bedeutet, zumindest für jemanden, der wie ein Verrückter fährt.

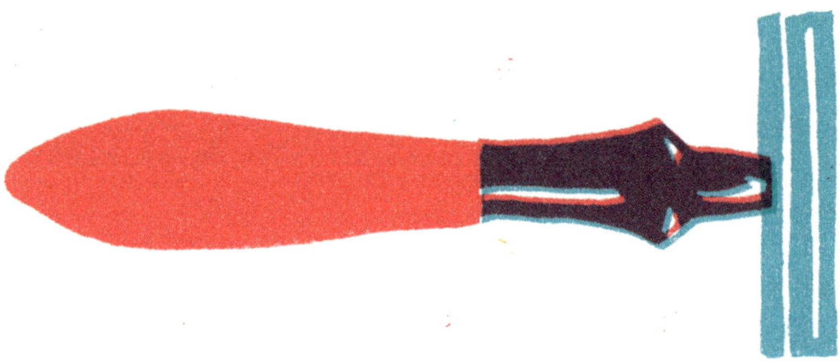

Die meisten, die sich im Lauf der Jahre rasiert haben, haben es also eher getan, weil sie sich nicht trauten, es darauf ankommen zu lassen. Außerdem kann man ja viele gute Gründe dafür finden: Es ist leichter, eine Massage zu bekommen, leichter, Schürfwunden zu reinigen, nichts bleibt an Bandagen und Tapes kleben, es fühlt sich unter frisch gebügelten Laken angenehm an, und der Partner findet es auch schön. Aber kürzlich haben Mark Cote und Chris Yu, sogenannte *aero gurus* bei Specialized, einen neuen Test gemacht: Sie haben eine Handvoll

Radrennfahrer mit unrasierten Beinen gefunden, sie in einen Windkanal gesteckt und eine Strecke auf Zeit fahren lassen. Das Ganze wurde danach mit rasierten Beinen wiederholt. Diesen *aero gurus* zufolge wurde auf einer Distanz von 40 Kilometern ein Zeitgewinn zwischen 50 und 80 Sekunden gemessen. Ein einzelner Test reicht natürlich nicht aus, um eine Erkenntnis rein wissenschaftlich als Wahrheit zu etablieren. Aber bis sich jemand der Sache annimmt, diesen Test von Specialized infrage zu stellen und zu wiederholen, wird kein einziger Profi auch nur einen Gedanken darauf verschwenden, mit unrasierten Beinen zu fahren. Und Rapha wird weiterhin spezielle Rasierseife für Beine zu einem Stückpreis von 20 Euro verkaufen.

BERG

Der Berg der Berge liegt dort vor mir. Ich sehe ihn in der Entfernung, und er scheint mich auch zu sehen. Es ist extrem schön hier in diesem Teil der Provence. In der einen Richtung eine sanft hinunter zum Mittelmeer auslaufende Landschaft: Weinranken, Olivenbäume und Lavendelfelder. In der anderen Richtung der Berg mit großem B, der Mont Ventoux. Er sieht aus der Entfernung nicht so schrecklich aus. Nicht spitz und steil, eher weich und freundlich. Beinahe liebenswert. Es wird sich zeigen, dass dieses Bild zwar stimmt, aber gleichzeitig auch irreführend ist. Der Berg ist eher wie ein Sumoringer, rund und teigig von der Kontur her, aber eine Gestalt, um die man einen Bogen machen sollte, wenn man nicht wirklich auf Tuchfühlung gehen muss. Und eigentlich braucht ja niemand einen Berg hinaufzuradeln. Trotzdem tun ich und unzählige andere es. Ich habe noch nie so viele Radfahrer gesehen seit der Vätternrundfahrt – was zum größten Teil daran liegt, dass es der letzte Sonntag im August ist.

Ich fuhr in Malaucène los, wählte aber nicht den kürzesten Weg. Ich wollte aus derselben Richtung kommen wie die Fahrer bei der Tour de France, über Bédoin. Hier begann auch das ganze Graffiti auf der Straße. Überall auf der Fahrbahn sind die Namen von bekannten Rennfahrern aufgesprüht. Weiter oben gehen die Graffiti dazu über, nur noch aus einzelenen Worten bestehen: »Hopp, hopp«, gleichwohl auf Französisch. Am Ende gibt es nur noch ein Wort: *Courage* – »Mut«.

Ich fragte den Fahrradverleiher nach dem Wetter auf dem Gipfel. Er tippte widerwillig etwas in seinen Computer und kam zu dem Schluss, dass mich eine sonnige Radtour erwarte.

»Aber der Wind?«, wunderte ich mich, nachdem Mont Ventoux doch tatsächlich »der windige Berg« bedeutet.

»Ach, nicht so schlimm, Windböen um die 50 Stundenkilometer.«

Ich konnte das im Kopf nicht richtig umrechnen in - für mich - anschaulichere Meter pro Sekunde. Aber es schien viel zu sein. Auf eine Wand aus Wind zu treffen, die sich mit 50 Sachen bewegt.

»Ab welcher Windstärke rätst du Radfahrern ab?«

»Ach, du kannst auch bei Windböen von 100 Stundenkilometern fahren, *pas de problème*.«

Ich hätte es besser wissen sollen. Einen Verleiher nach Dingen zu fragen, die drohen, seine Möglichkeiten, Geld zu verdienen, einzuschränken, ist nicht sonderlich schlau. Dann erhält man eine Antwort, der man weder vertrauen kann noch sollte.

Meine Ambitionen sind ziemlich bescheiden, finde ich, und bestehen darin, den Gipfel ohne Pause zu erreichen. Ich meine, wie schwer kann das schon sein? 22 Kilometer von Bédoin, da heißt es doch einfach nur in die Pedale treten?

Ziemlich bald passiere ich Männer, die am Straßenrand angehalten haben. Sie versuchen, so auszusehen, als warteten sie auf einen langsameren Teamkameraden, sie schauen nach unten, schicken SMS, tippen Nummern ein. Aber sie können niemanden täuschen. Sie sind am Ende ihrer Kräfte und brauchen eine Pause. Als ich an ihnen vorbeifahre, halten sie die Luft an, damit ihr Keuchen sie nicht verrät. Es sind hauptsächlich Männer. Die meisten Frauen, die ich sehe, fungieren als Begleitfahrzeug für ihre Männer. Fahren vorbei, bleiben stehen, machen ein Foto von ihren aufopferungsvoll kämpfenden Männern, rufen *»Hopp, hopp!«* und *»Courage!«*, springen in ihre Autos und fahren einige Kilometer den Berg hinauf, um die ganze Prozedur zu wiederholen.

Bald spüre auch ich, wie anstrengend es ist. Es ist nicht steil, ganz und gar nicht, aber es kommen keine Streckenabschnitte, wo man zu Atem kommen kann, es gibt keine flachen Partien, es geht verdammt noch mal 22 000 Meter lang bergauf, *merde*! Also kurble ich weiter. Winde mich hinauf, Meter um Meter, während ich obsessiv auf meinem GPS die Steigung mitverfolge. Nach einer Weile fühlt sich eine Steigung von sieben Prozent ganz okay an, fast schon eben. Nach einer Weile fühlen sich elf Stundenkilometer ziemlich schnell an.

Dann bekomme auch ich Probleme. Der Pinienwald weicht einer offenen Landschaft, und ich kann den Gipfel und seinen roten Turm sehen, der in der Sonne funkelt und genauso gut auf einer Schäre thronen könnte. Das ist der Augenblick, in dem ich einsehe, dass ich noch 1000 Meter vor mir habe, was meine Kräfte gleichsam verdampfen lässt. 1000 Höhenmeter also. Kurz darauf flimmert die Anzeige auf meinem GPS und zeigt eine Steigung von 17 Prozent für einen Anstieg an, dessen Ende ich noch nicht einmal sehen kann. Da wird der Berg plötzlich übermächtig. Der Sumoringer hat mich in seinen Griff genommen, und wie sehr ich auch strample, ich komme nicht voran. Mein GPS glaubt, ich sei stehen geblieben, nachdem meine Geschwindigkeit mitunter auf null Stundenkilometer sinkt. Die psychische Einsicht und der physische Widerstand bewirken, dass ich zusammenbreche, stehen bleibe, vom Fahrrad steige, einen Baum umarme und versuche, wieder zu Atem zu kommen.

Ich sitze eine Weile auf einem Stein, trinke Wasser und grüble über diese Steigung nach und dass sie gleichsam ein Maß für deine Kondition ist. Die Vätternrundfahrt hat wenige echte Erhebungen, die schaffen die meisten. Man muss nur treten, dann kommt man früher oder später ins Ziel. Aber auf einem Berg zeigt die Steigung, welche Kondition man wirklich hat. Ich habe offenbar nicht die Kondition für 17 Prozent. Diese Steigung bereitet meinen Ambitionen ziemlich bald ein Ende. Ich bin wohl eher ein Mann für 12.

Die letzten Kilometer in der freien, baumlosen Mondlandschaft sind anstrengend, aber es geht. Ich muss tatsächlich nicht noch einmal anhalten. Dann bin ich plötzlich oben und erhalte meine Belohnung in Form einer unglaublichen Aussicht hinunter über das Département Vaucluse und eines angeberischen Selfies auf Facebook.

Die folgende Abfahrt von 20 Kilometern werden viele ebenfalls für eine Belohnung halten, aber mir geht das ein bisschen zu schnell. Ich habe ja Profis im Fernsehen gesehen, die sich mit 100 Sachen hinunterstürzen, aber selbst meine ich, dass es bei knapp über 50 schon arg gruselig wird. Also bremse ich mich große Teile des Wegs hinunter, bis ich den Fuß des Berges und ein Café an einem murmelnden Bach erreiche, wo man draußen sitzen und Bier trinken kann. Ich bestelle ein Grimbergen und denke mir, klingt das nicht nach einem guten Namen für ein Bier nach einem grimmigen Berg?

Am nächsten Tag bezwinge ich den Berg in einem Zug. Ich bin fast allein mit meinem Rad an diesem ersten Montag nach den französischen Ferien. Unterwegs überlege ich, wie es sein kann, dass ich nicht zusammenbreche und gezwungen bin, abzusteigen und mich an eine Pinie zu lehnen. Zuerst denke ich, es liegt daran, dass die Nordseite leichter ist. Genauso viele Höhenmeter, versteht sich, aber mit weniger brutalen Stücken und sogar einigen akzeptablen Abschnitten, auf denen man wieder zu Kräften kommen kann. Aber dann erkenne ich, dass es der Wind ist, der mir hinaufhilft. Ich realisiere es eigentlich erst, als ich nur noch ein paar Hundert Meter vor mir habe. Da spüre ich die Kraft, die der Wind hat. Aber wie stark er tatsächlich ist, ahne ich erst, als ich mich dem Gipfel nähere und einem Radfahrer begegne, der bereits wieder auf dem Weg hinunter ist. Er rollt ungeheuer langsam bergab, hat vier verärgerte Autofahrer im Schlepptau und lächelt mir gequält zu.

Als ich 100 Höhenmeter später auf dem Gipfel vom Rad steige, weht es mich fast davon. Ich mache keine Scherze. Wenn ich das Rad nur am Sattel und Lenker halte, hebt sich das Vorderrad vom Boden, und ich halte plötzlich ein Fahrrad in vertikaler Position. Ich könnte Drachenfliegen mit dem Fahrrad. Von wegen »100 Stundenkilometer sind kein Problem«. Außerdem ist es kalt, fürchterlich kalt, also entscheide ich mich, sofort wieder auf der Südseite hinunterzufahren.

Doch oben auf dem Gipfel stelle ich fest, dass ich mich nicht traue. Die Windböen haben so viel Kraft, dass ich Angst habe, über die Steinbalustrade geweht zu werden und den Abhang hinunter zu verschwinden. Also gehe ich, wobei ich krampfartig mein Fahrrad festhalte, damit es nicht wie ein Papierflieger weggeblasen wird. Nach einer Weile sind wir ungefähr 20 Radfahrer, die im Gänsemarsch den Mont Ventoux hinuntersteigen, den windigen Berg hinab.

Nach gut einem Kilometer wage ich es, wieder aufzusitzen und nach Bédoin hinunterzufahren. Beinahe in der kleinen Stadt angekommen, begegnen mir zwei Krankenwagen auf dem Weg hinauf. Aber das kann selbstverständlich auch ganz andere Ursachen haben als Radfahrer, die vom Berg geweht wurden.

BERUFE

Um solche, in denen das Fahrrad eine Rolle spielt, steht es schlecht. Den Scherenschleifer meiner Kindheit gibt es nicht mehr. Er parkte immer auf dem Gehsteig, und ich durfte mit einigen Messern und unserer Küchenschere zu ihm hinuntergehen. Der Scherenschleifer hatte einen Schleifstein am Rahmen zwischen Sattel und Lenker befestigt. Er hievte das Fahrrad auf eine große Stütze, eine Art Wiege, die das Hinterrad in der Luft hängen ließ, dann begann er, in die Pedale zu treten. Statt das Fahrrad zu bewegen, trieb nun das Hinterrad über einen Lederriemen die Rolle am Rahmen an, und er konnte mit dem Schleifen beginnen.

In anderen, vor allem ärmeren Ländern, in denen Strom rar oder teuer ist, kann man immer noch Scherenschleifer antreffen und solche, die mit dem Fahrrad eine Waschmaschine, eine Wasserpumpe oder einen Warenaufzug antreiben. Aber auch im Sinne der Nachhaltigkeit setzt man mitunter auf Fahrradantrieb, etwa in trendigen Gyms, um einen Mixer anzutreiben, der frischen Fruchtsaft produziert.

Fahrradboten, die sowohl kleinere Sendungen als auch größere Güter mit dem Lastenrad ausliefern, sind dagegen eine Berufsgruppe, die

wächst, wenn auch noch langsam. Jedes Mal, wenn ich ein Paket geliefert bekomme oder der Nachbar seine Öko-Kiste mit Obst und Gemüse, bin ich darüber verwundert, dass es immer noch mit einem Dieselfahrzeug geschieht, noch dazu in der Großstadt, wo es um leere Straßen und Parkplätze schlecht bestellt ist.

Man beginnt aber umzudenken. In Kopenhagen beispielsweise habe ich den Transport eines Sargs auf einem Fahrrad beobachtet, in den meisten Großstädten gibt es Fahrradpolizisten, und in der Londoner Innenstadt kann der Krankenwagen, der ausrückt, auch mal ein Fahrrad sein. Fahrradakrobaten im Zirkus und Rad fahrende Eis- respektive Kaffeeverkäufer in Parks gibt es selbstverständlich immer noch hier und dort auf der Welt. In Indien gibt es Fahrradrikschas, in Uppsala Fahrradtaxis, und in Kenia nimmt man Passagiere auf seinem gepolsterten Gepäckträger mit. Auch Briefträger sind noch immer mit dem Rad unterwegs.

Last but not least, die alte unehrliche Arbeit in dieser zweirädrigen Branche: der Fahrraddieb. Wie der irische Autor Flann O'Brien sagte: »Warum sollte jemand eine Armbanduhr stehlen, wenn er ein Fahrrad stehlen kann?«

BETRUG

endet selten in einer Tragödie, aber in diesem Fall war es genau so. Ich sitze auf den Stufen des Denkmals für Tom Simpson. Es liegt einige Hundert Meter unterhalb des Gipfels des Mont Ventoux in der Provence. Ich bin auf dem Weg hinunter, komme aber gerade nicht weiter, weil es so stürmt, dass ich Angst habe, von der Straße und ins Tal hinunter geblasen zu werden. Tom Simpson war am 13. Juli 1967 auf dem Weg hinauf, es war die 13. Etappe der Tour de France. Aber er kam nicht weiter als bis zu dieser Stelle, an der er starb.

Die offizielle Todesursache war Herzversagen aufgrund von Dehydrierung und Hitzschlag, doch ein Umstand, der stark dazu beitrug, war, dass Simpson das verbotene Präparat Amphetamin und Cognac zu sich genommen hatte. Amphetamin ist ein Mittel, das man in großem Ausmaß zum ersten Mal im Zweiten Weltkrieg anwendete, wo es dafür sorgte, dass die Soldaten weder Müdigkeit noch Hunger verspürten. So konnten sie länger am Stück marschieren und kämpfen. Piloten von Langstreckenbombern knabberten ebenfalls Amphetamine. Nach dem Krieg gab es große Lagerbestände von Amphetamin, und sie wurden als Aufputschmittel an müde Schichtarbeiter, Lastwagenfahrer und Studenten, die für Klausuren büffeln, verkauft. Amphetamin wurde sogar als Diätmittel zum Verkauf angeboten. Ich finde im Netz ein

Plakat, auf dem eine dicke Tante vor einer schlanken Schaufensterpuppe steht. Sie empfiehlt das Amphetaminpräparat Tonedron dreimal täglich, vor dem Frühstuck, Mittagessen und Abendbrot.

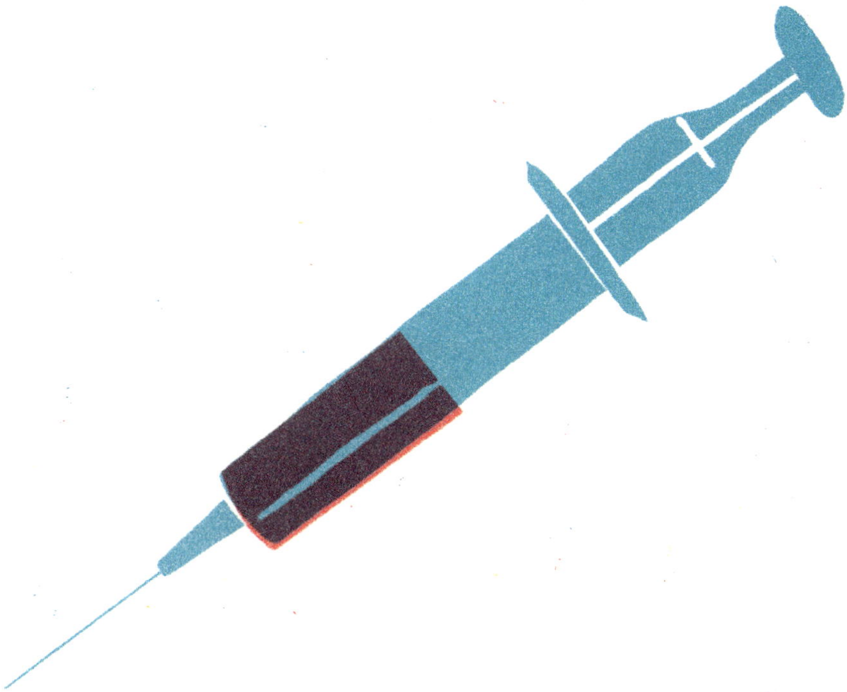

Im Radsport war Amphetamin bis 1965 ein zugelassenes Präparat, also bis zwei Jahre vor Simpsons Tod. Das Problem in Simpsons Fall war, dass das größte Verdienst des Amphetamins ist, die Warnsignale des Körpers auszuschalten. Unten im Tal zeigte das Thermometer an diesem Julitag 45 °C. Simpson hatte drei Tage lang Durchfall gehabt, und der steile Anstieg, den er hinauffuhr, war 24 Kilometer lang. In dieser Situation ein Mittel zu verwenden, das die Versuche des Körpers blockiert, einem zu sagen, »trink« und »immer schön ruhig«, ist lebensgefährlich.

Simpson war schon 500 Meter zuvor vom Rad gesackt, aber das Personal im Begleitfahrzeug half ihm wieder in den Sattel. Als er das zweite Mal kollabierte, war es endgültig. Er starb auf der Stelle, nur einige Hundert Meter vom Gipfel entfernt und von der Abfahrt, die fast bis zur Ziellinie geht. In seiner Rückentasche hatte er zwei leere und ein halb leeres Röhrchen Tonedron.

Die Tour de France startete 1903. Bereits im Jahr darauf wurden zwölf der 27 Fahrer disqualifiziert, die das Rennen beendeten, weil sie betrogen hatten – die meisten hatten den Zug genommen.

Unter der Elite ist das Motto, das vom Vater der modernen Olympischen Spiele, Pierre de Coubertin, geprägt wurde - »Das Wesentliche ist nicht, zu siegen, sondern sich wacker geschlagen zu haben« -, nie richtig befolgt worden. Pierre de Coubertin selbst gewann eine Goldmedaille bei den Olympischen Spielen in Stockholm 1912: in der Disziplin Literatur.

Wer als Betrüger verurteilt wird, kann bisweilen etwas Lächerliches an sich haben, wenn man den Fall durch die moderne Brille betrachtet. Wie im Fall des Franzosen Eugène Christophe, dessen Gabel bei der Tour de France in einer steilen Abfahrt brach. Es war das Jahr 1913, und Christophe war gezwungen, zehn Kilometer zu einem Dorf zu stapfen, wo er sich Werkzeug von einem Schmied leihen durfte, um sein Fahrrad zu reparieren, weil man zu jener Zeit keinesfalls Hilfe von jemandem annehmen durfte. Trotzdem bekam Christophe eine Strafe, weil ein Junge den Blasebalg bedient hatte.

Die Geschichte des medizinischen Dopings kann man in drei Phasen einteilen. Die erste geht bis 1965, als Doping noch zugelassen war. Man hatte die gleiche Einstellung zu leistungsfördernden Mitteln, welcher Art auch immer, wie man sie heute zu Vitaminen hat. Amphetamine, Rosinen oder ein Zuckerstück, *same, same.*

Die zweite Phase begann in den 70er-Jahren mit den Steroidhormonen, also mit dem Zuführen eines Präparats, das der Körper als Hormon auffasst. Der Franzose Bernard Thévenet gestand später, dass er während der Tour de France 1975 - die er gewann - sich mit dem Steroidhormon Kortison gedopt hatte, welches die Sauerstoffaufnahme vergrößert. Das Doping der Radrennfahrer bestand darin, verschiedene Präparate zu futtern, um im Rennen bessere Leistungen zu bringen oder um keine Schmerzen oder Müdigkeit zu spüren. Es ging nicht darum, wie beispielsweise in verschiedenen Kraftsportarten, Steroide zu verwenden, um Muskeln aufzubauen. Der Radrennfahrer kümmerte sich um und kontrollierte sein Doping selbst, selbstverständlich mithilfe von Rennstallchefs und Ärzten.

In der dritten Phase - die 1990 begann und immer noch anhält - liegt das Doping hingegen auf einem so hohen medizinischen Niveau, dass der Radrennfahrer seinen Körper einem Dopingteam ausliefert. Es geht vor allem um Blutdoping und EPO. Beide Varianten sind Mittel, um die Anzahl von roten Blutkörperchen im Körper zu erhöhen, die das Sauerstoffaufnahmevermögen des Athleten bestimmen. Im ersten Fall wird dem Radrennfahrer Blut abgenommen, woraufhin der Körper sofort beginnt, neue Blutkörperchen zu bilden. Wenn diese Phase vorbei ist, bekommt der Radrennfahrer seine eigenen roten Blutkörperchen aus dem zuvor entnommenen Blut zurück, die währenddessen in einem Kühlschrank aufbewahrt wurden. EPO (Erythropoetin) ist ein Mittel, das ganz einfach das Knochenmark des Radrennfahrers stimuliert, mehr rote Blutkörperchen zu bilden. Das Unangenehme an dieser dritten Phase ist, dass das Doping einen medizinischen Stand erreicht hat, der sich auf einem Niveau mit Frankensteins Monster befindet. Der Körper wird der Experimentierlust eines Arztes ausgeliefert. Das kann auf alle erdenklichen Arten ausgehen.

Es gibt eine Szene in *Stop at Nothing* – Alex Holmes' Dokumentarfilm über Lance Armstrong, den Radrennfahrer, der wegen Dopings verurteilt und lebenslang gesperrt wurde und alle Titel seiner vierzehnjährigen Karriere verlor –, die mir nicht aus dem Kopf geht. Das Gerücht geht um, dass die Dopingpolizei am Eingang steht, erzählt einer der Helfer Armstrongs im Film, woraufhin alle Radrennfahrer in ihre Hotelzimmer beordert werden. Dort wird ihnen sofort ihr gedoptes Blut mit Spuren von EPO abgenommen und ungedoptes zugeführt.

Amphetamine und Cognac erscheinen im Vergleich beinahe wie ehrlicher Betrug, denke ich, als der Wind ein bisschen nachgelassen hat, sodass ich mich traue, nach Bédoin hinunterzufahren. Aber Cognac, wie hilft er, bessere Leistungen zu erbringen? Ich selbst werde vom Schnaps meistens fröhlich und müde.

BIANCHI

ist einer der wohl bekanntesten Fahrradhersteller Italiens. Die Fahrradfabrik befindet sich in einer der sich endlos aneinanderreihenden niedrigen Industriescheunen, die die Autobahn zwischen Mailand und Venedig säumen. Obwohl nicht richtig. Bianchi liegt ein Stück von der Autostrada entfernt, in Treviglio, nicht sehr weit von Bergamo.

Claudio Masnata von der Marketingabteilung empfängt mich an der Kaffeemaschine im Eingangsbereich. Einer Kaffeemaschine der Marke Bianchi.

»Ein anderes Bianchi«, sagt Claudio. »Einer von Italiens gewöhnlichsten Namen, wie Rossi.«

Dann gehen wir und essen in der Kantine zu Mittag: Pasta mit Speck, grüne Bohnen, Salat und ein bisschen Taleggiokäse. Aber keinen Wein.

Claudio ist selbst Radprofi gewesen. »Ich war Bahnradfahrer, eine kurze Zeit lang gehörte ich zur Nationalmannschaft.«

»Welche Marke bist du gefahren?«

»Zuerst ein De Rosa, später ein SAB, ein Fahrrad, das faktisch im Liliputland San Marino gebaut wurde.«

»Aber wie ist das, können die großen Stars beeinflussen, welche Räder sie fahren?«

»Na ja, ein Vincenzo Nibali oder ein Alberto Contador können bestimmt einige ihrer Wünsche durchbringen. Aber im Großen und Ganzen müssen sich alle Fahrer danach richten, was die Teamleitung entscheidet.«

»Wie wichtig sind die großen Rennen, die Tour, der Giro und die Vuelta, für euch?«

»Sie sind aus zwei Gründen sehr, sehr wichtig. Erstens wird dort unser Material zum ersten Mal richtig getestet. Unter Wettkampfbedingungen, drei Wochen lang. Zweitens sind diese Rennen selbstverständlich unsere wichtigste Medienpräsenz. Die Tour de France beispielsweise gilt als das drittgrößte Sportevent der Welt, aber im Gegensatz zu den Olympischen Spielen wird das Rennen jedes Jahr ausgetragen. Das Fernsehen überträgt in sechzig Länder.«

Claudio macht eine Pause, um ein paar Worte mit einigen Arbeitskollegen zu wechseln, die vorbeikommen. Ich schaue über die ebene lombardische Landschaft. Gut für gemütliches Radfahren, denke ich. Trotzdem pendelt keiner aus dem 20 Kilometer entfernten Bergamo, wo die meisten Angestellten wohnen, mit dem Fahrrad hierher. Das tut man nicht in Italien. Fahrrad fährt man am Wochenende oder vielleicht mal abends.

»Ich hatte einen Trainer«, fährt Claudio fort, »der einmal sagte: Wer am wenigsten Fehler macht, der gewinnt das Rennen.«

»Das ist aber eine ziemlich trostlose Wahrheit. Dass die wenigsten Fehler über das beste Training triumphieren.«

»Ja, ziemlich trostlos. Aber es muss das richtige Rad sein, mit der richtigen Übersetzung, richtig vom Mechaniker zusammengeschraubt, und das Essen muss richtig gewesen sein und das Begleitauto in der richtigen Position und so weiter. Es gibt viele Punkte, an denen man einen Fehler machen kann.«

Wir stellen die Tabletts in den Abräumwagen und gehen zur Fabrik. Aber zuerst machen wir einen Abstecher in einen Konferenzraum, wo eine alte Tafel an der Wand hängt, die die Bianchi-Fabrik in der Via Nirone (heutzutage ist Nirone eine von Bianchis Modellbezeichnungen) in Mailand darstellt. Das war ein riesiger Komplex, wo außer Fahrrädern auch Autos und Motorräder hergestellt wurden.

»Bianchi ist heute der älteste europäische Fahrradhersteller, der immer noch aktiv ist«, sagt Claudio stolz, um danach eine nachdenkliche Pause zu machen.

»Aber, ja, danach kam der Zweite Weltkrieg. Die Produktion wurde auf Rüstungsgüter umgestellt, Fahrzeuge und Fahrräder für die Armee. Deshalb wurde die Fabrik in der Endphase des Krieges schwer bombardiert.«

Diese Bomben, denke ich, haben dafür gesorgt, dass Tausende Italiener in Schweden landeten, aufgrund einer Übereinkunft zwischen den Ländern. Obwohl es eher eine Vereinbarung zwischen Industriellen war. Vor allen Dingen die Wallenberg-Unternehmensgruppe benötigte Arbeitskräfte für Asea in Västerås, SKF in Göteborg, Atlas Copco in Nacka und Saab in Linköping. In Schweden waren die Fabriken intakt und der Bedarf an Arbeitskräften groß, um die wachsende Nachfrage befriedigen zu können, während beispielsweise Agnellis Fiat-Konzern, mit Fabriken, die in Trümmern lagen, zwar Angestellte, aber wenige Arbeitsaufträge hatte.

So kamen diese Italiener in ihren maßgeschneiderten Anzügen und mit ihren handgefertigten Borsalino-Hüten aus feinstem Kaninchenhaar in Schweden an. Sie verlangten den gleichen Lohn wie die Schweden und die gleichen Urlaubsregelungen, und sie verlangten, dass Pasta und Dosentomaten importiert wurden. Sie verlangten auch Wein zum Mittagessen, aber hier zogen die schwedischen Arbeitgeber eine Grenze.

Eine dieser Familien, die in Schweden landete, waren die Grimaldis. Der Sohn Salvatore Grimaldi eröffnete eine Schleiferei zu Hause in seiner Garage in Köping. Drei Jahre später stellte er seinen ersten Mitarbeiter ein. Danach verlief die Entwicklung schneller, und 1982 wurde das erste Unternehmen zugekauft. Viele der Unternehmen, die gekauft wurden, waren traditionsreiche Fahrradfabriken. Heutzutage gehören sie zu Grimaldis Konzern Cycleurope und umfassen unter anderem Crescent, Monark, Gitane, Puch, Peugeot und DBS. Bianchi wurde 1997 gekauft.

Ein merkwürdiger Pendelausschlag, denke ich. Italien-Schweden, Schweden-Italien. Ich erinnere mich jetzt auch an einen gut zehn Jahre alten Radiobeitrag, in dem Salvatore Grimaldi über sein Leben und seine ziemlich erstaunliche Karriere erzählte. Als klar wurde, dass das schwedische Unternehmen Cycleurope eine von Italiens traditionsreichsten Marken gekauft hatte, rief das den nationalen Volkszorn hervor. Die Italiener waren aufgebracht darüber, dass, wie sie meinten, alles Italienische jetzt von Ausländern aufgekauft würde. Aber als bekannt wurde, dass Salvatore Grimaldi hinter dem Kauf stand, beruhigten sich alle wieder. Es war doch ein Italiener, der Bianchi gekauft hatte, selbst wenn er Schwede war. Und in Grimaldis Heimatort Tarent, weit unten am Fußgewölbe des italienischen Stiefels, schrieb die Tageszeitung lokalpatriotisch, dass nun ein Tarentiner Bianchi gekauft hätte. Dieser Salvatore Grimaldi, der Tarent als Siebenjähriger verlassen hatte.

Die Bianchi-Fabrik gleicht eigentlich eher einer großen Montagehalle. Hier werden Bianchis beste Modelle zusammengeschraubt aus Teilen, die sowohl hier als auch draußen in der Welt hergestellt werden.

Bianchi

Die einfacheren Varianten werden irgendwo in Asien zusammengebaut und direkt in die Geschäfte verschifft.

»Unser bestes Jahr«, sagt Claudio, »war 1988/89, damals stellten wir hier 400 000 Fahrräder her und waren 400 Angestellte. Jetzt sind wir 80.«

Es war auch in den 80er-Jahren, als Bianchi zu einem wirklich großen Namen in Schweden wurde. Nicht zuletzt, weil Tommy Prim, unter anderem Sieger des Klassikers Paris-Brüssel und zweimal Zweiter beim Giro d'Italia, für Bianchi fuhr. Ein anderer großer Schwede - in jeglicher Hinsicht - ist Magnus Bäckstedt, an dessen riesigem Porträt wir vorbeikommen. Er fuhr auf einem Bianchi, als er 2004 das Rennen Paris-Roubaix gewann. In der Montagehalle passieren wir eine Spritzkabine, in der ein einsamer Rahmen vor einer Infrarotlampe hängt. Es sieht nicht sehr rationell aus, deshalb frage ich, was das ist.

»Ach, das. Das ist ein Fahrrad, das zu Gucci soll.«

Jetzt sehe ich, dass ›Bianchi by Gucci‹ auf dem Rahmen steht, dessen Lack vor der Lampe trocknet. Wenn einem eine Marke nicht reicht, dann greift man zu zweien.

»Verkauft sich am besten in den USA.«

Dann landen wir im Testlabor. In verschiedenen Kisten mit Plexiglasfenstern werden Fahrradrahmen von unermüdlich hämmernden, biegenden oder verdrehenden Robotern misshandelt. »Jeder fünfzigste Rahmen landet hier. Das ist eine Qualitätssicherungsmaßnahme. Danach werden sie weggeworfen.«

Fabio Ferri sitzt im Keller und ist Chef der Designabteilung. Es geht nicht nur um die Form der Fahrräder, sondern auch um ihre Geometrie und heutzutage noch mehr um das Material, aus dem sie gemacht sind. »Ich versuche, am Ball zu bleiben«, sagt Fabio bescheiden, »einen Überblick darüber zu haben, was in der Gesellschaft passiert. Wie verändert sich die Mode, wie sehen die neuesten Möbel, Autos aus? Ein Fahrrad ist nicht nur ein Sportgerät, es ist auch ein Accessoire. Es soll zur Wahrnehmung des modernen Menschen von sich selbst passen.«

Fabio zeigt mir die zukünftigen Modelle in einem 3-D-Programm auf seinem Computer und nimmt mich dann mit zu einem kleinen Konferenzraum, in dem ein 3-D-Drucker steht. »Alle glauben, das ist eine Kaffeemaschine«, sagt Fabio, öffnet ein Türchen am Gerät und nimmt eine blaue Kaffeetasse mit Untertasse und Löffel heraus, die aus einem einzigen Stück bestehen. »Das hier habe ich zum Spaß gemacht. Es ist eine fantastische Maschine. Früher brauchte ein Modellbauer Wochen, um meine Prototypen zu fertigen. Jetzt drücke ich einfach auf einen Knopf, dann druckt sie mir alle Teile des Rahmens aus.« Das Neueste ist jedoch eine Art Innendesign, ebenfalls entwickelt von

Fabio Ferri, das angeblich 80 Prozent der Vibrationen durch den Straßenbelag eliminiert. Zweifellos interessant für einen wie mich, dessen Glieder eine Tendenz haben, nach einer gewissen Zeit im Sattel taub zu werden. Nun wird diese Bestrebung - genannt Countervail, CV, also »aufwiegen« - aber nicht für mittelalte Freizeitsportler entwickelt. Sie ist zur Leistungssteigerung gedacht.

»Wenn wir schon das Fahrrad nicht leichter machen können«, sagt Fabio, »weil wir nicht dürfen, wollen wir versuchen, den Rahmen schonender für die Muskeln zu gestalten. Wenn den Muskeln 80 Prozent der Vibrationen erspart bleiben, haben sie am Ende des Rennens viel mehr Kraft übrig.«

Das klingt selbstverständlich logisch. Fabio startet einen kleinen Videoclip, der zwei Gabeln zeigt, die auf einer vibrierenden Unterlage festgespannt sind. Ein Plexiglasrohr, das einen Tischtennisball beinhaltet, wird auf der ersten, gewöhnlichen Kohlefasergabel platziert, woraufhin der Ball beginnt, wie verrückt umherzuspringen. Danach wird das Rohr gegen die neue CV-Gabel gehalten, wo der Tischtennisball im Prinzip ruhig liegen bleibt.

»Siehst du! Was für ein Unterschied. Und wir haben nicht geschummelt.«

Der nächste Mann, den ich bei meinem Besuch treffe, heißt Fabio Belotti, er ist *creative designer* und folglich derjenige, der bestimmt, wie alle Produkte von Bianchi aussehen sollen. Die Farbe der Fahrräder, die Platzierung der Logos und das Design der Mannschaftstrikots gehen über Fabios Tisch, aber auch alles rundherum wie Armbanduhren, Sakkos und Pullover aus Merinowolle im Vintagestil.

Ich beginne damit, nach der Farbe zu fragen, denn auch wenn man ein Bianchi in verschiedenen Farben bekommt, hat die Marke ihre ganz eigene Farbe. So wie ein Crescent orange sein sollte und ein Monark blau, sollte ein Bianchi hellgrün sein. Obwohl sie selbst es *celeste* nennen, also himmelblau.

»Wie lange gibt es die Farbe schon?«

»Das wissen wir nicht«, sagt Fabio. »Außerdem gibt es zwei Geschichten dazu. Eine ist romantischer Natur. Es heißt, als Edoardo Bianchi den Auftrag bekam, Fahrräder an das damalige italienische Königshaus zu liefern, verliebte er sich in Königin Margherita von Savoyen. Vielleicht brachte er ihr sogar das Radfahren bei, aber das wissen wir nicht sicher. Als Huldigung an ihre himmelblauen Augen beschloss er, seinen Fahrrädern die Farbe Celeste zu geben.«

Es gibt auch eine Pizza Margherita, denke ich mir, die nach dieser Königin benannt ist. Die schlechteste Pizza von allen, nur Tomaten, Käse und Basilikum. Aber das sage ich nicht.

»Und die andere Geschichte, die nicht romantische?«

»Tja, die besagt, dass sowohl die Flotte als auch die Armee Farbe übrig hatten, die sie loswerden wollten. Diese überschüssigen Farben, das Blau der Marine und das Grün des Heeres, kaufte Edoardo Bianchi, vermischte sie miteinander, und daraus wurde, was es ist.«

Dann zeigt Fabio mir kleine Skizzen von zukünftigen Modellen. Er erzählt, dass er im Schnitt 18 Monate im Voraus arbeitet.

»Du sitzt also schon an der Kollektion für nächstes Jahr, bevor du weißt, wie die diesjährige Kollektion ankommt?«

»Ja, das ist leider so. Aber siehst du hier? Unabhängig davon, in welcher Farbe das Fahrrad verkauft wird, gibt es immer ein Detail, das celeste ist. Das ist Bianchis Signalfarbe. Das können wir nicht überspringen.«

Das meiste, was Fabio entwirft, landet umgehend im Papierkorb.

»Für unsere Modelle entwerfe ich vielleicht 20 Farbkombinationen, aber nur zwei, drei werden am Ende auch produziert.«

Dann blättert er weiter zu Mannschaftstrikots für ein MTB-Team, bei dem Bianchi mitmacht und das es sponsert.

»Was ist das da für ein Logo?«, wundere ich mich und zeige auf etwas, das aussieht, als wäre es von einem unbegabten Kind ausschließlich mit Legosteinen angefertigt worden.

»Eine Zementgesellschaft hier aus Bergamo. Sie sind sehr groß.«

»Ist kein besonders gutes Logo. Schwer für dich, eine schicke Kombination hinzubekommen.«

»Ja«, seufzt Fabio, wie nur Italiener seufzen können, »es ist nicht leicht. Stell dir vor, früher war Bianchi zusammen mit Martini. Das war schön. Das konnte kaum misslingen. Aber das hier? Zement!«

Dann ist es an der Zeit für mich zu gehen.

»Grüß mir Stockholm«, sagt Fabio. »Eine sehr schöne Stadt. Und grüß Camilla Läckberg, falls du sie triffst. Sie ist gut. Der, der gestorben ist, war auch gut, aber Läckberg ist besser.«

BIER

ist nach 11:00 Uhr ein anerkanntes Sportgetränk, zumindest für denjenigen, der in Belgien Fahrrad fährt.

BIKEFIT

ist ein neues Wort für eine alte Wissenschaft. Die Verwender des Begriffs wollen uns glauben machen, dass das mit dem individuellen Einstellen seines Fahrrads erst kürzlich zu einer Wissenschaft geworden ist. Vorher waren wir alle Amateure, verließen uns auf zweifelhafte Hausfrauentricks, maßen mit einem Maßband die Länge unserer Unterarme und saßen dann dementsprechend auf unseren Fahrrädern.

Deshalb sollen wir heute in ein Fahrradgeschäft gehen, ein paar Stunden und viel Geld investieren, um das Fahrrad exakt und wissenschaftlich genau auf unseren Körper angepasst zu bekommen. Völlig in Ordnung, wenn ihr mich fragt - nicht zuletzt, weil die Geschäfte alle Einkünfte brauchen, die sie kriegen können, im Konkurrenzkampf mit dem sich stetig ausweitenden Onlinehandel.

Aber dieses Bikefit, das gelehrt und verkauft wird, ist tatsächlich zum Großteil alter Wein in neuen Schläuchen. Das meiste darüber, wie man zu einer guten und effektiven Sitzposition kommt, findet man bereits in der minutiös detaillierten Fahrradbibel von 1972, dem *C.O.N.I-Manual* (C.O.N.I ist das *Comitato Olimpico Nazionale Italiano*, das Italienische Olympische Komitee).

Andererseits haben wir heute Hilfsmittel wie Videokameras, druckempfindliche Sattelbezüge und Wattmeter in den Pedalen. Also wird ein Bikefit sicher ein besseres Ergebnis erzielen, als selbst zu versuchen, die Einstellungen mit einem 40 Jahre alten gedruckten Handbuch hinzubekommen. Auf eBay kostet das *C.O.N.I-Manual* außerdem fast genauso viel wie ein Bikefit - nicht zuletzt wegen des kongenialen Umschlagbildes des italienischen Sportkünstlers Ottorino Mancioli.

BIKEKITCHEN,

wörtlich übersetzt »Fahrradküche«, bezeichnet eine Art kleine Werkstätte für Amateurschrauber. Bikekitchens gibt es in vielen Ländern und Städten, aber keine gleicht der anderen, weshalb eine präzise Definition schwer zu finden ist. Möglicherweise kann man sagen, dass der Grund eine Art kollektive Ambition ist, mehr Menschen zum Radfahren zu bringen.

In eine Bikekitchen kommt, wer lernen will, sein Fahrrad selbst zu reparieren oder ein Fahrrad aus Teilen zusammenzubauen, die man entweder selbst mitbringt oder in der Bikekitchen zur Verfügung gestellt bekommt. Manchmal ist es gratis, manchmal braucht man eine Mitgliedschaft, und manchmal bezahlt man ein Sümmchen für jedes Mal, das man die Einrichtungen nutzt. Manchmal wird die Bikekitchen von einem Erwachsenenbildungsverband unterstützt, manchmal von einer Stadt, manchmal von einer Wohltätigkeitsorganisation. Manchmal bekommt die Bikekitchen übrig gebliebene Fahrräder von der Fundsachenabteilung der Polizei oder aus den Kellerräumungen der Wohnbaugesellschaften. Manchmal ähnelt die Bikekitchen am ehesten einem Klublokal für die umweltbewusste Mittelschicht, manchmal ist die Bikekitchen auch eine lebensnotwendige Institution für Leute, die ein Fahrrad brauchen, um in die Arbeit oder Schule zu kommen.

Vielleicht lag die erste Bikekitchen in Kalifornien, vielleicht lag sie in Wien. Die erste Bikekitchen in Schweden lag in jedem Fall in Malmö, und es gibt sie dort immer noch.

BMX

kommt vom englischen *bicycle motocross* und ist genau das: Radfahren auf einer motocrossartigen Bahn.

Die Fahrräder sind kurz, tief und haben hauptsächlich aus optischen Gründen einen Sattel, denn die Fahrer sitzen während des kurzen Rennens, wo ein Durchgang schon nach einer halben Minute zu Ende sein kann, so gut wie nicht darauf. Seit Peking 2008 ist es sogar olympische Disziplin. Ein halbes Dutzend Varianten, in denen Sprünge und Tricks wichtiger sind, als so schnell wie möglich um eine Bahn zu fahren, existiert unter dem Oberbegriff »BMX Freestyle«.

BONESHAKER,

wörtlich übersetzt »Knochenschüttler«, ist früher Slang für die Zweiräder der ersten Generation. Der Name bezieht sich auf den extrem unbequemen Ritt, hervorgerufen durch die Kombination von Eisenrahmen und eisenbeschlagenen Rädern. Das plumpe Wort bezieht sich also buchstäblich darauf, dass beim Fahren dieser Räder auch das eigene Fahrgestell, also die Knochen, ordentlich durchgeschüttelt wurden.

BRETTERN,

meist hinunter, bedeutet schnelles Radfahren, oft auf steilen Abhängen, ohne jegliche Rücksicht auf die eigene Sicherheit.

BROOKS SÄTTEL

werden auf eine sowohl erwartungsgemäße (in einer Fabrik in Birmingham in England) als auch unerwartete (inmitten von Weideland in Uppland in Schweden) Art hergestellt. Da steht ein Stier auf einer Weide in einer Gegend, die viele als nördliches Europa bezeichnen würden. Ein großer Stier, schwer in seinen Bewegungen und mächtig in seiner Erscheinung. Ein bisschen abseits des Stiers stehen einige Kühe und Kälber, kürzlich auf die Weide gelassen – es ist Mai, und ein Apfelbaum streut seine letzten Blüten über dieses pastorale Idyll. So sieht eine gute Tieraufzucht aus. Steinmauern, einige Bäume, die ihre Form durch weidende Tiere erhalten haben, ungespritzter Boden voller Kräuter, die auf der Roten Liste stehen, und ein Stier, der Vater aller Kinder ist. Was der Stier nicht weiß, ist, dass er nach seinem Tod noch lange weiterleben wird. Oder zumindest in unserem Fall sehr nützlich sein wird, mehrere Jahrzehnte lang nach seiner Schlachtung, und das an Orten, weit weg von dieser Weide im westlichen Uppland.

Wir verlassen vorerst den Stier und begeben uns nach London. Auf der Earlham Street, nicht weit von Covent Garden, gibt es trendige Läden seit 1690. Bei Nummer 36 finden wir »B1866«, und auch wenn der Name kryptisch erscheint, begreift man unmittelbar, worum es geht, sobald man die hellblaue Tür mit den gesprossten Scheiben öffnet: ein Laden für Fahrradsättel. An einer weiß gestrichenen Ziegelwand hängen an die 30 Sättel in verschiedenen Farben und für verschiedene Einsatzzwecke. Das ist alles. Hier steht zwar auch noch ein Fahrrad, und es werden ein paar wenige Taschen und einige Kleidungsstücke im Retrostil verkauft, aber der Zweck von B1866 – das B steht für Brooks und die Jahreszahl für den Beginn der Produktion – ist es, die Produkte des weltweit bekanntesten Herstellers von Fahrradsätteln zur Schau zu stellen. Denn gibt es eine Marke auf einem Fahrradteil, die wirklich außerhalb der Kreise der besonders Fahrradinteressierten angekommen ist, dann ist das Brooks. Wie kommt das?

Ich setze mich in den Zug nach Birmingham in der Hoffnung, dort die Antwort darauf zu finden. Am Bahnhof Birmingham New Street entscheide ich mich, an den Kanälen der Stadt entlangzuspazieren, den früheren Autobahnen der industriellen Revolution. Es ist faszinierend, dass man sich auf einem Niveau unterhalb der eigentlichen Stadt vorannavigieren und mehr als eine Stunde lang, ohne ein einziges Auto und dafür nur Radfahrer zu sehen, an mehr oder weniger kaputten Ziegelfassaden vorbeitrotten und sich wünschen kann, ein faltbares Kanu dabeizuhaben.

Steven Green empfängt mich in einem Büro, das genauso wenig durchdacht ist wie das Geschäft in London überdesignt. Ein dunkel gewordenes Ölgemälde des Gründers, ein eingerahmtes Foto eines Sattels, eine Uhr, die beinahe richtig geht, einige Bilder in verschiedenen Größen und in unterschiedlichen Graden von Ausgeblichenheit, die, so glaube ich, jeweils den »Angestellten des Jahres« abbilden, beige Archivschränke aus Blech und ein Teppichboden, der die Kontrollen des britischen Allergieverbands die letzten 50 Jahre umgangen hat. Steven ist ein netter Typ und öffnet sofort die Tür zur Fabrik, um mich herumzuführen. Das Geräuschniveau ist hoch. Maschinen tosen, die mit Druckluft und Hydraulik betrieben werden. Ich erkenne dieses schwere, kurze, nachdrückliche Geräusch von unbeugsamer Kraft, die kappt, biegt oder Löcher stanzt, von einem Besuch am Arbeitsplatz meines Vaters in meiner Kindheit wieder. Wie damals stecke ich jetzt meine zur Faust geballten Hände in die Hosentaschen aus Angst, irgendein Teil von mir könnte hervorstehen und abgeschnitten werden.

Einen Sattel herzustellen ist eine ziemlich einfache Prozedur: Aus einer Kuh- oder Stierhaut werden ungefähr zwanzig Stücke ausgestanzt (das Prinzip entspricht dem Ausstechen von Plätzchen); die Lederstücke werden eingeweicht, in einer Maschine geformt und in einem Ofen gebacken, um am Ende ihr Untergestell aus Stahldraht und das festgenietete Metallblech zu erhalten. Plus die Schraube, mit der man das Leder nach einiger Zeit der Verwendung spannen soll, damit der Sattel keine Bananenform annimmt.

»Aber warum hat gerade Brooks überlebt? Es muss früher Hunderte Sattelfabriken gegeben haben«, wundere ich mich, als wir neben einem Mann stehen, der Kupfernieten auf einem Team-Pro-Modell festklopft.

»Ich weiß es nicht«, antwortet Steven. »Wir waren vielleicht einfach nur die Besten.« Er nimmt einen B17 in die Hand, der gerade fertig geworden ist, und fährt fort: »Dieses Modell hier hat über 110 Jahre auf dem Buckel, das sagt wohl einiges.«

Und das tut es zwar, aber es sagt doch nicht alles. Denn ähnlich wie die meisten anderen klassischen Sattelhersteller war Brooks eine Zeit lang auf dem Weg, zu bloßer Geschichte zu werden. Die ersten 100 Jahre ging alles gut, und das Unternehmen blieb in Familienbesitz, aber 1962 kaufte die Raleigh Bicycle Company den Sattelhersteller auf, betrieb das Unternehmen gut 30 Jahre lang, bis auch Raleigh Probleme bekam und in Konkurs ging. Da übernahmen einige Engländer die Firma, um dieses ehrwürdige britische Kleinod 2002 an das italienische Unternehmen Selle Royal zu verkaufen. Vermutlich waren es die Italiener, die Brooks davor retteten, entweder stillgelegt zu werden oder seine Produktion in ein Tiefpreisland nach Asien zu verlagern. Denn wenn Briten gut darin sind, eine bekannte Marke zu pflegen, sind Italiener eine Idee besser darin, sie profitabel zu machen. So ist Brooks noch immer in Birmingham, aber ähnlich wie die Automarken Jaguar und Land Rover, die ebenfalls hier hergestellt werden, ist der Eigentümer ausländisch.

Wir sind jetzt fertig mit dem Rundgang und, in nicht ganz richtiger Reihenfolge, im Eingangslager gelandet. Hier liegen Häute gestapelt, große Rollen von verchromtem Stahl-, Kupfer- und Titandraht stehen in einer Ecke und ein dicker Stapel von Stahlblechen in einer anderen. Dazu Kisten voll mit Muttern und Schrauben. Das ist alles, was man braucht, um einen klassischen Sattel zu machen.

»Woher kommt das Leder?«

»Aus ganz verschiedenen Teilen der Welt. Aber alles ist pflanzlich gegerbt und gefärbt. Tiere aus ökologischer Zucht, die in einem kalten Klima Auslauf haben und lange leben, so wird das Leder am besten und dicksten. Auch aus Schweden.«

»Schweden?«, sage ich ein wenig verwundert, weil ich angenommen habe, dass gerade das Gerben und Färben von Tierhäuten etwas ist, das schon lange in verschiedene arme Länder ausgelagert worden ist. »Weißt du, wo in Schweden?«

»Aber ja, sie kommen aus Tärnsjö.«

Also geht die nächste Reise nach Tärnsjö, beschließe ich, das in einem Teil Schwedens liegt, der wohl am bekanntesten ist für seine Mücken und am zweitbekanntesten dafür, dass man dort inzwischen Whisky herstellt.

»Hier sind die Häute«, sagt Axel Bodén, Geschäftsführer der Tärnsjö Gerberei, und zeigt auf einige Paletten mit nassen, gesalzenen Tierhäuten. »Für einen Fahrradsattel sollte die Haut am besten von einem alten Tier kommen. Die Ochsen, die man früher lange leben ließ, weil sie zumindest noch einen Karren ziehen konnten, existieren kaum mehr. Damals konnte man Häute bekommen, die sechs Millimeter dick waren. Jetzt sind sie meist vier, viereinhalb.«

Dann fährt Axel fort, pädagogisch über die unterschiedlichen Methoden zu plaudern, wie man das Leder langlebig, weich und widerstandsfähig gegen Nässe macht.

»Das Gerben selbst«, frage ich, um zu überprüfen, ob ich es auch wirklich richtig verstanden habe, »geschieht also nur mit Wasser und Pulver aus Baumrinde?«

»Ja, wir verwenden nur pflanzliche Stoffe. Früher war es Eiche, Fichte oder Weide. Das beeinflusst auch die Farbe. Birkenrinde macht ein fast weißes Leder, während Kastanie nahezu rot wird. Inzwischen verwenden wir meist Mimose.«

Es sind die Tannine in der Rinde, auf die man aus ist. Das ist der Stoff, der gerbt, also den Verwesungsprozess aufhält. Tannine finden sich auch in Rotwein. Sie sorgen dafür, dass sich ein junger Wein pelzig und bitter anfühlt, aber auch dass man ihn lange lagern und sich entwickeln lassen kann. Gewisse Leute, die meinen, Rotwein sei gut für die Gesundheit, ziehen gern die Schlussfolgerung, dass es auf den Tanninen beruht, dass man gleichsam auf der Innenseite des Körpers gegerbt wird und somit länger haltbar ist.

»Mit Chrom haben wir 1989 aufgehört«, fährt Axel fort.

Chrom ist ein Schwermetall, das unter bestimmten Umständen zu einem Umweltgift wird und Allergien hervorrufen oder Krebs verursachen kann. Deshalb ziehen viele Chromgerbereien in Länder mit armseligen Umweltgesetzen. Jetzt sind sie auf dem Weg von Asien nach Afrika.

Nachdem der Rundgang beendet ist, habe ich gelernt, dass die Tärnsjö Gerberei ihr pflanzengegerbtes Leder an Unternehmen wie H&M, Gant, Haglöfs, Louis Vuitton und Brooks liefert sowie dass man es auch in Kinderschuhen, Autositzen, iPad-Hüllen, Jonas Bohlins Designermöbeln und den Inneneinrichtungen des Architekten Gert Wingårdh findet.

Als ich in Tärnsjö fertig bin und heimwärts fahre, erblicke ich diesen Stier. Er scheint sich wohlzufühlen und hat nicht den geringsten Schimmer, dass er in Zukunft als zwanzig exklusive Fahrradsättel irgendwo auf der Welt weiterleben wird.

BÜCHER,

auch und besonders belletristische, in denen Radfahren eine große Rolle für die Handlung spielt, sind nicht so üblich. Deshalb einige Tipps.

Per J. Anderssons *Vom Inder, der mit dem Fahrrad bis nach Schweden fuhr, um dort seine große Liebe wiederzufinden* (2015). Das Buch beruht auf der vollkommen wahren Geschichte von P. K. Mahanandia, der Lotta von Schedvins zuliebe auf einen anderen Kontinent radelte.

David Byrne, ein schottischer Musiker, der am bekanntesten geworden ist durch seine Mitwirkung in der Gruppe Talking Heads, ist auch ein enthusiastischer Radfahrer. Meistens in Städten und gerne auf seinem Faltrad, das bei jeder Tournee dabei ist. Darüber kann man in *Bicycle Diaries. Ein Fahrrad, neun Metropolen* aus dem Jahr 2011 nachlesen.

David Coventrys Roman *Die unsichtbare Meile* (2017) beruht auf einer wahren Begebenheit, nämlich von der Teilnahme des Ravat-Wonder-Radteams bei der Tour de France 1928. Die fünf Neuseeländer und Australier galten als absolute Exoten unter den Teilnehmern - strampelten sich jedoch wacker durch die 5476 Kilometer. Ein beeindruckender Kampf, der nicht nur physisch, sondern auch mental auszufechten war.

Jerome K. Jerome schrieb im Jahr 1900 eine Fortsetzung zu seinem enormen Erfolgsbuch *Drei Mann in einem Boot*, das elf Jahre zuvor erschienen war. *Drei Männer auf Bummelfahrt* heißt es und ist - zumindest in der englischen Originalfassung *Three Men on the Bummel* - sogar in digitaler Form auf wikisource zu finden.

Tim Krabbé veröffentlichte 2006 *Das Rennen*. Dieser niederländische Roman über das Radfahren ist wohl der, der unter denen, die genauso viel Energie ins Lesen wie ins Radfahren investieren, am höchsten im Kurs steht.

Ron McLartys *Die unglaubliche Reise des Smithy Ide* (2006) ist eine Art moralisierende Feel-good-Geschichte über eine Person, der alle möglichen Unglücke widerfahren, die aber ihr Leben in die Hand nimmt und, unter anderem, quer durch die USA radelt.

C

CAFÉS,

die man mit dem Fahrrad ansteuern kann, hat es immer gegeben, aber spezielle Fahrradcafés sind ein modernerer Trend.

Einige Pedalumdrehungen von Las Ramblas, der touristischen Flaniermeile Barcelonas, entfernt liegt The Bike Club mit seinen drei Geschäftsfeldern: Fahrradladen, Werkstatt und Café.

Hätte ich vor nicht allzu langer Zeit meinem lokalen Fahrradhändler gesagt, er solle sein Business um eine Espressomaschine erweitern, lernen, wie man italienische Cantuccini bäckt, und wissen, was luftgetrockneter Schinken auf mindestens drei südeuropäische Sprachen heißt, hätte er mich angeschaut, als wäre ich nicht bei Sinnen. Aber hier sind wir nun.

Nachdem ich mich ein wenig umgesehen habe, setze ich mich an den Tresen und bestelle ein Bier. Zum Verkauf stehen verschiedene Fahrradmodelle. Ein spanisches Orbea, ein amerikanisches Felt, das wie ein altes Bahnrad aussieht, jetzt aber als Fixie gefahren wird, ein italienisches Cinelli und das englische Faltrad Brompton. Eine junge Frau um die 25 schiebt ihr Singlespeed in den Laden und erzählt dem Barkeeper/Verkäufer/Mechaniker, dass ihr Bremshebel am Lenker herumrutscht. Er verspricht, das zu reparieren, zapft ihr erstmal ein kleines Bier und geht weg, um ein paar Klemmstücke zu holen, *shims*, die das Problem lösen sollen.

»Schöner Lenker«, sage ich.

»Findest du? Hab ich im Internet gefunden. Er ist aus dunkler Eiche.«

Viele, die ein spezielles Interesse haben, möchten gern Gleichgesinnte treffen. Deswegen gibt es so viele Klubs. Es reicht schon, dass es zwei Personen mit derselben Lieblingsbeschäftigung gibt, schon beginnen sie, eine Satzung zu schreiben, einen Mitgliedsbeitrag einzuziehen und Kleidung mit dem Klublogo zu bestellen. Aber es gibt auch solche, denen altmodische Klubaktivitäten zu anstrengend und einschränkend sind. Sie haben keine Lust auf Jahresversammlungen, Mittwochstreffen und Putzwochenenden, suchen aber trotzdem die Gemeinschaft. Ist man so ein Typ und mag Fahrräder, ist ein Fahrradcafé die Lösung.

»Hast du das Fahrrad selbst zusammengeschraubt?«

»Na ja, nicht richtig. Ich habe die Teile bestellt, und dann hat sie mein Freund montiert.«

»Es gibt Kurse. Habt ihr hier so was nicht?«, frage ich einen anderen Typen hinter dem Zapfhahn.

»Doch, wir hatten einen Mechanikerkurs für Mädchen. Hab noch nie eine solche Ansammlung von muskulösen Mädels gesehen.«

Ich beschließe, die sexistische Anmerkung zu überhören.

Das Fahrrad ist fertig, die junge Frau verabschiedet sich und fährt heimwärts. Mark, der den Bremshebel repariert hat, stellt sich als der Eigentümer heraus und erzählt von seinem Laden.

»Wir sind immer da, und wir haben alles. Wir machen um halb neun auf. Und wir schließen um halb elf. Wir reparieren, verkaufen, verleihen. Jeden Tag organisieren wir Radrundfahrten von der Plaza de España aus«, sagt Mark und macht eine Handbewegung in Richtung des Platzes. »Manchmal haben wir auch Abendrundfahrten.«

»Ziemlich anders als das Fahrradcafé, in dem ich in London war.«

»Welches, Look mum no hands?«

»Nein, der Rapha Cycling Club in Soho.«

»Ah, Rapha, nein, das ist was ganz anderes. Reiche Typen, die Klamotten für Team Sky designt haben. Teuer.«

»Ja, das war eine etwas merkwürdige Kombination. Auf der einen Seite einladend für Radfahrer - mit Haken an der Decke, um den Drahtesel daran aufzuhängen, und irgendeinem Radrennen im Fernsehen -, auf der anderen Seite strenge Verkäufer, die eine Schwitz-nicht-auf-meine-Kollektion-Haltung ausstrahlen, während sie sorgfältig Pullover aus Merinowolle zu kleinen ordentlichen Stapeln zusammenlegen.«

»Ja, das dachte ich auch«, sagt Mark in seinem zerknitterten T-Shirt mit dem Aufdruck »Ride it like you stole it«.

»Hattest du selbst ein Vorbild, als du The Bike Club aufgemacht hast?«

Meine Frage bleibt in der Luft hängen, weil gerade Marks Tochter hereinkommt, sie schiebt mit der rechten Hand ein Fixie und hält in der linken ein kleines Aquarium mit zwei Goldfischen. Sie stellt das Aquarium auf den Tresen, woraufhin der zweite Mechaniker einen Augenblick später mit einem Post-it da ist, das er schnell getextet hat: »Fresh sushi 1€.«

»Superlustig«, sagt die Tochter mit wohldosierter Teenagerironie, leiht sich ein Schloss von ihrem Vater und verschwindet wieder hinaus ins abendliche Barcelona.

»Eigentlich nicht«, sagt Mark, der meine Frage nicht vergessen hat, »aber ich habe viel mit meinem Bruder in Australien gesprochen, wo Fahrradcafés groß in Mode sind. Wie ist das in Stockholm?«

»Wir haben drei, soweit ich weiß. Das Bianchi Café war das erste, ist ziemlich trendy und liegt mitten in der City. Italienisches Slow Food, Cantuccini und sizilianische Cannoli mit gesüßtem Ricotta und Pistazienstückchen. Im Café hängen die Fahrräder hauptsächlich als Dekoration, der Verkauf und die Werkstatt selbst liegen im rückwärtigen Teil. Alles ist elegant, geschmackvoll und *molto elegante*. Ich selbst würde nicht unbedingt verschwitzt und mit einem allzu verdreckten Fahrrad durch den schicken Speisesaal stapfen. Zu viele Anzüge und Kleider, die man schmutzig machen kann. Und nur mit einer Birra Moretti am Tresen herumhängen, habe ich noch keinen Radfahrer gesehen.«

»Ein bisschen wie Rapha?«

»Ja, ein wenig. Das andere, Le Mond, ist eher ein Treffpunkt für ganz normale Radfahrer. Keine Werkstatt. Kein Fahrradverkauf. Hingebungsvolle, engagierte Besitzer. Haben es geschafft, die Gemeinde dazu zu bringen, drei Autoparkplätze lockerzumachen, die jetzt nur für Fahrräder reserviert sind. Rustikal. All-you-can-eat-Frühstück, Suppe der Woche und vegetarisches Chili. Manchmal gibt es frühmorgendliche Touren zum Café. Man trifft sich um 6:00 Uhr morgens in einem Vorort und fährt los. Du kannst das Fahrrad mit ins Lokal reinnehmen und es an einen Haken an der Wand hängen, und keiner rümpft die Nase über deinen lycraverschwitzten Körper, während du einen frisch gepressten Bio-Öko-Saft hinunterkippst.«

»Die gleiche Atmosphäre wie hier?«

»Ja, ziemlich ähnlich. Das dritte liegt ein bisschen dazwischen. Das Bonne Mécanique ist klein, intim, das Personal hinter dem Tresen hält Mechanikerkurse und lobt Fahrradbekleidung von Café du Cycliste und Après Vélo über den grünen Klee. Aber ...«

Diesmal werden wir von zwei Männern in schwarzen Radklamotten unterbrochen, mit CamelBak-Rucksäcken und auf ihren Helmen montierten Kameras. Sie sehen aus wie die Troglodisten aus dem Film *Delicatessen*, falls sich jemand daran erinnert. Sie sehen so aus, als wären sie durch die Kloaken hierher geradelt, sind aber vermutlich nur den Tibidabo hinauf und wieder hinunter gefahren, den gut 500 Meter hohen Berg im nördlichen Teil Barcelonas. Die Troglodisten sagen Hallo, geben Mark einen Kuss auf die Wange, gehen, als seien sie hier zu Hause, zum Kühlschrank, holen sich ein Bier und schnappen sich auch gleich ein paar Bananen vom Tresen, bevor sie hinausgehen zu der Bank vor dem Schaufenster.

»Also«, fahre ich fort, »von allen Fahrradcafés, in denen ich war, ähnelt deines hier am meisten dem Red Lantern in Brooklyn. Die gleichen Öffnungszeiten, wie du sie hast. Keine leichten italienischen Stahlrohrmöbel, sondern grob behauene Tischplatten, denen man ansieht, dass dort seit vielen Jahren Leute aus der Nachbarschaft rumhängen, halbwegs unbeholfene Wandmalereien, die an miserable Air-Brush-Arbeiten auf Motorradtanks erinnern. Aber gemütlich. Locals kommen herein, und der Typ hinter dem Tresen weiß, was sie bestellen. Jeder fünfte Kunde rollt sein Fahrrad durch die äußerst widerspenstige Tür hinein. Und alle scheinen zu denken, das reparieren wir morgen oder so. Ein Mechaniker, der mit dem Barkeeper darüber streitet, ob Country laufen soll oder nicht. Viele Fixies, zum Teil italienische, eine Leidenschaft für Campagnolo, aber auch viele amerikanische Räder, die schwere Lasten tragen können, wie von Surly und Xtracycle. Als Statement gegen den Autoverkehr. Oder einfach, um ihre Hunde mitnehmen zu können. Und jeden Donnerstag um 20:30 Uhr haben sie ein Unterstützungstreffen für die, die einen Unfall oder Sturz hatten oder irgendeine andere Art von Krisenbewältigung brauchen.«

»Krisenbewältigung? Das ist schon ziemlich New York, was?«

»Nehme ich an.«

Es wird langsam spät. Mark findet, ich soll morgen früh reinschauen, um Barcelonas beste Croissants zu probieren.

Während ich zu meinem Hotel gehe, denke ich mir, dass es nicht unproblematisch ist, dass die Fahrradcafés hier Alkohol ausschenken, und zwar aus zwei Gründen. Der erste ist selbstverständlich, dass man betrunken nicht fahren darf. Der andere ist, dass man nach ein paar Bier geneigt ist, sich Fahrradzeugs zu kaufen, an das man beim Hereinkommen gar nicht gedacht hat. Wie einen giftgrünen Sattel aus Veloursleder.

CAMPAGNOLO

ist quasi ein Synonym für die norditalienische Stadt Vicenza. Hier war immer schon der Sitz des Unternehmens, auch wenn die Fabrik vom zentralen Corso Padova auf ein moderneres Gelände in einem Vorort umgezogen ist. Vicenza liegt mitten in der Region Veneto, 60 Kilometer nach Venedig in die eine Richtung, 200 Kilometer nach Mailand in die andere und die Alpen einige Dutzend Kilometer nördlich.

Joshua Riddle schüttelt mir die Hand, zeigt etwas unbeholfen auf die Herrentoilette im Foyer und sagt, dass ich mich dort umziehen könne. In der Toilette? Das macht mir gar nichts aus, aber ich frage mich, ob Campagnolo etwa zum ersten Mal Besuch von einem radelnden Gast bekommt.

Ich bekomme mein Rad, ein von Hand gebautes Sarto in Kohlefaser ohne andere Kennzeichen als Campagnolos Logos. Es ist mit dem neuesten Modell der Schaltgruppe Campagnolo Super Record bestückt. Das verspricht, gut zu werden.

Draußen vor der Pforte wartet ein dritter Radfahrer.

»Antonio Furlano«, sagt Joshua, »du hast vielleicht von ihm gehört? Ehemaliger Profi.« Ich nicke, alles andere wäre unhöflich. »Furlano war Sprinter, hat zwei Etappen bei der Vuelta gewonnen.«

»Ui«, rufe ich aus, jetzt echt beeindruckt.

Antonio begrüßt mich. »Ich war bis letztes Jahr Profi. Seitdem habe ich ganz schön zugenommen«, sagt er und klopft auf seinen Bauch, der nicht sonderlich groß aussieht, aber auch nicht wirklich wie ein Radrennfahrerbauch.

Dann geht es los durch Vicenzas Industriegebiet mit einem Verkehr, der außerordentlich hektisch und unberechenbar ist. Joshua und Antonio scheint das nicht zu kümmern. Sie fahren nebeneinander. Nehmen Platz in Anspruch. Kein Autofahrer hupt. Als wir aus der Stadt herauskommen, wird der Verkehr weniger.

»Man muss wissen, wo man fährt«, sagt Antonio, der hier 25 Jahre lang seine Trainingsrunden gedreht hat. »Das ist ein guter Ort. Du kannst in der Ebene fahren, wenn du willst, oder über die kleinen Berge, zu denen wir heute wollen. Willst du in die Höhe, ist es nicht weit in die Alpen.«

Während ich hinter Antonio herfahre, schaue ich mir besonders seine Waden an, groß wie Lammkeulen, und denke, dass es den Anschein hat, als würde er hauptsächlich mit ihnen Rad fahren. Während Joshua dünn und leicht ist und mit einer hohen Trittfrequenz dahinschnurrt, ist Antonio schwer, fährt eine niedrige Frequenz und hängt sich immer voll rein. Er schaltet selten runter, steht nur auf und tritt in die Pedale und schießt wie ein beschleunigendes Formel-1-Auto davon.

Wir sind unterwegs, um die Teilnehmer von The Campagnolo Experience zu treffen, ein Event, das Joshua 2013 ins Leben gerufen hat. Die Teilnehmer fahren erst den Gran Fondo Roma, ein Hobbyradmarathon, und dann hinauf nach Vicenza, wo die Tour mit einem Fabrikbesuch abgeschlossen wird. Acht Tage Radfahren, insgesamt 823 Kilometer, für ein paar Tausend Euro, exklusive Flug.

»Was machst du jetzt?«, frage ich Antonio, als ich an der Reihe bin, neben ihm zu fahren.

»Gewöhnliche Dinge. Solche, für die ich nie Zeit hatte, solang ich den Großteil des Jahres auf Tour war. Ich spaziere zum Mittagessen nach Hause zu meiner Mama und esse Pasta. Ich beschäftige mich mit meiner sechsjährigen Tochter. Treffe Freunde.«

Nach 25 Kilometern treffen wir auf die Gruppe, die aus Rom heraufgefahren ist. Fünf Enthusiasten aus unterschiedlichen Teilen der Welt und zwei Guides von Thomson Bike Tours, einer auf dem Rad und einer in einem Minivan, der hinterherfährt. Joshua, der alle bereits vorher getroffen hat, stellt uns vor. Mich haben sie binnen einer Tausendstelsekunde wieder vergessen, aber Antonio Furlano zu treffen ist eine große Sache. »Machst du Witze, zwei Siege bei der Vuelta! Cool!« Antonio legt los, erzählt Anekdoten und lässt Namen fallen, berichtet über berühmte Sprints, an denen er beteiligt war, und legendäre Unfälle. Besonders einen mit Marco Pantani, über den alle Bescheid zu wissen scheinen.

»Wenn ihr im Netz schaut, seht ihr die zwei, die zusammenknallen, und dann, ein kleines Stück dahinter einen Typen in Blau, das bin ich.« Die Gruppe scheint eine gute Zeit gehabt zu haben. Sie sind fröhlich und zufrieden, obwohl sie einen ganzen Tag durch Regen und Hagel gefahren sind. Außerdem hat sich das einzige Mädchen in der Gruppe überschlagen. Sie streckt etwas gequält ihr bandagiertes Bein zur Beschau aus.

»*Prosciutto crudo* auf die Fahrbahn zu legen ist eine schlechte Methode, um abzunehmen«, sagt Joshua taktlos.

Das Mädchen versteht nicht. Sie hatte auf ein wenig Empathie gehofft und wird stattdessen zur Lachnummer. Darin, dass ihre Schürfwunden im Scherz zu getrocknetem Schinken werden, nachdem sie mit dem Asphalt auf Tuchfühlung gegangen ist, kann sie nur schwerlich irgendeine Art von Humor erkennen. Also lacht sie auch nicht, als man ihr den Scherz erklärt. Sie will nicht mit Parmaschinken verglichen werden, egal wie weltberühmt er sein mag.

Dann radeln wir heimwärts über einen Berg, den ich auf dem Hinweg gar nicht bemerkt hatte. Extrem schön, aber hart. Ich falle im Feld zurück. Ganz oben auf dem Gipfel ist nur noch das verletzte Mädchen hinter mir. Ich schäme mich ein bisschen, dass ich sie nicht vorbeigelassen habe.

»Der Giro kommt hier manchmal durch«, erzählt Antonio, »die letzte Steigung, dann hinunter zum Zieleinlauf in Vicenza. Hier haben wir auch immer unsere Trainingssaison beschlossen. Immer zwischen diesen kleinen Bergen.«

»Hast du die Gegend gemocht oder gehasst?«, frage ich.

»Ich habe durchgehalten.«

Der Fabrikbesuch beginnt damit, dass Joshua die Geschichte davon erzählt, wie Tullio Campagnolo ein Amateurrennfahrer im Italien der 20er-Jahre war.

»Eines Tages bei einem Rennen in den Bergen hatte Tullio einen Platten. Es war kalt. Seine Finger waren steif und die Flügelmutter, die das Rad hielt, schwergängig. Er griff nach einem Stein und hämmerte mit ihm auf die Radmutter ein, um sie zu lösen, rutschte ab und schlug sich die Finger blutig. Es musste eine einfachere Weise geben, dachte sich Tullio, als er nach Hause kam, woraufhin er den Schnellspanner erfand, der auch 80 Jahre später noch Standard ist.«

So war das. Tullio fuhr weiterhin Rad, nahm an der Lombardei-Rundfahrt und an Mailand–San Remo teil, um sich dann wieder seiner Erfinderwerkstatt im Hinterhof des Eisenwarengeschäfts seiner Eltern zuzuwenden. Joshua zeigt uns jetzt einen alten Schnellspanner, schön dekoriert mit dem zierlichen Logo, das man wieder aufgenommen hat.

»Nachdem Tullio den Schnellspanner erfunden hatte, investierte er genauso viel Zeit, um das Produkt schön zu machen.«

Joshua sagt das als eine Art Erklärung dafür, warum gerade Campagnolo überlebt hat, während Hunderte andere Fahrradteilefabrikanten gezwungen waren, zuzumachen. Hier hat man immer Innovationen und Qualität mit einem ausgesuchten Gespür für Design kombiniert. Ich weiß zwar nicht, ob das als Erklärung ausreicht, aber es ist wahr, dass Campagnolo als Marke eine einzigartige Stellung innerhalb der Fahrradwelt innehat – eine Anziehungskraft, die mich dazu brachte, Fahrräder mit Campagnoloteilen zu kaufen, ohne eine Ahnung davon zu haben, und die die Teilnehmer von The Campagnolo Experience dazu gebracht hat, ihre Brieftaschen zu leeren, um die Gelegenheit zu erhalten, sich genauer anzuschauen, wie ein Fahrradteil hergestellt wird. Um es etwas krasser auszudrücken: Campagnolo ist eine Marke, mit der Radfahrer gern angeben, sowohl auf ihren Fahrrädern als auch auf ihrer Kleidung, und es gibt die, die so passioniert sind, dass sie sich den Firmennamen auf ihre Körper haben tätowieren lassen.

»Tullio hat sogar einen Korkenzieher erfunden«, erzählt Joshua, der die anekdotische Spur nicht verlassen zu können scheint. »Den bauen wir immer noch. Die Schrauben, die die Teile des Korkenziehers zusammenhalten, sind dieselben wie in der Super-Record-Kettenradgarnitur.«

»So einen habe ich«, ruft ein Typ aus der Gruppe, der aus New York kommt, »aber mir ist es nicht geglückt, die Armbanduhr zu finden.«

Ich habe zwar keine Ahnung, von welcher Armbanduhr er spricht, weiß aber, dass der Korkenzieher schon fast 100 Euro kostet.

Dann machen wir einen Rundgang durch die Fabrik. Große Maschinen essen Meter um Meter Stahlband von enormen Rollen und stanzen auf ein Dutzend verschiedene Arten ein Kettenblatt aus. Das sieht ziemlich altmodisch aus. Ein großer Kontrast zum Roboter daneben, der ein Stück Aluminium dreht und wendet, bohrt, fräst, Gewinde schneidet und eine Erklärung dafür ist, warum es so wenige Menschen in der Fabrik gibt. Wir sehen einen ernsthaften Mann ein Scheibenrad bauen, ein Ghibli. Er macht eines am Tag und repräsentiert den Teil der Herstellung, der immer noch reines Handwerk ist. Lustigerweise lebt das Handwerk vorrangig dann weiter, wenn das allermodernste Material, nämlich Kohlefaser, im Spiel ist. Stahl, Aluminium und Titan können von einem Roboter bearbeitet und zusammengefügt werden, aber Kohlefaser ist immer noch zu dünn und spröde, um in einen automatisierten Prozess hineinzupassen. Wir werfen einen Blick in ein Modul, das fast schon steril aussieht, wo ein Mann einige Bögen Kohlefasergewebe aus einer Tiefkühltruhe nimmt, sie mit einem gewöhnlichen Bügeleisen bügelt, um dann mit dem Bau eines Kohlefaserlaufrads zu beginnen. Dann passieren wir eine Abteilung mit riesigen Becken, so groß wie in einem Schwimmbad, in denen verschiedene Metallteile verchromt, galvanisiert oder auf andere Art behandelt werden. Joshua erzählt, erklärt und lässt immer wieder einfließen, dass Campagnolo alle Teile selbst herstellt, bis zur kleinsten Unterlegscheibe. Dass alles in Europa gefertigt wird, freilich ein recht großer Teil inzwischen in Rumänien, aber das ist ja auch Europa. Das stimmt selbstverständlich, andererseits ist das Durchschnittseinkommen in Taiwan mehr als doppelt so hoch wie in Rumänien.

»Ein roter Faden, der sich durch Campagnolos Geschichte zieht, ist, dass wir immer gut darin waren, Leichtmetalle herzustellen und zu verarbeiten. Deshalb war die NASA vor ihrem Mondprojekt hier bei uns, und später haben Forscher aus dem Bereich der Medizin Hilfe von uns erhalten. Deshalb sagen wir gern, dass wir nicht nur auf den Champs-

Élysées, ihr kennt den Zieleinlauf bei der Tour de France, waren, sondern auch auf dem Mond und im menschlichen Körper.«

Wir passieren eine Testabteilung, in der ein Roboter ein Fahrrad rauf- und runterschalten lässt. Das tut er 24 Stunden am Tag, 7 Tage die Woche. Eine andere Maschine misshandelt ein Vorderrad, und eine dritte zieht an einer Fahrradkette. Joshua hält ein paar Kohlefaserlaufräder hoch und erzählt, dass sie nicht notwendigerweise überhitzen und tatsächlich auch ausgezeichnet im Regen funktionieren, wenn man nur die richtigen Bremsbeläge von Campagnolo verwendet. Ein Problem, von dem ich gar nichts wusste, weil ich nicht zur Zielgruppe für diese exklusiven Kostbarkeiten gehöre.

Wir passieren kleine Stationen, wo Männer und Frauen mit Schieblehren und Mikrometerschrauben messen, mit Lupen begutachten und mit den Fingerspitzen befühlen. Wir werfen einen Blick in Entwicklungsabteilungen, zu denen der Zutritt verboten ist, weil dort die nächsten Generationen von Schaltungen und Bremsen gerade in diesem Moment erdacht werden. Jetzt hält Joshua eine Blechplatte mit einigen kleinen Metallzylindern darauf hoch. »Das hier sind die neuen, hohlen Kettennieten. Selbst hier ließ sich noch Gewicht einsparen. Tatsächlich mehr, als man glaubt.«

Dann machen wir einen letzten Abstecher zu einigen weiteren großen Maschinen, und mir wird klar, dass wir nicht sehen werden, wie die Schaltgruppen hergestellt werden, was natürlich schade ist, weil das die Paradedisziplin des Unternehmens ist. Aber es ist wohl eine zu fummelige, manuelle Arbeit, alle Teile zusammenzufügen, weshalb sie in Rumänien gemacht wird.

»Die Seele«, ist das Letzte, was Joshua sagt, eine Idee bombastisch. »Ein Produkt soll mechanisch perfekt sein, ein ausgesuchtes Design besitzen, aber es muss auch aufgeladen sein mit der speziellen italienischen Campagnoloseele.«

CRUISER,

lautete die Antwort des Burschen von der Tankstelle auf meine Frage. »Das ist ein Cruiser«, wiederholte er in grobem südschwedischem Dialekt und versuchte so zu klingen, als wäre dieses Fahrrad das coolste, das auf Karlskronas Straßen anzutreffen ist.

»Aber ich hatte ein Fahrrad gebucht, mit dem man Rad fahren kann.«

»Man kann mit einem Cruiser Rad fahren«, sagte der Bursche gekränkt. »Die sind populär in Kalifornien. Da hat jeder so eins.«

Also radelte ich davon, denn ich hatte einen Job zu erledigen und wollte ungern ein Auto mieten, nur weil ich ein lächerliches Fahrrad bekommen hatte. Denn lächerlich war es. Man saß tief und nach hinten gelehnt, hatte einen albern hohen Lenker und schwerfällig rollende Ballonreifen. Ich folgte den Schildern nach Lyckeby, wie ironisch (»Glückstadt«), und erinnerte mich an den Chopper meiner Kindheit.

Der britische Fahrradhersteller Raleigh lancierte sein Modell Chopper 1969 (hierzulande als Bonanzarad bekannt). Es wurde ein unmittelbarer Erfolg, vor allem, weil wir Kinder damals fanden, dass es cool aussah - wir, die nie ein neues Fahrrad bekamen, sondern die abgelegten Drahtesel unserer älteren Geschwister oder Großcousins erbten. Ein Chopper war aber auch ein Zeichen für Eltern, die zeigen wollten, dass sie genug Geld hatten, um ihren Kindern etwas Neues zu kaufen.

Als Fahrrad betrachtet war der Chopper ein Witz. Ein kleines Hinterrad und ein noch kleineres Vorderrad, träge, mit einem Hang dazu, bei der geringsten Beschleunigung das Eiern anzufangen, ein unbequemer, hoher Apehanger-Lenker (man glich einem hängenden Affen, daher der Name), ein Bananensattel, auf dem man in der Gegend herumrutschte, und ein Schalthebel auf dem Rahmen, den man nur erreichte, wenn man den Lenker mit einer Hand losließ. Andere Hersteller kopierten den Chopper, und das Modell wird auch heute noch gebaut. Unter anderem von Schwinn, die auch hinter der lahmen Krücke stehen, die ich soeben an der Tanke geliehen habe.

Als Phänomen sind diese Räder interessant. Es ist eine faszinierende Tatsache, dass parallel zur Entwicklung des Fahrrads, wo alles dauernd besser und billiger wird, eine Nische existiert, wo das Radfahren selbst einem coolen Aussehen untergeordnet ist. Deshalb versuche ich, mir während meiner Zwanzigkilometerfahrt einzureden, dass mein armseliges Radfahrerlebnis dadurch aufgewogen wird, dass ich cool aussehe. Als würde ich an den Palmen von Venice Beach vorbeiradeln und der Stille Ozean in der Nähe rauschen. So geht es einigermaßen.

CYCLOCROSS, Querfeldeinrennen, ist in Europa seit gut 100 Jahren eine ziemlich große Sportart. Nach Schweden kam es allerdings erst recht spät.

Cyclocross wurde in Frankreich von Straßenfahrern aus der Taufe gehoben, die die Saison verlängern wollten. Es wurde für sie zu einer Möglichkeit, sich von Oktober bis Februar in Form zu halten, der Zeitspanne, in der die Straßenrennen pausierten. In großen Teilen Nordeuropas ist das selbstverständlich eine Zeit des Jahres, wo es die Schneedecke unmöglich macht, querfeldein zu fahren, was eine Erklärung dafür sein könnte, warum es der Sport schwer hatte, bei uns Fuß zu fassen.

Im Cyclocross verwendet man Fahrräder, die einem gewöhnlichen Rennrad gleichen, nur etwas robuster, mit Platz für breitere Reifen und nicht selten mit ober- statt unterhalb des Oberrohrs verlegten Bowdenzügen. Das ist deshalb so, weil es vorkommt, dass die Fahrer ihre Räder schultern.

Ich sitze an einem Sonntagnachmittag im November in einer Bar im flämischen Oudenaarde. Auf dem Großbildschirm startet ein Querfeldeinrennen. Für den ungeübten Betrachter sieht der Sport eine Spur wunderlich aus. Die Strecke ist kurz, das Gelände ziemlich einfach, und die meisten Hindernisse sind künstlicher Natur, wo die Fahrer Treppen, Brücken, Bohlenwege und lange Sandgruben überwinden müssen. Nach einer kurzen Weile schultern die Fahrer ihre Räder und rennen eine Grasböschung hinauf. Dann treten sie wieder eine Zeit lang in die Pedale, springen ab, jagen eine Treppe hinauf, fahren eine Weile, kommen an die Sandgrube, wo einige es riskieren, direkt hindurchzufahren, während andere die sicherere Variante am Rand entlang wählen, dann noch ein paar Bohlen, eine Schlammpfütze, noch ein Hügel, ein flacher Abschnitt auf Gras, wonach die Runde vollendet ist und eine neue beginnt. Das Rennen dauert ungefähr eine Stunde.

»Wie findest du es?«, fragt mich Stijn, mein Fremdenführer.

Zuerst bin ich versucht, etwas über die Ähnlichkeit mit Monty Pythons Marathon für Inkontinente oder den Hundertyards für Personen ohne Orientierungssinn zu sagen. Aber ich besinne mich eines Besseren. Ich will nicht unhöflich sein. Das hier ist wohl nicht befremdlicher als Dreisprung oder Wasserball.

»Ein bisschen merkwürdig ist das schon«, sage ich vorsichtig.

»Ja, ich weiß«, sagt Stijn. »Wir scherzen selbst über uns, weil wir uns mit dieser merkwürdigen Sportart abgeben. Warum rennt man freiwillig durch den Schlamm, und warum fährt man nicht auf einem Mountainbike?«

D

DATING

25 Prozent der befragten Briten gaben in einer Umfrage an, sie würden eher einen Radfahrer als irgendeinen anderen Sportler daten. Noch mehr, nämlich 27 Prozent, ziehen einen Radfahrer anderen Athleten in ihrem Pubquiz-Team vor.

DESIGNRÄDER,

die herausstechen:

Das Paris Galibier wurde zuerst von Harry Rensch in den 1940er-Jahren gebaut. Der Gedanke hinter dem ungewöhnlichen Rahmen war, die Verwindung zu minimieren, aber gleichzeitig die Elastizität zu erhöhen, die die durch unebenen Untergrund hervorgerufenen Vibrationen dämpft. Das Design erlebte kürzlich ein Revival, als es von den britischen Fahrradbauern bei Condor Cycles wiederaufgenommen wurde.

PARIS GALIBIER

Dursley-Pedersen. Konstrukteur war der Däne Mikael Pedersen, der später nach Dursley in England zog, daher der Name. Das Fahrrad wird mit einer schlanken Fachwerkkonstruktion gebaut und hat einen hängemattenartigen Sattel. Die erste Version entstand 1893, war aus Holz gemacht, wog 8,6 Kilo und stellte eine ganze Reihe von Geschwindigkeitsrekorden auf. Vier Jahre später wurde das Holz gegen einen Metallrahmen ausgetauscht. Der Schmied Jesper Sølling aus Christiania in Kopenhagen nahm 1978 die Produktion wieder auf, weshalb es auch heute noch zu kaufen ist.

Das Lotus Type 108 gab es bereits 1987 zu sehen, wurde aber erst 1990 zu Wettkämpfen zugelassen. Das Fahrrad mit seinem Monocoque aus Kohlefaser und seinen weichen Formen, als wäre es aus Marzipan herausgeknetet, signalisierte ernsthaft, wie Fahrräder in der Zukunft aussehen könnten. Bei der Olympiade in Barcelona 1992 stellte Christopher Boardman einen Weltrekord auf dem Lotus Type 108 auf, als er Gold in der Herrenverfolgung über 4000 Meter gewann.

Ein Monocycle, also ein Fahrrad mit nur einem Rad, bei welchem man im Unterschied zu jemandem, der Einrad fährt, nicht auf, sondern im Fahrrad sitzt, war nicht die Erfindung des Briten Ben Wilson. Er baute seines 2008, aber es gibt Patente für ähnliche Räder schon seit 1860. Cool ist es in jedem Fall.

LOTUS TYPE 108

MONOCYCLE

Das Moulton TSR 30 liegt an der Grenze zwischen coolem Design und Rechthaberei, wenn man denn von so etwas im Zusammenhang mit Fahrradherstellern sprechen kann. Hübsch, teuer, ein von Hand gebauter Rahmen in einer leichten Fachwerkkonstruktion, faltbar, mit Rennlenker und Campagnolo Schaltwerk, aber mit Zwanzigzollrädern. 50 Jahre lang wurde dieses Fahrrad hergestellt mit dem Argument, dass Zwanzigzollräder auf einem Rennrad genauso gut sind. Nein, sind sie nicht! Aber ihre Beharrlichkeit ist trotz allem ein wenig erfrischend.

MOULTON TSR 30

DIRT JUMP

ist das, wonach es sich anhört, Sprünge in den Schlamm. Anfangs verwendete man Mountainbikes oder BMX-Räder, um mehr oder weniger spektakuläre Sprünge von Wällen und Erdhügeln aus Lehm zu machen, die man aus Sand oder Kies aufschüttete.

Heutzutage gibt es spezielle Dirt Bikes, die BMX-Rädern gleichen, nur mit einer stabilen Federgabel. Aufgrund der spektakulären Stunts, die die Dirt-Bike-Fahrer mittlerweile vollführen, sowohl mit einem als auch mit zwei Überschlägen, ist Dirt Jump zu einem ziemlich großen Publikumssport geworden. Nicht selten werden die Wettkämpfe inzwischen mitten in der Stadt ausgetragen, dann aber öfter auf künstlichen Rampen als auf selbst aufgeschütteten Erdhügeln.

E

E-BIKE

nennt man es für gewöhnlich, aber der korrekte Name ist eigentlich »Pedelec« (*Pedal Electric Cycle*). Dabei handelt es sich um ein mit einem Elektromotor ausgestattetes Fahrrad. Beim Treten, oder wie es fachsprachlich heißt Pedalieren, erhält man Unterstützung: Tritt man in die Pedale, hilft der Motor, hört man auf zu treten, macht auch der Motor Pause. PAS nennt man das System, das steht für *Pedal Assistent System*. Dabei gibt es jedoch eine Einschränkung: Der elektrische Antrieb muss bei 25 km/h selbstständig abschalten, sonst braucht das Fahrrad eine Versicherung und der Fahrer einen Helm.

Die Debatte, die rund um diese Pedelecs ausgebrochen ist, dreht sich darum, ob sie gut oder schlecht sind. Tatsächlich ist die Frage nicht so schwer zu beantworten. Der Vater meines Kumpels, der nie einen Führerschein besessen hat, fährt mit seinem Pedelec zum Golfplatz. Er ist über 90. Damit verbessert sich durch das Pedelec nicht nur seine Lebensqualität, sondern auch seine Fitness und seine Gesundheit. Also ist es auch für die Gesellschaft ein Gewinn. Aber nicht nur Rentner profitieren. Es kann genauso gut ein Familienrad oder Cargo Bike sein, das es einer Familie erleichtert, alle Transportaufgaben, die so anfallen, zu erledigen - vom Großeinkauf über den Weg zur Wertstoffsammelstelle bis hin zum Abliefern kleiner Kinder in der Kindertagesstätte -, ohne das Auto zu nehmen. Ersetzt ein Pedelec ein Auto, ist das selbstverständlich ein großer Gewinn für die Umwelt.

Aber wenn das Pedelec ein Fahrrad ersetzt, nur weil der Radfahrer ein wenig faul und bequem ist, dann ist das weder ein Gewinn für die Umwelt noch für das Wohlbefinden des Radfahrers. Man denke nur an die Batterien, die immer noch ein Umweltproblem sind, sowohl bei der Herstellung als auch bei der Entsorgung. Und obendrein ist es ja gerade das tägliche, nichtassistierte Pedalieren, das so gut für unser Wohlbefinden ist.

EINRAD

EINRAD

Eine Variante des Fahrrads, die man früher nur im Zirkus sehen konnte. Inzwischen ist es der Manege entstiegen und an den unerwartetsten Orten anzutreffen. Das wird einem spätestens dann bewusst, wenn man sieht, wie viele Varianten von Einrädern existieren: Flatland, Road, Street, Trail und MUni - wo das M für *mountain* steht, welches wiederum die Varianten Cross Country, Offroad und Downhill umfasst. Natürlich gibt es auch immer noch die Zirkusvariante. Es gibt Einräder mit Scheibenbremsen und solche mit Schaltung. Sehr hohe Einräder nennt man Giraffe.

Außerdem gibt es Klubs für Einradenthusiasten, die unter anderem Wettkämpfe austragen - alles von Hundertmeterrennen und Marathon bis zu Hochsprung, Technikparcours und Mountainbikewettbewerben. Mannschaften von Einradfahrern spielen sogar Handball, Basketball und eine Art Indoorhockey.

EINSTELLUNG

Auf die richtige kommt es an. Wenn andere Verkehrsteilnehmer ihre Einstellung gegenüber Radfahren ändern könnten, wäre alles gut, so gut. Aber natürlich ist es nicht so einfach, alle anderen dazu zu bewegen, ihre Meinung zu ändern.

Lasst mich ein Beispiel für eine falsche Einstellung anführen. Bei mir in der Nähe wurden neue Mehrfamilienhäuser gebaut, dazu wurde ein Bürgersteig samt Radweg angelegt. Nach einer Weile beklagten sich die Bewohner darüber, dass die Radfahrer zu schnell auf den Radwegen fahren würden. Sie beklagten sich also über die *Radfahrer*, die legal auf einem für Radfahrer vorgesehenen *Radweg* fuhren. Es ist ein schmaler Bürgersteig, das sehe ich ein, aber es ist nicht die Schuld der Radfahrer, wenn Fußgänger auf ihrem Fahrstreifen umherstapfen. Die Verantwortlichen waren nicht wirklich derselben Ansicht, sondern versahen den Radweg mit quer verlaufenden, dicken weißen Farbmarkierungen, was dazu führt, dass es gewaltig holpert, wenn man über sie hinwegrollt. Anschließend ist man fast gezwungen, mit der Zunge den Mundraum abzutasten, um zu sehen, ob noch alle Füllungen vorhanden sind. Wer schneller fahren will als ungefähr 7 km/h, macht das jetzt entweder auf dem Bürgersteig oder auf der Fahrbahn, wo man aber entweder angehupt oder abgedrängt wird, um auf diese Weise Manieren zu lernen.

Die falsche Einstellung dabei ist, dass die Fußgänger den Radweg als Teil ihres Fußwegs ansehen und die verantwortlichen Bürokraten ebenso. Würden die Fußgänger stattdessen auf die Straße torkeln, würden sie wohl kaum auf dieselbe Art und Weise erwarten, dass die Autofahrer langsamer fahren - und täten sie es trotzdem, würden sie bei den Verantwortlichen auf taube Ohren stoßen.

Teil der falschen Einstellung ist, dass Radfahren nur als Freizeitvergnügen angesehen wird. Man setzt es mit einem Sonntagsspaziergang gleich, bei dem das Ziel unwichtig und die Zeit unwesentlich ist. Aber wer mit dem Fahrrad pendelt, tut es nicht zuletzt, weil es ein effektives Verkehrsmittel ist. Genauso wie der Autofahrer oder der Benutzer öffentlicher Verkehrsmittel will der Radfahrer schnell zur Arbeit oder Schule oder nach Hause zur Familie oder zur Kindertagesstätte kommen. Genauso ärgerlich ist es also für den Radfahrer, wenn er nicht wie geplant vorankommt, wenn er nicht die zulässige Geschwindigkeit halten kann oder nicht den Weg fahren darf, den er sich vorgenommen hat. Nicht zuletzt irritiert es, wenn man als Radfahrer zurechtgewiesen wird, man solle es etwas ruhiger angehen lassen, schließlich trainiere man nicht für die Vätternrundfahrt. Niemand sagt zu einem Autofahrer, er soll auf einer Straße, auf der 70 erlaubt sind, nur 30 fahren, *weil man dann doch so viel mehr von der Landschaft sieht*, und keiner bittet einen Buspendler, einen späteren Bus zu nehmen, weil *der ja schließlich auch ankommt*.

Wer Auto fährt, um ein anderes Beispiel zu nehmen, findet nur sehr selten ein Wartehäuschen mitten auf der Fahrbahn vor, etwas, was für Radfahrer auf der Tagesordnung steht. Autofahrer stehen auch nur sehr selten vor einer aufgegrabenen Straße mit einem Schild, das auf eine Fahrspur in der falschen Richtung verweist. Dazu kommen noch Pfosten und Poller, Müllfahrzeuge und Postmopeds, Baugerüste und Betonmischer, Kurierdienste und Wir-ziehen-bloß-um-Lastwagen, Zwillingskinderwagen, Container und Bäume, Hundebesitzer mit dreißig Meter langen Leinen und Menschen, die herumirren, weil sie Musik hören oder eine superwichtige SMS schreiben.

Ich weiß, ich bin voreingenommen. Aber ich meine trotzdem, dass Radfahrer auf den Listen der meisten Verkehrsteilnehmer und Verkehrsbürokraten sehr weit unten stehen. In Schweden beispielsweise wird ungefähr jede zehnte Fahrt per Fahrrad getätigt. Aber nur 0,05 Prozent des Geldes, das in den Verkehr investiert wird, kommt den Radfahrern zugute. Mit anderen Worten 200-mal zu wenig.

Was tun wir, bis sich die Einstellung ändert? Warum ist es so schwer zu verstehen, dass jeder Radfahrer mehr oft auch einen Autofahrer weniger bedeutet? Dass wir kein Risiko für Kinder darstellen, dass wir keine Steuergelder kosten, weil wir keine öffentlichen Verkehrsmittel verwenden, dass wir zudem Steuergelder sparen, weil wir uns bewegen und gesund bleiben? Warum feiert man uns nicht dafür, dass wir nicht zur globalen Erwärmung beitragen? Warum bekommen wir keine Medaille dafür, dass wir die Städte leiser machen? Warum werden wir ausgelacht, wenn wir uns praktisch kleiden, um 20 bis 30 Kilometer pendeln zu können? Warum werden wir stattdessen von Polizisten gejagt und von Autofahrern gehasst, die uns als Verkehrsrowdys auf Rädern ansehen?

Wie ändern wir die Einstellung? Ich weiß es nicht. Es gibt Kommunen, die daran arbeiten. Ich bekomme fast feuchte Augen, wenn ich daran denke, dass Radfahrer in Malmö einen Gruß von der Kommune in Form eines Stückchens Schokolade bekommen haben, das man auf Gepäckträger und Fahrradkörbe gelegt hat mit einem Danke unter der Überschrift »Gut geradelt!« Und natürlich macht es einen glücklich, wenn Europas längste Fahrradbrücke in Sölvesborg gebaut wird. Ich habe eine kleine Schwäche für diese Art grandioser Fahrradprojekte. Wie die schöne orange Fahrradschlange in Kopenhagen, eine sich windende Brücke von einem viertel Kilometer Länge, oder den fantastischen Radweg im niederländischen Krommenie, wo der Fahrbahnbelag aus Solarzellen besteht, die die Straßenbeleuchtung und Ampeln betreiben sowie Elektroautos aufladen, oder die hübschen Fahrradtunnel in Bath, Antwerpen, Rotterdam und San Sebastián. Abgesehen davon, dass man damit den Radfahrern das Leben erleichtert, sagen diese Prestigebauten auch: »Wir mögen euch, wir werden nach und nach alle Radwege und Kreuzungen hinbekommen, aber bis dahin erfreut euch an diesem Bauwerk. Denn das seid ihr uns wert, ihr Alltagshelden des Verkehrs.« Dann begreift vielleicht auch der Rest der Gesellschaft das Gute daran, wenn mehr Menschen Rad fahren.

Wann begann dieser Konflikt, dieser Kampf um den Raum in unseren Städten und auf unseren Straßen? Auf eine Art hat es ihn immer schon gegeben. Am Anfang stand der Kampf zwischen Fahrrad und Pferd. Radfahrer fuhren gern über bereits vorhandene Reitwege und schrieben gern an die zuständige Behörde, dass man sich eine härtere Unterlage wünsche. Die Reiter wiederum wollten einen weicheren Untergrund und ließen in regelmäßigen Abständen die Reitwege auflockern. Später, als Reitpferde aus unseren Städten so gut wie verschwunden waren, begann der Kampf zwischen Radfahrern und Autofahrern. Zu jener Zeit waren Straßen teilweise von Radfahrern selbst angelegt worden. In den USA beispielsweise war es die Fahrradorganisation Good Road Movement, die die Arbeit an besseren Straßen für ihre Mitglieder vorantrieb. Dann kamen die Autos. In den USA konnte man damals Annoncen für Revolver in den Tageszeitungen finden, unter der Schlagzeile »The cyclist's friend«, damit sich die Radfahrer vor aggressiven Motoristen schützen konnten.

Die Gesellschaft ergriff schließlich die Partei der Autofahrer gegen die Radfahrer. In Schweden beispielsweise ging es dabei mehr um eine Zukunftsvision. In der Zukunft sollte man Auto fahren und mit Raketen fliegen. Das Fahrrad wurde als etwas angesehen, das in die 30er-Jahre gehörte, als Horden von schwedischen Arbeitern in die Fabriken radelten. In Kopenhagen verhielt es sich dagegen anders, was zu einem großen Teil darauf beruhte, dass die dänische Hauptstadt nach dem Krieg arm war, viele also auf Fahrräder angewiesen waren. Wo man dem Fahrrad gestattete zu bleiben, dort durfte es auch weiterhin seinen Platz im Verkehr einnehmen, dort wurde das Fahrrad gepflegt und gehegt und wird es auch heute noch.

Ein schwedisches Beispiel für die Sicht auf das Fahrrad ist Essingeleden in Stockholm, eine hohe, schöne, bogenförmige Autobahn auf Pylonen, die den Autoverkehr um Stockholms Zentrum herum leitet. Essingeleden wurde 1966 eingeweiht. Hier hat man im Prinzip das Fahrrad ganz weggedacht, mit Ausnahme eines kleinen halbherzigen Wurmfortsatzes zwischen Gröndal und Stora Essingen, wo ein Radfahrer mit Müh und Not an einem anderen im Gegenverkehr vorbeifahren kann, ohne dass die Lenker sich ineinander verhaken. Die Radfahrer wurden wegpriorisiert, nachdem es doch in der Zukunft ohnehin keine Radfahrer mehr geben würde. So jedenfalls dachte man in den Sechzigern. Merkwürdig ist es, wenn man dieselbe Einstellung auch heutzutage antrifft. Vor ungefähr 15 Jahren wurde Tvärbanan eingeweiht, eine quer durch die Stadt verlaufende Straßenbahnlinie, wo es ziemlich einfach und nicht sonderlich teuer gewesen wäre, einen Radweg anzuschließen. Aber das tat man nicht. Außer zwischen Stora Essingen und Bromma, der ähnlich wie der Radweg zwischen Stora Essingen und Gröndal so eng ist, dass ein Radfahrer kaum einem Fußgänger begegnen kann, ohne dass Probleme entstehen.

Stockholm hat die Chance verpasst, die Infrastruktur für Radfahrer zu verbessern, während man offiziell doch eine der besten Fahrradstädte der Welt werden möchte. In Stockholm werden 8 Prozent aller Fahrten auf dem Fahrrad zurückgelegt. In Kopenhagen liegt der entsprechende Wert bei 30 Prozent.

Die Einstellung, von der ich spreche, gibt es also nicht nur bei dem, der schnell mal auf dem Radweg parkt, sondern auch bei vielen Verkehrsplanern. Dabei geht es um nicht existente Bemühungen, darum dass entweder gar keine Infrastruktur für Radfahrer gebaut wird oder dass sie nicht durchdacht ist, dass man Konflikte in den Verkehr einbaut. Es kann um Ampeln gehen, die keine Rücksicht auf Radfahrer nehmen. Während Autofahrer neben mir an jeder Kreuzung Grün haben, muss ich schon mal stehen bleiben und auf den Knopf drücken, weil die Ampel für Radfahrer Rot zeigt. Ich kann einen steilen Radweg hinunterfahren, der damit endet, dass er einen Fußweg kreuzt. Oder ich kann über die Brücke nach Bromma radeln und plötzlich merken, dass der – freilich miserable – Radweg nun ganz aufhört und dass die Schilder mir den Weg gegen eine Einbahnstraße weisen. Die mir entgegenkommenden Fahrer großer deutscher Autos finden das nicht akzeptabel und versuchen, mich auf andere Gedanken zu bringen, indem sie hupen, aufblenden, mich abdrängen, beschimpfen und unflätig gestikulieren.

»BESORG DIR EIN FAHRRAD. DU WIRST ES NICHT BEREUEN, WENN DU ES ÜBERLEBST.«

MARK TWAIN, TAMING THE BICYCLE (DES FAHRRADES ZÄHMUNG, 1884)

Oft geht es bei der richtigen oder falschen Einstellung um Bagatellen. Nicht selten geht es aber auch um Leben und Tod. Jedes Mal, wenn jemand auf dem Radweg parkt und uns Radfahrer zwingt, auf die Fahrbahn auszuweichen, erhöht sich das Risiko, dass wir verletzt oder getötet werden. Die Einstellung spielt sogar eine Rolle, wenn die Schuldfrage nach einem Unfall geklärt werden soll. Der Grundreflex ist oft, dass der Radfahrer zu schnell unterwegs war, etwas falsch gemacht hat, allgemein unaufmerksam war oder keinen Helm aufhatte. Und das, obwohl alle Statistiken zeigen, dass die meisten Fahrradunfälle ohne Beteiligung anderer auf schlecht gekehrte, schlecht geräumte oder schlecht gestreute Radwege oder auf Hindernisse, die den Radfahrern im Weg stehen, zurückzuführen sind. Und wenn ein Radfahrer mit einem Auto oder Lastwagen kollidiert, beruht das nicht darauf, dass der Radfahrer besonders gern inmitten von Autos und Lastwagen fährt, sondern darauf, dass es keine Alternativen gibt. Weil es die Einstellung der Verantwortlichen ist, dass Radfahrer sich den Verkehrsraum mit Autos und Lastwagen teilen sollen.

EINZIGARTIG

ist Stockholms Hauptbahnhof in der Hinsicht, dass er der einzige größere Bahnhof in einer europäischen Hauptstadt ist, zumindest soweit ich weiß, aus dem Fahrräder verbannt sind. In Stockholms Hauptbahnhof darf man mit seinem Fahrrad weder in einen Zug ein- noch aus einem Zug aussteigen. Kommt man mit einem Pendlerzug und hat sein Fahrrad dabei (was außerhalb der Hauptverkehrszeit erlaubt ist), muss man also am Hauptbahnhof vorbeifahren und am Bahnhof Karlsberg aussteigen.

ELEKTRONISCHE SCHALTUNG

Ich gönne mir eine, als ich ein Fahrrad in Frankreich miete. Zwei Tage lang kämpfe ich mich den Mont Ventoux hinauf und hinunter, was selbstverständlich nicht die beste Strecke ist, um eine Schaltung zu testen, nachdem ich größtenteils ein und denselben Gang bergauf wie auch ein und denselben Gang bergab eingelegt habe. Aber sei's drum.

Die Schaltung funktioniert sehr gut. Die präzisen Gangwechsel bringen es mit sich, dass ich mich nach einer Weile in Situationen zu schalten traue, wo ich sonst gezögert hätte. Insbesondere unter Volllast in steilen Anstiegen. Trotzdem überzeugen mich die Vorzüge der elektronischen Schaltung nicht. Ich stelle mir nach wie vor die Frage: »Aber wozu?«

Meine Einwände waren, dass das System potthässlich ist, merkwürdig klingt, teuer ist und Batterien immer eine Umweltbelastung sind, die man vermeiden sollte, wenn man kann. Außerdem mag ich mechanisch schaltbare Fahrräder, weil das etwas ist, was ich vollständig begreifen, auseinandernehmen, reparieren und wieder zusammenbauen kann – was immer seltener vorkommt. Ich will mein Fahrrad nicht an meinen Computer anschließen, um die Schaltung millimetergenau zu justieren. Aber mein Widerstand ist nicht groß, und ich könnte meine Meinung ohne Weiteres ändern, wenn mir nur jemand ein gutes Argument zugunsten elektronischer Schaltungen nennen könnte. Wenn jemand auf meine Frage »Aber wozu?« eine Antwort hätte.

Wenn ich die Argumente anderer dafür lese, zu einer elektronischen Schaltung zu wechseln, geht es oft darum, dass man statt zwei Schalthebeln für den Umwerfer respektive das Schaltwerk nur einen benötigt, dass man weniger Kraft braucht (was gut ist, wenn der Radfahrer erschöpft oder durchgefroren ist), dass das System sich selbst einstellt und unterwegs einfacher feinzujustieren ist und dass die Schaltvorgänge exakter werden, was Probleme mit der Kette vermeidet.

Das mag schon sein. Aber ich kann nicht behaupten, dass diese Probleme etwas sind, worüber ich sonderlich viel nachgegrübelt und für die ich mir eine Lösung gewünscht habe.

Manchmal, wenn ich in der Stimmung für Verschwörungstheorien bin, kann ich erkennen, dass der Wunsch, zu einer elektronischen Schaltung zu wechseln, gänzlich von den Herstellern ausgeht. Schaltgruppen haben ja - für die Hersteller - die irritierende Fähigkeit, jahrzehntelang zu halten. Vielleicht haben sie deshalb über einen so langen Zeitraum so viele Mühen auf sich genommen, um diese Innovation hervorzubringen - von Suntours Versuch an Mountainbikes im Jahre 1990 bis zu Shimanos kommerzieller Einführung der Di2 für Rennräder 2009.

In der Welt der Profis wird alles Neumodische oft unmittelbar angenommen. Teilweise weil die Radrennfahrer müssen (eben dafür werden sie unter anderem bezahlt), teils weil wenige sich trauen, auf das Neue zu pfeifen, um danach 200 Kilometer mit dem bohrenden Gedanken zu fahren, »dass die anderen es ein wenig leichter zu haben scheinen«. Doch es gibt auch die, die sich wie ich die Frage gestellt haben: »Aber wozu?« Unter anderem den Italiener Vincenzo Nibali. Als er 2014 bei der Tour de France auf den Champs-Élysées als Sieger ins Ziel fuhr, tat er dies mit einer traditionellen mechanischen Schaltung, einer Campagnolo Super Record. Er hatte das Alte dem Neuen vorgezogen, was alle bei Campagnolo dazu gebracht haben muss auszurufen: »So ein Teufelskerl!«

Vincenzo Nibali hatte Jahrzehnte der Entwicklung und Millionen von Euro links liegen lassen, weil es nicht einmal Campagnolos eigenen Technikern gelungen war, ihm eine Antwort zu geben, wenn er fragte: »*Ma perché?*« Aber wozu? Etwas, was man bei Campagnolo in Vicenza nicht eingestehen wollte, als ich die Frage stellte. Die Antwort, die ich bekam, lautete stattdessen: »Die manuelle Schaltung ist nicht besser als die elektronische. Die elektronische Schaltung ist nicht besser als die manuelle. Das ist Geschmackssache.«

EMANZIPATION

Die Feministin Annie Londonderry fuhr eines schönen Sommertags 1894 mit dem Fahrrad aus New York hinaus. Sie hatte Kleidung zum Wechseln sowie einen Revolver mit Perlmuttgriffschalen dabei. Annie nannte sich Entrepreneurin, Athletin und Globetrotterin, und ihr Ziel war es, einmal um die Welt zu radeln. In Chicago tauschte sie ihr schwerfälliges Damenrad gegen eine halb so schwere Sportvariante für Herren und sattelte um vom Rock auf *bloomers*, eine Art weiter, langer Hosen, die man an den Knöcheln zusammenschnürte. Als sie in die Pedale trat, ließ sie einen Mann und drei kleine Kinder zurück, 15 Monate später kam sie wieder und schrieb in der Tageszeitung *New York World* unter dem Pseudonym Nellie Bly über ihre abenteuerlichen Eskapaden als *new woman*, als »neue Frau«.

Eine ältere Feministin und Vorkämpferin für das Frauenwahlrecht, Susan B. Anthony, sagte ein Jahr später in einem Zeitungsinterview Folgendes: »Lassen Sie mich erzählen, was ich vom Radfahren halte. Ich denke, es hat für die Emanzipation der Frau mehr getan als irgendetwas anderes auf dieser Welt. Es gibt Frauen ein Gefühl von Freiheit und Selbstständigkeit. Ich stehe da und freue mich jedes Mal, wenn ich eine Frau auf einem Fahrrad sehe ... das Sinnbild einer freien, ungehinderten Weiblichkeit.«

Zu jener Zeit hatten Frauen in vielen Teilen der Welt begonnen, weit weg von zu Hause zu arbeiten, und manche hatten sogar Arbeit in einer Fabrik. Das Fahrrad verstärkte deshalb die Trends, die die Frau dem Mann zunehmend gleichstellten.

Ich dachte selbst an das Fahrrad als feministisches Werkzeug, als ich mich 110 Jahre später in Teheran befand und mit einem Mann unterhielt, der ein Hotel auf der iranischen Insel Qeschm betrieb. Er meinte, schwedische Touristen sollten auf seine Insel kommen. Ich antwortete, so diplomatisch ich konnte, dass das wohl schwierig werden würde, da auf Qeschm Alkoholverbot herrschte, Männer und Frauen gezwungen waren, an voneinander getrennten Stränden zu baden und die Frauen obendrein vollständig bekleidet.

»Aber Frauen dürfen auf Qeschm Fahrrad fahren, ja, auf bestimmten Radwegen«, konterte der Mann und meinte damit, dass die Insel nach iranischen Maßstäben ein Wunder an weiblicher Emanzipation sei.

Als Annie Londonderry - die aus Lettland nach Boston eingewandert war und eigentlich Kopchovsky hieß - ihren Alias von der Londonderry Lithia Spring Water Company erhielt und lospedalierte auf dem, was viele Zeitgenossinnen ihre »Freiheitsmaschine« nannten, lief das natürlich nicht ohne Proteste von konservativen Teilen ihres Umfelds ab. Frauen sollten, fanden diese, unter der Vormundschaft des Mannes zu Hause gehalten werden, und außerdem war Fahrradfahren bestimmt nicht medizinisch ratsam für Frauen.

Ungefähr so wie im heutigen Saudi-Arabien konservative Kräfte meinen, Frauen würden ihre Gebärmutter und ihr Becken schädigen und behinderte Kinder zur Welt bringen, wenn sie Auto fahren. Es gab in den USA der 1890er-Jahre sogar solche, die der Meinung waren, Frauen sollten nicht Rad fahren, weil sie erregt werden würden von der reibenden Bewegung ihres Unterleibs gegen den Sattel. Die Gegenmaßnahme war, dass man einen besonders »hygienischen« Sattel entwickelte. Der war so geformt, dass die Genitalien der Frau die Polsterung des Sattels nicht berührten.

Das letzte Mal, dass ich gesehen habe, dass das Fahrrad als kulturelles Symbol für die Emanzipation der Frau verwendet wurde, war 2012, als die saudi-arabische Regisseurin Haifaa Al Mansour ihren Film *Das Mädchen Wadjda* herausbrachte. Eine schöne Geschichte über den Kampf der elfjährigen Wadjda um ein Fahrrad, obwohl ihr Umfeld aus unter anderem medizinischen Gründen dagegen ist: »Frauen, die Rad fahren, können keine Kinder bekommen.« Um das Geld für das begehrenswerte Fahrrad zusammenzubekommen, setzt Wadjda ironischerweise darauf, einen Koran-Rezitationswettbewerb zu gewinnen. Der Film wurde in Saudi-Arabien gedreht, aber nie dort gezeigt, weil es im Land keine Kinos gibt. Ein Jahr nach der Premiere von *Das Mädchen Wadjda* teilte die mächtige saudi-arabische Religionspolizei mit, dass Frauen künftig Fahrrad fahren dürfen, aber nur zum Vergnügen, in Parks, bekleidet mit einer Abaya und einem Niqab sowie in Begleitung eines Mannes.

Doch die Freiheitsmaschine rollt weiter. So hatte in Afghanistan eine Gruppe junger Frauen begonnen, wettkampfmäßig Rad zu fahren mit dem Ziel, an den Olympischen Spielen 2016 teilzunehmen. Geklappt hat es leider nicht, aber wer weiß, vielleicht sehen wir sie bei den nächsten Olympischen Spielen in die Pedale treten.

ENG ANLIEGENDE KLEIDUNG

wird von Radfahrern aus drei Gründen verwendet:

1. Weil sie bequem ist.
2. Weil sie den Luftwiderstand verringert.
3. Weil sie praktisch, funktional und platzsparend ist, oft aus schnell trocknendem, atmungsaktivem Material, was der Radfahrer sowohl beim Pendeln als auch beim Trainieren sehr zu schätzen weiß.

ERFINDUNGEN

Die meiner Meinung nach zehn wichtigsten Fahrradinnovationen (in wahlloser Reihenfolge):

1. Die Kette Der Engländer Henry John Lawson lässt sich 1879 sein kettengetriebenes Sicherheitsfahrrad Bicyclette patentieren. Die Kette ermöglicht ein einfacheres und sichereres System der Kraftübertragung als zuvor, wo die Größe des Hochrads die Geschwindigkeit bestimmte (je größer der Durchmesser, desto »mehr« Meter schaffte man

pro Kurbelumdrehung). Und sicherer deswegen, weil der Kettenantrieb bewirkte, dass der Radfahrer nicht mehr zwei Meter hoch in der Luft sitzen und treten musste.

2. Der Fahrradschlauch Der Engländer Robert William Thomson erfand schon 1845 den Luftreifen. Aus irgendeinem Grund dauerte es aber mehr als 40 Jahre, bevor diese Innovation schließlich die massiven Gummiringe ersetzte. Erst 1888 gelang es dem Schotten John Boyd Dunlop, Thomsons Geistesblitz zu kommerzialisieren.

3. Die LED-Lampe Die Leuchtdiode (LED) feierte kürzlich 50. Geburtstag. Aber erst in späteren Jahren gab sie ausreichend Licht und war günstig genug, um beim Fahrrad zum Einsatz zu kommen. Heutzutage gibt es kraftvolle LED-Beleuchtungsanlagen, die mit Batterien oder einem Nabendynamo betrieben werden.

Elektrische Fahrradbeleuchtung gab es übrigens schon 1888. Das Problem mit ihr war immer dasselbe, bis die LED-Beleuchtung den Durchbruch schaffte: entweder schwere und klobige Batterien oder ein Dynamo, der selten am Reifen anlag und genauso oft durchrutschte, wenn es regnete.

4. Klickpedale Im Jahr 1985 gewann Bernard Hinault die Tour de France mit Klickpedalen des französischen Herstellers Look. Das war der Augenblick, als das System mit Schuhen, die man an den Pedalen festklicken und durch eine Drehbewegung des Fußes wieder lösen kann, wirklich seinen Durchbruch hatte. Es soll Gerüchten zufolge bereits im 19. Jahrhundert Varianten dieser Innovation gegeben haben. In der Entwicklung direkt vor Look lag die italienische Firma Cinelli, die zehn Jahre zuvor bereits ein Modell auf den Markt gebracht hatte. Bei diesem war der Radfahrer allerdings gezwungen, sich hinunterzubeugen und eine Sperre zu lösen, um den Fuß freizubekommen. Man sprach recht schnell von »Selbstmörderpedalen«.

Das System, das durch die Klickpedale ersetzt wurde, war das altbewährte mit einem Käfig um das Pedal, in den der Radfahrer mit seinem Schuh hineinfuhr. Man sieht sie immer noch bei gewissen Café-Racern und Fixies.

5. Satellitennavigation Mit einem GPS (Global Positioning System) am Lenker kann der Radfahrer sich orientieren, einer bestimmten Route folgen, nach Hause finden und danach, mit dem Internet verbunden, seine Tour auswerten und mit denen von anderen oder seinen eigenen vergleichen. Unterwegs liefert ein GPS allerhand Daten wie aktuelle Geschwindigkeit, zurückgelegte Kilometer, Durchschnittsgeschwindigkeit, Höchstgeschwindigkeit und absolvierte Höhenmeter sowie Länge der Abfahrten. Ein GPS kann auch andere Aufgaben erfüllen, für die es keine Satellitenverbindung braucht, wie beispielsweise die Trittfrequenz, den Puls oder die Außentemperatur messen.

6. Die Gangschaltung Einen richtig steilen Hügel hinauffahren zu können oder ordentlich viel Tempo aufzubauen wäre ohne Gänge nicht möglich. Es werden immer mehr, inzwischen werden sie manchmal sogar elektronisch gewechselt. In Schweden reichen in der Regel jedoch drei, es ist trotz allem doch ein ziemlich plattes Land.

7. Das Kinderlaufrad Ein fantastisches Spielzeug und Fortbewegungsmittel für Kinder, die noch zu klein für ein richtiges Fahrrad sind. Das Kinderlaufrad ist Baron Karl von Drais' Laufmaschine von 1817 ziem-

lich ähnlich. Aber wo war es in der Zwischenzeit, beispielsweise als ich ein Kind war?

8. Der Schalt-Bremshebel Die japanische Firma Shimano stellte 1990 den STI vor, *Shimano Total Integration*, eine Kombination aus Brems- und Schalthebel. Das macht das Schalten sowohl schneller als auch sicherer, weil der Radfahrer die Position seiner Hände nicht ändern muss, um nach dem Hebel zu tasten.

9. Die Federung Der Amerikaner Paul Turner präsentierte 1987 ein Fahrrad mit sowohl Hinter- als auch Vorderradfederung. Damit war der Vorgänger der meisten heutigen Fahrradtypen, die für das Fahren im Gelände ausgelegt sind, geboren.

10. Das Faltrad Im Jahr 1878 ließ der Brite W. H. J. Grout sein zusammenfaltbares Hochrad patentieren. Vermutlich ging es dabei eher um ein Fahrrad, das man schnell auseinandernehmen und danach wieder zusammensetzen konnte, und nicht um ein Fahrrad, das man kurz mal zusammenfaltet, um in den Dampfzug zu steigen. Im Jahr 1915 baute Bianchi ein zusammenfaltbares Fahrrad für das italienische Militär. Im Jahr 1939 präsentierte der Franzose A. J. Marcelin sein *Le Petit Bi* (»Das kleine Rad«), ein Faltrad mit Sechzehnzollrädern und einem erstaunlich modernen Design.

ERNÄHRUNG

ist ein ewig wiederkehrendes, leicht hysterisch und nervös diskutiertes Gesprächsthema unter Radfahrern. Deshalb treffe ich Henrik Orre, der den ungewöhnlichen Beruf Fahrradkoch hat. Heute arbeitet er hauptsächlich für den britischen Profirennstall Team Sky, aber er ist auch Autor des Buchs *Vélochef – Essen für Training und Wettkampf*.

Ich beginne damit, Eddy Merckx' Fahrradmenü vorzulesen: »Frühstück: Käse, Schinken, geröstetes Brot, Hirschsteak mit Wacholderbeeren; während des Rennens: Tee, Saft, Äpfel, Trockenfrüchte, Brote mit Marmelade aus Zwiebeln und Rosinen; und zu Mittag: Suppe, Fisch, Pasta, noch mehr Hirschsteak und grüne Bohnen – immer grüne Bohnen. Würde das heute funktionieren?«

»Ja«, sagt Henrik, »das würde vermutlich funktionieren. Obwohl vielleicht nicht das Hirschsteak. Die Fahrer wären wohl der Meinung, dass es zu mächtig, zu schwer verdaulich ist. Sie wollen lieber frisches Essen, das sich im Magen leicht anfühlt. Proteine nehmen die Fahrer heutzutage hauptsächlich über Eier zu sich.«

»Was noch außer Eiern?«

»Ein wenig Haferbrei, Smoothies, nicht sonderlich viel Brot, ein Salat und dann eben die Eier, als Rührei oder Omelett. Ist es eine sehr harte Etappe, biete ich Reisgerichte an. Aber keine Pasta. Bei einem Rennen über drei Wochen haben wir Pasta vielleicht einmal zu Mittag, weil die Fahrer das mögen.«

»Keine Pasta?«

»Nein, die Fahrer nehmen es sehr genau mit ihrem Gewicht. Sie wissen, was sie ein Kilo extra auf einer Bergetappe kostet. Sie kennen ihr Idealgewicht und achten darauf. Aber das hängt selbstverständlich auch davon ab, mit welchem Team man arbeitet. Ich habe italienische Mannschaften gesehen, die sich Pasta zum Frühstück reinschaufeln. Genauso serviere ich fast keine Milchprodukte wegen des Fetts und keinen raffinierten Zucker. Muss etwas gesüßt werden, mache ich das mit Honig oder Agavendicksaft.«

Henrik Orre ist Norweger, wohnt aber schon seit Langem in Stockholm. Er stammt aus einer Fahrradfamilie und fährt auch selbst Rennen, hat aber nie das Eliteniveau erreicht wie sein Bruder und sein Vater. »Mein Vater Magne wurde Vierter beim Mannschaftszeitfahren bei den Olympischen Spielen 1972. Er spricht immer noch von dem Rennen. Die Mannschaft hatte zwei Platten, sonst wären sie auf dem Podium gelandet.«

In Schweden legte Henrik eine schnelle und beeindruckende Kochkarriere hin.

»Ich habe lange im Bon Lloc, später dann als Küchenchef im Grand Hotel in Stockholm gearbeitet. Dort war ich gut vier Jahre lang, wollte dann aber etwas anderes machen. Es wurde zu stressig, wir wollten Kinder, also begann ich, mich umzuhören.«

Es wurde die norwegische Nationalmannschaft, zu der seine Familie immer noch Kontakt hatte. »Damals fuhren zwei Norweger für Team Sky, also empfahlen sie mich weiter. Auf diesem Weg kam ich hierher. Nächstes Jahr werde ich rund 120 Tage mit dem Team verbringen, vermute ich.«

Wir plaudern ein wenig über die Profis. »Sie wollen leichte Oberkörper haben, keine Muskeln an den falschen Stellen. Vielen Norwegern wird gesagt, sie sollen mit dem Langlaufen im Winter aufhören. Diese Muskeln braucht ein Radfahrer nicht. Sofern du kein Sprinter bist, die haben Muskeln gerne zum Schutz.«

»Schutz?«

»Ja, einer wie Alexander Kristoff will einen Körper haben, der einen Sturz bei 50 Sachen aushält, um am nächsten Tag wieder starten zu können.«

Dann unterhalten wir uns über die Nahrungsaufnahme während des Rennens. Auf Henriks Twitteraccount habe ich gesehen, dass Chris Froome Henriks selbst gemachte Reiswaffeln geliket hat.

»Ich bin zwar nicht für die Versorgung der Fahrer während des Rennens zuständig, aber ich versorge das Begleitfahrzeug mit ein bisschen von allem. Meine Reiswaffeln in kleinen Verpackungen kommen ziemlich gut an. Aber es kann auch ein Stück Baguette mit Banane und Nutella sein.«

Manchmal muss er auch darauf achten, dass die Fahrer überhaupt essen, erzählt Henrik, und darauf, die Kost zu variieren, sie appetitlich und frisch aussehen zu lassen. Erschöpfte Athleten können sonst leicht das Essen vergessen, weil sie vor Müdigkeit keinen Hunger verspüren.

»Klar essen sie auch Riegel und Gels und schütten irgendwelche Energydrinks in sich rein. Aber das liegt eher daran, dass man so die Kalorienaufnahme leichter im Auge behalten kann, als wenn man ein Marmeladebrot isst, wie Merckx es tat. Es ist extrem wichtig, dass die Fahrer exakt so viel essen, wie sie während eines Rennens verbrennen. Froome verlor ja in einem Jahr den steilen Anstieg nach Alpe d'Huez hinauf wegen eines Hungerasts. Es gab wohl irgendein Durcheinander mit dem Begleitfahrzeug, außerdem hatte er schon vorher zu wenig gegessen. Jedenfalls verlor er 30 Sekunden. Aber er führte ja mit vier Minuten, es ging also trotzdem gut.«

»Wenn du selbst Rad fährst, wie hältst du es dann mit der Ernährung?«

»Nichts Außergewöhnliches. Ein bisschen verdünnter Saft und ein paar Reiswaffeln reichen völlig. Als ich die Vätternrundfahrt mitmachte, wollten die mir irgendein Energiepaket um 600 Scheine verkaufen. ›Du brauchst alle halbe Stunde ein Gel und einen Riegel‹, sagten sie. ›Nie im Leben‹, sagte ich. Herrgott, das ist die reinste Hysterie mit all diesen Nahrungsergänzungen - nimm einfach eine Banane und trink ein wenig Wasser!«

Dann erzählt Henrik von der schwierigen Logistik, um eine Radmannschaft mehrere Wochen lang mit Essen zu versorgen, die jede Nacht an einem anderen Ort schläft. Darüber, dass das Essen, das er kocht, nur für die Radfahrer ist (alle anderen müssen mit dem Hotelessen vorliebnehmen, das angeboten wird), über die Extraküche und die großen Kühlschränke im Mannschaftsbus und darüber, wie wichtig es ist, zu wissen, woher ein Produkt kommt.

»Fleisch beispielsweise muss lückenlos nachverfolgbar sein. Wir kaufen nur Biofleisch von einem einzigen Hof in England. Wir wollen absolut vermeiden, dass die Fahrer verbotene Substanzen über das Essen zu sich nehmen.«

Außer für die norwegische Nationalmannschaft und das Team Sky hat Henrik auch noch als Fernsehkoch in Norwegen gearbeitet, unter anderem ist er der Route der Tour de France gefolgt und hat lokales Essen von den unterschiedlichen Etappen gekocht. Obendrein steht er hinter der Speisekarte des äußerst trendigen Fahrradcafés Rapha in London. »Das war eher eine Art Einmaljob. Aber vielleicht wird mehr daraus. Vielleicht kommt die Speisekarte auch in ihren anderen Cafés zum Einsatz, die sie eröffnen wollen. Zumindest ist es mir gelungen, die Produkte der schwedischen Steinofenbäckerei Fabrique auf die Karte zu setzen. Das war schon cool.«

L'EROICA

ist ein alljährliches Nostalgierennen in der Toskana mit vier verschiedenen Strecken von 38 bis 209 Kilometern, von denen die letztgenannte eine Gesamtsteigung von 3700 Höhenmetern aufweist.

Die Kriterien für eine Teilnahme sind folgende:

- Man muss auf einem Rennrad fahren, das vor 1987 gebaut wurde.
- Das Fahrrad muss einen Stahlrahmen haben (die einzigen Alurahmen, die zugelassen sind, stammen von den Marken Alan und Vitus und müssen geschraubt oder geklebt sein).
- Die Schalthebel müssen am Rahmen sitzen.
- Die Pedale müssen einen Käfig mit Riemen haben (Klickpedale sind nicht zulässig, mit Ausnahme der Cinelli M71-Pedale).
- Das Laufrad muss Felgen mit niedrigem Profil und mindestens 32 Speichen aufweisen.

Es gibt noch einige weitere Regeln und Ausnahmen, und selbstverständlich sollte man besser in Wolle als in Lycra auftauchen. An den Kontrollstellen wird Ribollita serviert (eine herzhafte Gemüsesuppe, die typisch für die Toskana ist), Charcuterie, also Fleischwaren, und selbstverständlich - Chianti Classico. Ähnliche Rennen gibt es an mehreren Orten, beispielsweise L'Eroica Britannia in England, Cino Heroica in Montana, USA, L'Eroica Japan rund um den Fuji und den Nynäsgirot in Nynäshamn in Schweden.

EUROVELO

ist ein Projekt des Europäischen Radfahrer-Verbandes und die Sammelbezeichnung für ein Netzwerk von zurzeit 14 langen Radwanderwegen. Der Plan ist, dass EuroVelo 2020 voll ausgebaut sein soll und dann aus 7000 Kilometern Radwanderwegen besteht.

Schon jetzt ist die EuroVelo-Karte faszinierend zu studieren und weckt echte Reiselust in dem, der gern jenseits der eigenen Gemeindegrenzen Rad fährt. Oder was sagt man zum EV1 entlang der Atlantikküste mit Start am Nordkap und Ziel im portugiesischen Sagres, dem EV4 durch Mitteleuropa mit Start im französischen Roscoff und Ziel im ukrainischen Kiew, oder dem EV8 vom spanischen Cádiz entlang der Mittelmeerküste bis nach Athen. Die vielleicht spannendste Route, jedenfalls für den geschichtsinteressierten Radfahrer, ist wohl der EV13, der dem ehemaligen Eisernen Vorhang zwischen Ost- und Westeuropa folgt. Start in Kirkenes in Norwegen nahe der russischen Grenze, Ziel im bulgarischen Rezovo.

F

FAHRRAD

als Wort kam später als das eigentliche Phänomen. Zuerst verwendete man den aus dem Französischen entlehnten Begriff »Veloziped«. Das Wort ist eine Zusammensetzung aus den lateinischen Wörtern für »schnell« (*velox*) und »Fuß« (*pes*). Dass es »schnelle Füße« wurden, hat wohl damit zu tun, dass man die neue Erfindung von älteren, wesentlich langsameren Varianten abgrenzen wollte, auf denen man sich nach vorn direkt vom Boden abstieß – im Jahr 1860 hatte der französische Schmied Ernest Michaux begonnen, die ersten Fahrräder mit Pedalen zu bauen.

Ziemlich bald bekam Veloziped jedoch Konkurrenz von »Fahrrad«, das 1885 von deutschen Radfahrvereinen eingeführt wurde und sich zunehmend durchsetzte. Es bezog sich eher auf die im Englischen gebräuchliche Bezeichnung *bicycle*, das vom lateinischen Wort für »zwei« und dem griechischen für »Kreis« abstammt.

Auf Französisch heißt Fahrrad *vélo*, auf Niederländisch *fiets*, auf Italienisch *bicicletta* und auf Finnisch *polkupyörä*.

FAHRRADANHÄNGER

Als unsere Töchter klein waren, schafften wir uns einen Anhänger fürs Fahrrad an. Praktisch. Ich radelte mit ihnen zur Kindertagesstätte, ließ den Anhänger dort stehen und strampelte weiter zur Arbeit. Am Abend die umgekehrte Prozedur.

Aber wenn ich ganz ehrlich sein soll, mochte ich den Anhänger nie. Einerseits fühlte es sich rein verkehrstechnisch nicht sicher an, so ein klobiges Anhängsel hinter sich herzuziehen. Natürlich war das bloß ein Gefühl, aber ich konnte mich nie davon freimachen. Andererseits konnte ich mich während der Fahrt mit meinen Kindern nicht unterhalten, weil sie hinter mir und meist unter einer Plastikplane saßen. Die Plauderei, die ich so mochte, wenn ich sie von der Kindertagesstätte abholte oder sie hinbrachte, war unmöglich.

Vielleicht hätte ich stattdessen ein Lastenrad wählen sollen. Dann hätte ich die Kleinen während der Fahrt im Auge haben und mit ihnen kommunizieren können. Andererseits hätte ich dann mit einem Lastenrad zur Arbeit pendeln müssen, was wohl eine etwas beschwerlichere Radelei für mich gewesen wäre.

FAHRRADPUMPE

Sie wurde - meinem Lexikon zufolge - um 1887 erfunden, gleichzeitig mit dem luftgefüllten Fahrradreifen. Was für ein Glück, denn das eine wäre ziemlich wertlos ohne das andere.

Heutzutage kommen hauptsächlich drei Arten von Ventilen vor, mit denen die Fahrradpumpe kompatibel sein muss: das Dunlopventil (welches Standard bei gewöhnlichen Gebrauchsrädern ist), das Sclaverandventil (das sich an anspruchsvollen Rädern sowohl für den Straßen- als auch Geländeeinsatz findet) und das Schraderventil (das Standard bei Autos ist, aber seltener bei Fahrrädern). Meist hat eine gute Fahrradpumpe drei verschiedene Anschlüsse, die für die verschiedenen Ventilarten passen. Bestimmte, noch bessere Pumpen haben einen Universalanschluss, der für alle Arten von Ventilen passt. Und für den, der einen Platten unterwegs beheben können, aber so wenig Ballast wie möglich mit sich führen will, gibt es heutzutage kleine Gasbehälter mit komprimiertem Kohlendioxid, die ausreichen, um einen Fahrradschlauch zu füllen. Eine Pumpe, bei der man nicht zu pumpen braucht, quasi.

FAHRRADSCHULEN

gab es Ende des 19. Jahrhunderts hier und da, entweder draußen auf Aschenbahnen von Sportplätzen oder drinnen in Räumlichkeiten mit gepolsterten Bahnen. Als das Fahrrad zum Allgemeingut wurde, starben diese Schulen aus. Stattdessen war man der Meinung, es wäre die Pflicht aller Eltern, ihren Kindern das Radfahren beizubringen. Etwas, was sowohl Kinder als auch Eltern als konfliktträchtig auffassten - ähnlich, wie wenn man seinen Kindern Schwimmen oder Autofahren selbst beibringt. Aber jetzt sind Fahrradkurse wieder zurück, speziell gestaltet für Erwachsene, die in einem Umfeld aufgewachsen sind, in dem Radfahren keine Selbstverständlichkeit ist. Auf einem Anschlagbrett der Stadt Stockholm beispielsweise lese ich, die angebotenen Fahrradkurse sind gratis, dauern fünf Abende und versprechen: »Wir bieten Dir den ganzen Kurs hindurch Hilfe und Halt.«

FAHRRADURLAUB

zu Trainingszwecken oder einfach, um sich zu bewegen, wird immer üblicher. Es sind nicht mehr nur kleine Spezialreisebüros, die Radurlaube in der Toskana oder auf Mallorca anbieten, auch die großen Charterriesen betreiben inzwischen Sportzentren mit der Möglichkeit zum Radfahren, beispielsweise auf den Kanarischen Inseln oder in der Türkei.

Der Vorteil von Pauschalreisen ist natürlich, dass man sie nicht selbst organisieren muss, man braucht nur zu buchen, zu bezahlen, zu reisen und Rad zu fahren. Als jemand, der es nicht gewohnt ist, im Ausland Rad zu fahren, kann es leicht passieren, dass einem Dinge entgehen. Wie zum Beispiel, dass das Gelände sehr unterschiedlich sein kann und man eventuell nicht für jede Gegend vorbereitet ist. Als ich das erste Mal in Andalusien Rad fuhr, rollten wir einige Hundert Meter aus der Stadt hinaus, woraufhin der Guide auf einen Hügel zeigte und sagte: »Den fahren wir hinauf. Wir sehen uns oben – es sind sieben Kilometer.« Ein sieben Kilometer langer Anstieg, er macht Witze, dachte ich. Aber das tat er nicht. In Schweden rechnen wir Trainingsrunden in Kilometern, im Ausland rechnen sie viel öfter in Höhenmetern. Nach einer Woche Radfahren in den Bergen wünschte ich mir neue Kniescheiben als Weihnachtsgeschenk.

Deshalb sollte man es nicht nur bei »Ich fahre in meinen Ferien nach Alpe d'Huez hinauf« belassen, ohne vorher herauszufinden, was es sonst noch für Möglichkeiten zum Radfahren in der Gegend gibt. Nur zwei Gänge zu fahren, den kleinsten bergauf, den größten bergab und das eine Woche lang, kann ein wenig ermüdend werden. Es gibt massenweise bereits angelegte Routen, nicht zuletzt, wenn man die GPS-Dienste Garmin oder Strava benutzt, wo man Distanzen und Höhenmeter checken kann. 1000 Höhenmeter an einem Tag spürt man, 2000 sind hart, 3000 und darüber sind nur etwas für richtig gut trainierte Fahrer.

Etwas anderes, woran man denken sollte, ist das Klima. Es kann leicht passieren, dass man sich eine zu warme Destination aussucht. 30 °C sind schön, wenn man am Pool liegt, aber vielleicht nicht das, was man auf dem Fahrradsattel anstrebt. Manche Destinationen haben das erkannt, wie Mallorca, wo die Saison sowohl vorverlegt als auch verlängert wurde, weil Radfahrer es ein wenig kühler haben wollen als Badetouristen. Andalusien wiederum ist gerade im Winter eine hervorragende Fahrraddestination mit Tagestemperaturen von 15 bis 20°C, mit Flügen zu akzeptablen Preisen und einer großen Menge an Unterkünften. Andere Destinationen, wie Korsika, haben das noch nicht so recht begriffen. Kommt man Ende April, wenn es auf dieser Insel am schönsten ist und am wenigsten Autoverkehr herrscht, ist die Hälfte der Hotels und Restaurants geschlossen, und der Fahrradverleiher muss aus dem Winterschlaf geweckt werden, um widerwillig ein Fahrrad aufzupumpen und von Spinnweben zu befreien.

Man sollte sich auch die Einwohnerzahl pro Quadratkilometer anschauen sowie das Angebot an guten Asphaltstraßen. Meine Lieblingsinsel Sizilien ist eigentlich nicht optimal fürs Radfahren, ganz einfach weil dort fünf Millionen Menschen leben und somit recht viel Verkehr herrscht. Korsika ist deutlich spärlicher besiedelt, sodass Radfahren dort wesentlich angenehmer ist. Mallorca dagegen ist dichter besiedelt als die beiden anderen Inseln, allerdings hat man dort den Witz mit Radwegen begriffen.

Organisiert man seine Reise selbst und will ein Fahrrad leihen, ist ein guter Fahrradverleih das Erste, was man auftreiben muss. Das kann mitunter eine recht knifflige Angelegenheit sein. Es gibt sie natürlich, nur nicht überall mit gleich gutem Angebot. Im andalusischen Ronda (Flug bis Málaga) gibt es beispielsweise einen guten Verleih. Rund um den Mont Ventoux (Flug bis Marseille) im provenzalischen Bédoin und Malaucène ebenfalls sowie in einigen Städten im italienischen Friaul (Flug bis Venedig/Treviso), nur um ein paar Beispiele zu nennen.

Ob man sein eigenes Rad mitschleppen oder eines vor Ort leihen möchte, ist Geschmacksfrage. Persönlich finde ich, die nötige Demontage und das Schleppen lohnen sich kaum für eine Woche Radfahren. Wenn man auf ein Rennen hin trainiert, ist es allerdings besser, sich an sein eigenes, gewohntes Rad zu halten, aber so groß ist der Unterschied oft auch nicht. Am wichtigsten ist, *dass* man auf einem Fahrrad sitzt, nicht auf *welchem*. Entscheidet man sich, sein eigenes Fahrrad mitzunehmen, gibt es noch ein paar zusätzliche Dinge, die man bedenken muss.

Der Flug: Die meisten Fluggesellschaften verrechnen eine extra Abgabe, und die wird pro Flugstrecke berechnet. Das kann, vor allem wenn man umsteigen muss, ganz schön ins Geld gehen, da muss man durchaus mit ein paar Hundert Euro rechnen.

Gerade jetzt sitze ich in Álora, Andalusien, in einem sehr großen Haus, das ganz billig zu mieten war. Es gibt einen Pendlerzug vom Flughafen Málaga und einen Shuttlebus, die Fahrt zu meinem gemieteten Haus dauerte weniger als eine Stunde, und es war kein Problem, die große Fahrradtasche zu transportieren, sowohl im Zug als auch im Bus.

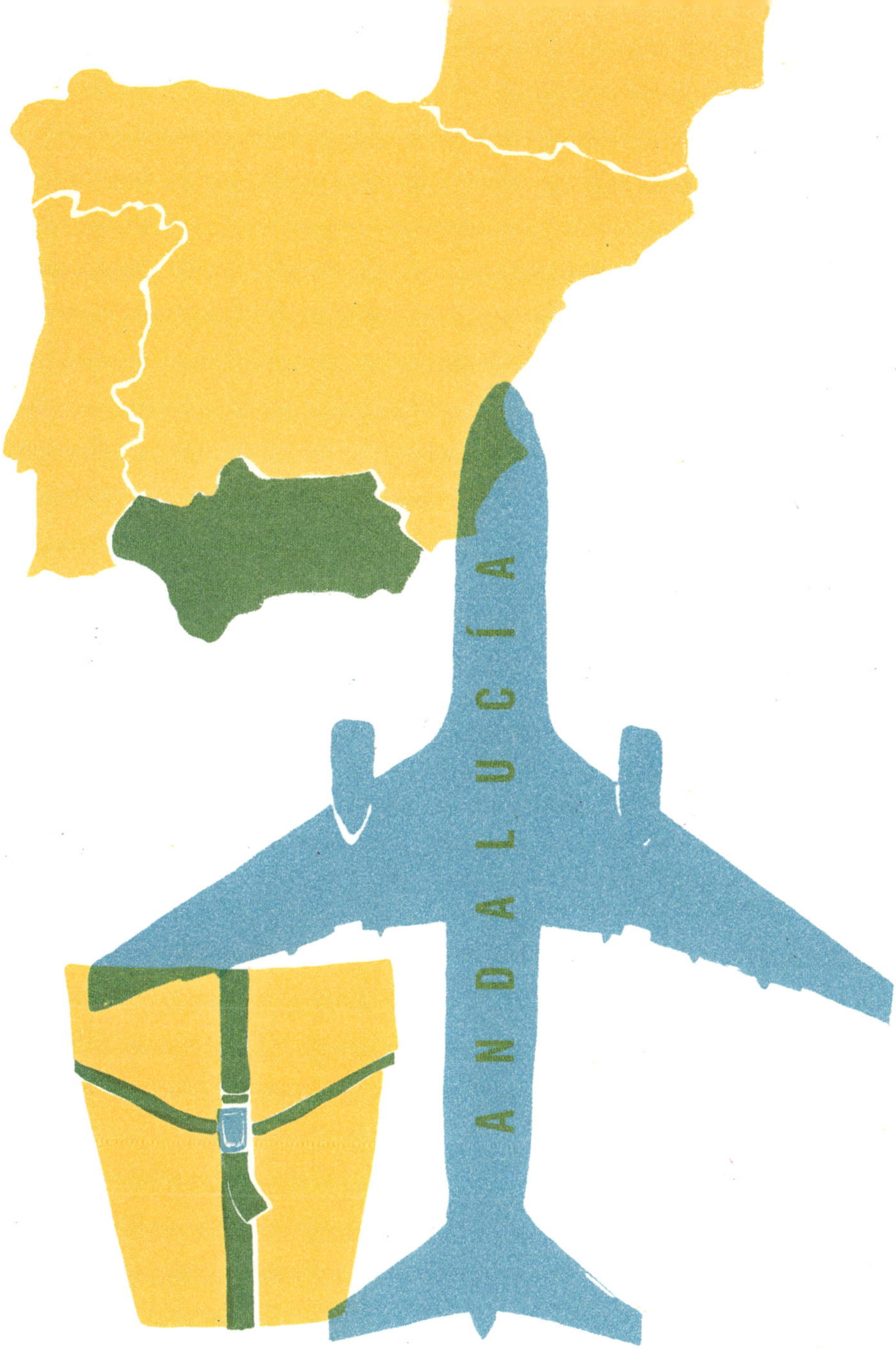

Álora ist eine kleine Stadt, sodass ich nur einige Minuten brauche, um rauszukommen, aber doch groß genug, dass es zwei Fahrradgeschäfte und einen Fahrradverleih in unmittelbarer Nähe gibt. Ich bin gerade von einer Sechzigkilometertour mit 1200 Höhenmetern zurückgekommen, wo ich keine 20 Autos getroffen habe oder von ihnen überholt wurde. Die Sonne scheint, und es hat 20°C. Es ist der 14. Januar.

FALTRAD

»Schau mal«, sagte mein Vater irgendwann in den 70er-Jahren, »das ist ein Minifahrrad. Man kann es zusammenfalten.« Woraufhin er das Minifahrrad auseinanderschraubte und demonstrierte, wie es in den kleinen Kofferraum unseres kleinen Autos passte. Danach schraubte er das Minifahrrad wieder zusammen und stellte es in die Garage. Dort stand es dann. Ich kann mich nicht erinnern, dass er je darauf gefahren wäre. Aber es war praktisch.

40 Jahre später bin ich es, der seinen Kindern ein Faltrad, wie man das heute nennt, vorführt. »Man kann es zusammenfalten, in eine kleine Tasche packen und mit in die U-Bahn nehmen.«

Jetzt steht es in der Garage. Einerseits arbeite ich zu Hause und muss nicht zur Arbeit pendeln, andererseits sind die Regeln für die Fahrradmitnahme in der U-Bahn ziemlich kompliziert, zumindest in Stockholm. Irgendwie hält aber auch die Idee eines praktischen Faltrads in der Praxis nicht wirklich das, was sie verspricht. Ich habe allerdings durchaus von Leuten gehört, die tagaus, tagein mit ihrem schicken, zusammenfaltbaren Brompton im Bus pendeln, ich kann mich also auch täuschen. Ein Faltrad ist vermutlich eine ganz ausgezeichnete Erfindung (siehe unter »Erfindungen«), obwohl weder mein Vater noch ich es geschafft haben, Verwendung dafür zu finden.

FANTOM

war ein dreirädriges Fahrradauto aus meiner Kindheit. Oder »war« ist vielleicht nicht das richtige Wort. Das Fantom existierte meist nur als Traum.

Der Traum bestand darin, dass man als Kind einen Versandhauskatalog las, in dem es eine Zeichnung von besagtem Fahrradauto gab. Es sah aus wie ein richtiges Auto, wenn auch kleiner, und die Zeichnung wurde mit dem Versprechen verkauft, dass das Fantom einfach zu fahren, leichtgewichtig und schnell sei. Natürlich war es das nicht. Das Kind, das ein Fantom kaufte, und das sollen 100 000 gewesen sein, wurde vermutlich sofort schwer enttäuscht. Denn es war eben nur eine Zeichnung, die man bekam - eine Bauanleitung. Von dort war der Schritt zu einem fertigen Fahrradauto ungeheuer weit, weshalb man äußerst wenige davon auf unseren Straßen fahren sah.

Heutzutage nennt man solche Fahrradautos, also Fahrräder mit geschlossener Verkleidung, für gewöhnlich Velomobile. Sie sind kein üblicher Anblick auf der Straße. Manchmal sehe ich ein gelbes Ding, das mehr einem Spielzeug ähnelt als einem ordentlichen Gefährt, in meiner

Gegend herumfahren. Manchmal lese ich über einen neuen, unfassbaren Rekord, der von einem Velomobil mit sehr guter Aerodynamik aufgestellt worden ist, wie zum Beispiel 1000 Kilometer in 19 Stunden und 27 Minuten. Manchmal steht ein schönes Exemplar auf der Homepage eines Fahrradvereins zum Verkauf.

Eins ist aber sicher, nämlich dass kein Kind heutzutage von einem Fahrradauto träumt. Jedenfalls nicht von einem, das man nach einer Zeichnung von einem Versandhaus selbst bauen soll.

FILME,

in denen Fahrräder eine entscheidende Rolle für die Handlung spielen:

Il Postino (Der Postmann) des Regisseurs Michael Radford von 1994. Ein Fahrrad fahrender Fischer/Briefträger trifft den berühmten Schriftsteller Pablo Neruda, der auf der kleinen italienischen Insel, auf der der Film spielt, im Exil lebt. Es entwickelt sich eine Freundschaft. Alle, die den Film gesehen haben, wollen gern auf der Insel Salina, auf der der Film gedreht wurde, Fahrrad fahren, aber vielleicht auch auf Capri, wo Neruda im wirklichen Leben darauf wartete, dass die Demokratie in sein Heimatland Chile zurückkehrt. Doch um ehrlich zu sein, Capri ist eine ziemlich lausige Insel zum Radfahren, und Salina hat nur eine Straße, die 16,6 Kilometer lang ist. Aber schön ist es, und Lyrik kann man ja immer lesen.

Jour de fête (Tatis Schützenfest) von 1949. Ein frühes Meisterwerk des Franzosen Jacques Tati. Ein Landbriefträger, gespielt von Tati selbst, hat in einer amerikanischen Wochenschau gesehen, wie die Postzustellung in den USA rationalisiert wurde. Nun will er dasselbe in seiner kleinen französischen Stadt machen. Es kommt zum Chaos.

My Italian Secret: The Forgotten Heroes ist Oren Jacobys Dokumentarfilm über die italienische Radlegende Gino Bartali von 2014. Erst nach Bartalis Tod wurde seine heimliche Geschichte aufgedeckt. Dass er den Giro d'Italia dreimal sowie die Tour de France zweimal gewann, war selbstverständlich kein Geheimnis. Auch nicht, dass er der größte Rivale seines Landsmanns Fausto Coppi war, selbst wenn er ihm sehr unähnlich war. Coppi war der weltgewandte, urbane, moderne Sportsmann, während Bartali tief religiös war und sich auf dem Land am meisten zu Hause fühlte. Einer von Bartalis Spitznamen war auch »Gino il Pio«, also »Gino der Fromme«. Bartalis Geheimnis war, dass er im Zweiten Weltkrieg mit dem Rad als Kurier für die italienische Widerstandsbewegung unterwegs war. Als Held der Nation ließ man ihn unbehelligt fahren, und weder Mussolinis Faschisten noch die deutschen Nazis wollten oder wagten es, seine Routen unter die Lupe zu nehmen. Die Wahrheit war, dass er unter anderem falsche Ausreisevisa abholte und auslieferte, sodass italienische Juden sich in Sicherheit bringen konnten. Ob er die Dokumente wirklich in seinem Lenker versteckte, ist unsicher, aber dass er das Leben von über 800 Juden rettete, in dem er sein eigenes Leben riskierte, das ist sicher. Dieselbe Geschichte wird auch in Aili und Andres McConnons Buch *Road to Valor: A True Story of WWII Italy, the Nazis and the Cyclist Who Inspired a Nation* erzählt.

Breaking Away (Vier irre Typen – wir schaffen alle, uns schafft keiner), 1979, ist der Beitrag des Regisseurs Peter Yates zu der Reihe von amerikanischen Filmen, in denen das Leben in einer amerikanischen Kleinstadt infrage gestellt wird. Diesmal ist es allerdings nicht der Blick auf Afroamerikaner, Homosexuelle oder Feministinnen, im Fokus stehen vielmehr Radrennfahrer auf dem College mit einer Vorliebe für Italien.

Ladri di biciclette (Fahrraddiebe), 1948. Vittorio de Sicas Klassiker kann man so zusammenfassen: Einem Mann, der völlig abhängig von seinem Fahrrad ist, um arbeiten zu können, wird selbiges gestohlen. Zusammen mit seinem Sohn sucht er danach. Ein neorealistischer Film, der uns an eine Zeit erinnert, als das Fahrrad weder ein Hobby noch ein Fitnessgerät oder Lifestyle-Accessoire war.

Fahrraddiebe steht oft auf der Liste der Filmkritiker für die weltbesten Filme aller Zeiten.

American Flyers (*Die Sieger – American Flyers*) entstand 1985 unter der Regie von John Badham. Also acht Jahre nach seinem Erfolg mit *Saturday Night Fever*. Dieser Film über zwei Rad fahrende Brüder, von denen einer eine geheim gehaltene Gehirnerkrankung hat, erreichte jedoch nicht den gleichen Kultstatus. Und das trotz Kevin Costner in der Hauptrolle und trotz der Tatsache, dass das Rennteam im Film aus richtigen Fahrern von 7-Eleven bestand – der Mannschaft, die später bei der Tour de France mitfahren sollte, bevor sie ihren Namen in Motorola änderte und Rennfahrer wie Lance Armstrong engagierte.

TATI – JOUR DE FÊTE

ist eine Abkürzung der englischen Bezeichnung *fixed gear*. Eher selten wird im Deutschen der Begriff starrer Gang (noch seltener starre Nabe) verwendet. Ein Fixie ist folglich ein Fahrrad ohne Freilauf - hört man auf, in die Pedale zu treten, bewegen sich die Pedale trotzdem weiter, solange das Fahrrad in Bewegung ist.

Das erste Mal, als ich von jemandem gehört habe, der Fixie fährt, dachte ich: »Idiot, wer ist denn auf so etwas Lächerliches gekommen? Warum soll man denn die Entwicklung zurückdrehen wollen und ohne Schaltung und meist auch ohne Bremsen fahren?« Ein Fixie bringt man nämlich zum Stehen, indem man die Pedale daran hindert, sich weiterzudrehen. Am besten so, dass das Hinterrad ein wenig schlittert, was man in der Fachsprache auch *skidden* nennt. Aber irgendwas gab es, das mich trotzdem lockte, weshalb es nicht sonderlich lange dauerte, bevor ich selbst in meiner Garage stand und an dem herumschraubte, was mein erstes Fixie werden sollte.

Die Idee des Fixie ist an sich gar nicht so einzigartig. Auf den meisten Gebieten tauchen Trends zum Thema »Jetzt ist es wohl zu weit gegangen, lasst uns zum Ursprung zurückkehren« auf. Der Fotograf, der die x Sensoren und Milliarden Pixel leid ist, baut seine eigene Boxkamera und lässt sich lichtempfindliche Glasplatten anfertigen; der Skiläufer kramt zwei Generationen alte Telemarklatten hervor, steigt auf Skifelle und verzichtet auf den Lift; und mein Freund der Ungar befreit sein Motorrad von allem, was er als unnötig ansieht. Das mit dem Motorrad ist schon viele Jahre her, aber Parallelen zur Fixie-Kultur gibt es mehrere. Der Ungar und ich wollten einmal im Sommer mit seiner Moto Guzzi nach Frankreich fahren, ein richtiges italienisches Kraftpaket. Jedes Mal, wenn wir uns während des Frühlings sahen, hatte er etwas von seinem Hobel abmontiert. Die Fahrtrichtungsanzeiger verschwanden und danach die Rückspiegel. Danach ging der Tacho flöten, weil man laut dem Ungarn ohnehin weiß, wie schnell man ist, wenn man einen Blick auf den Drehzahlmesser wirft. Am Tag vor der Abfahrt tauchte er mit einem Motorrad ohne Anlasser auf: »Wir werden es anschieben.«

Für Packtaschen war kein Platz. Wir zurrten ein Zelt auf den Tank und schliefen in unserer Lederkombi.

Es ist dieser umgekehrte Gedanke von ständiger Entwicklung, der auch beim Fixie fasziniert. Sind Verbesserungen dein Ziel, gibt es immer etwas, das man seiner Kamera- oder Skiausrüstung hinzufügen kann, oder ein neues Gadget, das man in sein Motorrad einbauen kann. Geht man in die andere Richtung, gibt es eine absolute Grenze, ein Minimum, eine Art Reinheit, die man erlangen kann. Wenn man sie erreicht, kann man nichts weiter abschälen. Das Ziel ist erreicht - die reine Funktion. Deshalb schraube ich von meinem Fahrrad ab, was möglich ist, und gehe danach mit dem Winkelschleifer darauf los, sodass die Funken die Garage erleuchten wie einen Weihnachtsbaum.

Dennoch bleibt die Frage, wer damit angefangen hat: Wie wurde das Fixie zu einem Trend? Ich nehme die Frage mit nach New York. Ich hätte vermutlich genauso gut nach Seattle oder San Francisco fahren können, nachdem Trends selten von nur einer Person an nur einem Ort erschaffen werden - es gab 22 Patente für Glühlampen, bevor Edison seines einreichte -, aber in New York gibt es einen Mann, dessen Geschichte eben eine besondere ist.

Nelson Vails wuchs in Harlem als jüngstes von zehn Geschwistern auf. Um zum Unterhalt der Familie beizutragen, arbeitete Nelson nebenbei als Fahrradkurier. Auf dem Weg zu und von seinen Kunden forderte Nelson Radrennfahrer heraus, die im Central Park trainierten. Nelson besiegte sie oft. Bei einer dieser Wettfahrten wurde Nelson entdeckt, überredet, zu einem Klub mitzukommen, und man bot ihm ein richtiges Bahnrad für die Radrennbahn an. Einige Jahre später gewann er die Silbermedaille im Sprint bei den Olympischen Sommerspielen in Los Angeles. Nelson wurde damit zum ersten Afroamerikaner, der eine olympische Medaille im Radsport gewonnen hat. Das klingt bestimmt wie das Drehbuch für einen Film, denken Sie jetzt, und ja, es wurde auch ein Film daraus. Die Plakate von der Premiere hängen immer noch im Fenster des Kulturzentrums in der 116. Straße, als ich daran vorbeigehe.

Nelson Vails ist gerade in Kalifornien, als ich ihn anrufe, aber er erzählt gern aus seinem Leben. Wie er buchstäblich aus Harlem hinausradelte und durch seine Olympiamedaille hinein in die Fernseher aller Amerikaner. »Ich fing als Fahrradkurier bereits Ende der 70er-Jahre an. Ich war ein OD, ein *original dime*, also einer, der noch vor der Zeit der Mobiltelefone anfing und gezwungen war, eine Zehncentmünze, also einen Dime, in den Fernsprecher zu stecken, um mir die Instruktionen für den nächsten Auftrag durchgeben zu lassen.«

»Hat es dir in deiner Karriere geholfen, dass du Fahrradkurier warst, mal abgesehen vom Offensichtlichen, dass du die ganze Zeit in Bewegung warst?«

»Absolut. Ständig mit dem Rad in New Yorks schnellem, toughem Verkehr unterwegs zu sein hat mich Dinge gelehrt, die mir kein Trainer hätte beibringen können. Im Nachhinein kann man darüber lachen, aber ohne die Waghalsigkeit des Fahrradkuriers hätte es nie eine Olympiamedaille gegeben.«

»Radfahren ist immer noch ein großer Teil deines Lebens.«

»So ist es. Ich engagiere mich in allen möglichen Fahrradaktivitäten und versuche weiterhin, ein Vorbild für Jugendliche zu sein. Wenn ein armer Afroamerikaner aus Harlem bei den Olympischen Spielen auf dem Podium landen kann, dann können auch ihre Träume wahr werden.«

»Der Film *Cheetah – the Nelson Vails story* ist nicht der erste Film, in dem du mitgewirkt hast.«

»Nein, der erste war *Quicksilver*. Kevin Bacon und ich sind immer noch Freunde.«

Von Nelson Vails' Elternhaus sind es nur zwei Blocks bis zum Central Park und ziemlich weit bis in die ärmsten Teile von Harlem. Wo ich jetzt stehe, ist es zwar etwas abgewohnt, aber immer noch ziemlich okay. Obwohl es weiterhin Segregation gibt. Ich sehe keine anderen Weißen außer denen, die in Sightseeingbussen vorbeifahren und die Straßen vom Oberdeck der Doppeldeckerbusse filmen.

Ein klappriger Van hält vor dem beeindruckenden Gebäude der Heilsarmee. Auf der Seite des Minivans findet sich ein Aufkleber von »Miracle Mountain - a Christian resort«. Ein kräftiger Typ steigt aus und plaudert mit einem Mann auf dem Gehsteig, der die Aufgabe zu haben scheint, einfach ein Mann zu sein, der auf dem Gehsteig steht und plaudert. Ich gehe zu ihnen und frage, ob sie sich an Nelson Vails erinnern.

«Oh ja«, sagt der Miracle-Mann. »An den erinnere ich mich. Er hat eine Medaille bei den Olympischen Spielen gewonnen. Er wohnte dort drüben.« Der Mann zeigt quer durchs Viertel auf die nächste Straße.

»Wir waren zusammen im Sommerlager. Wir sind im gleichen Alter.«

»Ist er immer noch ein Begriff hier?«

»Na ja, ich habe ihn seit Jahren nicht mehr gesehen.«

»Aber sein Film, der hier gezeigt wurde?«

»Hab ich nicht gesehen.«

»Aber in den 80er-Jahren, da war er eine große Nummer?«

»Er konnte wirklich Rad fahren«, sagt der Miracle-Man ausweichend.

Der Gehsteig-Mann sagt nichts, und ich bin mir nicht sicher, ob er überhaupt begriffen hat, von wem wir sprechen. Also gehe ich weiter.

Ohne Nelson Vails' Bedeutung als Vorbild schmälern zu wollen, war es nicht in erster Linie seine Olympiamedaille, die die Jugend dazu brachte, Fixie zu fahren. Eher kam der Einfluss vom Kollektiv der Fahrradkuriere, zu denen er gehörte. Die Fahrradkuriere waren, bevor der Job hip und von europäischen Saisonarbeitern übernommen wurde, hauptsächlich arme Typen aus verschiedenen Teilen von Harlem, Latinos und Afroamerikaner. Sie wollten schnelle, aber auch robuste Fahrräder, und sie sollten billig sein. Die Fahrräder, die diesen Anforderungen entsprachen, waren oft gebrauchte Bahnräder, nicht zuletzt, weil der Bahnradsport sich auch in den USA auf dem absteigenden Ast befand. Und das Bahnrad ist rein technisch ein Fixie. Diese Fahrradkuriere machten sozusagen aus der Not eine Tugend. Und wenn sie schon auf alte Räder ohne Schaltung und Bremsen angewiesen waren, konnten sie genauso gut einen Kult daraus machen.

Dann kam der Film *Quicksilver*. Nelson Vails war freilich dabei, spielte sich selbst als Fahrradkurier, aber die Zeit war immer noch nicht reif dafür, dass ein Afroamerikaner die Hauptrolle und die Chance erhalten sollte, seine Geschichte zu erzählen. Stattdessen wurde es Kevin Bacon, der als junger Börsenmakler eine Fehlinvestition tätigt, das Geld der Firma und seiner ganzen Familie verliert und ganz unten landet, wo er einen Job als Fahrradkurier bekommt. Dort findet er echte Freundschaft und Liebe, dort gewinnt er den Glauben an das Leben zurück. Geld ist nicht alles. Schnell Rad fahren zu können ist auch gut.

Es tauchen viele Fixiefahrer in *Quicksilver* auf, aber Kevin Bacon selbst bekam den Dreh offenbar nicht wirklich raus, weshalb man eine andere Lösung für ihn fand: Meist ist er auf einem Raleigh Competition Singlespeed zu sehen, also einem Rad mit einem Gang und Freilauf - und einer kleinen Bremse, die unterhalb des Rahmens zu erkennen ist.

Was auch ansprechend beim Bau eines Fixies ist: Es gibt keine Anforderungen. Es muss nicht superleicht oder superschnell sein, muss nicht einen Haufen Gepäck transportieren können oder ein zuverlässiges Gefährt fürs Pendeln sein. Es ist von Natur aus unnötig, *nur zum Lustgewinn*, wie meine Mutter selig gesagt hätte.

Deshalb baue ich es nach Gutdünken mit Teilen, die mir gefallen. Der Rahmen ist 30 Jahre alt und von Crescent, er hat die letzten Jahrzehnte auf dem Land vor sich hingerostet. Das neongrüne Vorderrad fand ich gebraucht bei eBay. Das Hinterrad ist neu, von meinem lokalen Fahrradhändler, der Antrieb mit einer Übersetzung von 46:17 auch, den Lenker hatte ich in der Garage liegen, das Lenkerband - neon-grün aus Kork - kaufte ich in Brooklyn und den Sattel in Barcelona.

Das Hinterrad kann man übrigens umdrehen. Falls ich einsehe, dass Fixiefahren nichts für mittelalte Onkel ist, kann ich auf die Seite mit dem Freilauf wechseln und habe einen kleinen Bremshebel unter dem Rahmen versteckt.

Als ich mich schließlich auf den grünen, extrem schönen, aber eine Spur unpraktischen Veloursledersattel aus Barcelona setze, ist es der 11. November, und ein Platzregen geht draußen vor dem Garagentor nieder. Das ist nicht so schlimm. Ich hänge mein Fixie einfach an einen Haken in der Garage und beginne, an einem anderen Traum zu schrauben.

> **»MISSTRAUE JEDEM GEDANKEN, DER NICHT IN BEWEGUNG ENTSTANDEN IST.«**
>
> FRIEDRICH NIETZSCHE, PHILOSOPH

FLAHUTE

ist französischer Slang für jemanden, oft einen Belgier, der sich dabei wohlfühlt, mit dem Rad in hohem Tempo durch strömenden Regen und bei Sturmböen über spiegelglattes Kopfsteinpflaster zu fahren, während ihm oder ihr feuchter Kuhdung von den Hinterrädern vorausfahrender Radfahrer ins Gesicht spritzt. So ungefähr.

FLANEUR

nennt man in der Fahrradcommunity heutzutage gerne jemanden, der der Meinung ist, dass zu schnell Rad gefahren wird. Heutzutage verknüpfen die meisten von uns das Flanieren damit, dass man zu Fuß geht. So ist es nicht immer gewesen. Flanieren war früher eher gleichbedeutend damit, sich gemächlich fortzubewegen, langsam. Man konnte deshalb genauso gut zu Fuß wie im Sattel flanieren oder sogar im Auto. Eine Runde spazieren fahren, ohne Sinn und Zweck, nur um des reinen Vergnügens willen. Deshalb ist es möglich, Fahrradmodelle zu finden, die einfach Flaneur heißen, für den, der es nicht eilig hat - was skurril klingen mag für jemanden, der mit der Geschichte des Wortes nicht vertraut ist.

Jedoch zu behaupten, dass früher alle nur damit beschäftigt waren, auf ihren Fahrrädern zu flanieren, würde aber bedeuten, Geschichtsfälschung zu betreiben. Man erinnere sich daran, dass ein Hochrad leicht über 30 km/h erreichen konnte.

G

GANGSCHALTUNG

Ich denke, er hat bestimmt bessere Gänge als ich, und betrachte die schöne Landschaft, durch die wir uns schinden. Schafe grasen zwischen Korkeichen, Adler und Geier schweben auf starken Aufwinden, und die weißen Dörfer klammern sich an die Bergflanken. Manchmal passieren wir Stiere mit langen, spitzen Hörnern. Das hier ist die Heimat von Ferdinand, dem Stier, Andalusien, im Dezember.

Ich hänge an James' Hinterrad. Manchmal trennen uns nur ein paar Zentimeter. Ich versuche, den Abstand zu halten, um nicht sein Rad zu treffen, wenn er schlingert. Er schlingert oft. So wie ich. Es liegt nicht daran, dass James im Wind fährt und ich unbedingt im Windschatten bleiben will. Dafür ist unser Tempo viel zu niedrig. Es liegt ausschließlich daran, dass ich auf jegliche Motivation, weiterzutreten und es zu schaffen, angewiesen bin. Und wenn es nur noch eine Kurbelumdrehung mehr ist. Besonders in den engen Kurven, wo James sich immer ein wenig extra reinhängt, um die zusätzliche Steigung zu meistern. Die manchmal auf 12, auf 16, auf 20 Prozent anwächst. Und in so einer Haarnadel entwischt mir James. Einfach so fährt er davon und tänzelt den Berg hinauf. Ich sehe ihn verschwinden und fühle gleichzeitig, wie ich an Kraft, Motivation und Tempo verliere. Er hat bessere Gänge, denke ich, während ich versuche, mein Tempo wiederzufinden.

Im Sport spricht man oft von Siegermentalität. Menschen, die eine Art besondere Psyche bzw. mentale Einstellung haben, die einfach immer daran glauben, dass sie gewinnen können, egal wie schlecht die Lage erscheinen mag, und es gerade deshalb auch oft tun. Es gibt Leute, die Vorträge darüber halten. »Werde ein Siegertyp im Job«, sagen flinke Coaches und versuchen, uns einzureden, dass die meisten Hindernisse nur mentaler Natur sind und wir sie uns selbst in den Weg legen. Dass man seine Siegermentalität trainieren und einschränkende, hemmende Gedanken vermeiden kann. Was diese Vortragenden jedoch nicht erwähnen, ist, dass auch die Verlierer über eine Siegermentalität verfügen: Auch sie wollen gewinnen. Es besteht natürlich kein Unterschied zwischen den Finalisten in Wimbledon oder zwischen dem Ersten und dem Zweiten bei der Tour de France. Silbermedaillengewinner haben ebenfalls alle anderen hinter sich gelassen - außer dem einen, der Gold gewonnen hat. Aber bei ihnen wird selten von Siegermentalität gesprochen.

Auch ich bin ein Mensch mit Siegermentalität, der seit Jahrzehnten nichts mehr gewonnen hat. Trotzdem denke ich immer noch so: Ich kann alles schaffen, wenn ich nur will. Als James mir davonsaust, ist das in meinen Augen nicht darauf zurückzuführen, dass er 20 Jahre jünger ist als ich, ein erfahrener Bergfahrer und Marathonläufer. Nein, der Grund dafür muss sein, dass James eine leichtere Übersetzung fährt. Mit so einer hätte ich ihn herausfordern und den Gipfel von Puerto de las Palomas als Erster erreichen können. Realistisch zu denken ist nicht die Paradedisziplin eines Menschen mit Siegermentalität.

Als das erste Fahrrad das Licht der Welt erblickte, hatte es noch keine Gänge. Es hatte übrigens noch nicht einmal Pedale oder eine Bremse. Der Radfahrer saß auf einer brettartigen Verbindung zwischen Vorder- und Hinterrad, stieß sich mit den Füßen ab und musste einen auf Fred Feuerstein machen, um zu bremsen und stehen zu bleiben.

Als die Entwicklung ein wenig später, in der zweiten Hälfte des 19. Jahrhunderts, dem Fahrrad Pedale verlieh, saßen diese direkt an der Nabe des Vorderrads. Diese Fahrräder hatten somit keine Übersetzung. Drehten sich die Pedale einmal, machte das Vorderrad entsprechend eine Umdrehung. Deshalb hatten diese Hochräder auch so besonders große Räder, damit man nicht wie ein Besessener treten musste.

Das moderne Fahrrad mit Pedalen und Kette wurde 1885 von John Kemp Starley erfunden und hatte somit einen Gang: Eine Umdrehung der Pedale wurde mittels der Kette in eine Umdrehung des Hinterrads übersetzt. Dass es beinahe 70 Jahre gedauert hatte, bevor das Fahrrad einen Gang bekam, ist nicht ganz leicht zu verstehen, nachdem das Phänomen der Übersetzung für die Menschheit ganz und gar nicht neu war. Jeder, der eine mit Wasser, Wind oder einem Pferd betriebene Mühle gesehen hatte, kannte das Prinzip der Kraftübertragung mittels eines Getriebes, um eine höhere Geschwindigkeit oder mehr Kraft zu erhalten. So etwas hatten die Griechen bereits 300 v. Chr. konstruiert. Noch älter ist das System der Kraftübertragung mit Umlenkrolle und Flaschenzug, das die Menschen in Mesopotamien bereits 1500 Jahre vor unserer Zeitrechnung verwendeten, um Wasser aus einem tiefen Brunnen hinaufzuholen. Ich kann mich noch gut an die Demonstration meines Vaters von einem Flaschenzug erinnern: »Was du an Kraft gewinnst, verlierst du an Weg.« Ich, ein kleiner, faszinierter Siebenjähriger, fühlte mich wie Superman, als ich ihn in der Werkstatt hochziehen durfte.

Das Prinzip des Getriebes war also bekannt. Der Einwand, dass es sich dabei um große, schwerfällige Konstruktionen handelte, die nicht auf ein Fahrrad übertragbar wären, entfällt - wenn man nur an die Uhr denkt, die eine leichte, feinmechanische Konstruktion ist, wo die Kraft einer Feder in eine Präzisionsbewegung für Stunden- und Minutenzeiger übertragen wird. Vermutlich ist der eigentliche Grund, genau wie bei allen anderen Erfindungen, dass es vor Ende des 19. Jahrhunderts schlicht keinen Bedarf an praktischeren Fahrrädern gab. Erst mit der aufkommenden Mittelklasse entstanden neue Ideale von der Bewegung in der freien Natur und gesundheitsbewusstem Freiluftsport. Es wurde Mode, sich zu bewegen, seinen Körper zu stärken, aber auch, die Natur zu entdecken und die eigene Heimat zu erkunden. Svenska Turistföreningen, (der schwedische Touristenverband) wurde 1885 gegründet mit dem Motto »Kenne dein Land«, wozu das Fahrrad natürlich sehr hilfreich war. Die gleiche Entwicklung fand auch an anderen Orten der Welt statt. Als John Kemp Starley 1885 sein »Sicherheitsfahrrad« präsentierte, das im Großen und Ganzen so aussieht wie die Fahrräder, die wir heute zu sehen gewohnt sind, war er nicht allein mit seiner Erfindung. Es war eher eine Kombination früherer Techniken. Ihm aber hatte man zu verdanken, dass man nicht mehr länger zwei Meter hoch sitzen und auf einem Hochrad strampeln musste.

Es brauchte noch einige Jahrzehnte, bis das Fahrrad mehr als einen Gang erhielt. Die erste Zweigangvariante war allerdings etwas zu speziell, als dass sie überhaupt ernst genommen wurde. Sie hatte zwei verschieden große Ritzel, jedes auf seiner Seite der Hinterradnabe, eines für bergauf und eines für bergab. Um zu schalten, musste man stehen bleiben, das Hinterrad ausbauen und es umdrehen. Der leichte Gang für bergauf hatte keinen Freilauf. Heute findet man dieses System wieder, in der sogenannten Flip-Flop-Nabe, die man verwendet, um von Fixie auf Singlespeed und umgekehrt zu wechseln.

In den 1930ern nahmen Fahrradschaltungen die Form an, die wir heute kennen, als ein Mechanismus, der die Kette zwischen verschieden großen Zahnkränzen hin und her bewegt. Ein merkwürdiger Umstand dabei ist allerdings, dass diese Entwicklung ausgerechnet vom Regelsystem der Tour de France und deren Begründer Henri Desgrange gebremst wurde. Dieser betrachtete Gänge beinahe als Schummelei.

CAMPAGNOLO GRAN SPORT

Aber 1937 sah er sich gezwungen, klein beizugeben, nachdem die Radfahrer, die unter der Bezeichnung *touriste-routiers* firmierten - sie nahmen außer Konkurrenz teil und standen deshalb auch außerhalb des Reglements der Organisation -, sich Fahrräder mit Gangschaltung beschafft hatten und man sie an den eigentlichen Wettkämpfern vorbeisausen sehen konnte.

Als die Gangschaltung etabliert war, dauerte es nicht lang, bevor die Anzahl der Gänge auf drei, vier und fünf anwuchs. Anfangs musste der Fahrer rückwärts treten und gleichzeitig einen Hebel drehen, der auf Höhe der Bremse an den Sattelstreben saß. Und ja, man nannte ihn nicht grundlos »Selbstmörderhebel«. Allmählich wanderte der Schalthebel an eine Stelle oberhalb des Tretlagers und danach den Rahmen hinauf, wo er lange Zeit zu finden war - Lance Armstrong entschied sich noch 1999 gegen die neumodischen kombinierten Brems-Schalthebel, wenn er Bergetappen fuhr.

1949 präsentierte Tullio Campagnolo beim Fahrradsalon in Mailand das Schaltwerk Gran Sport und damit das bis heute maßgebliche Schaltsystem: ein über Bowdenzüge gesteuertes Parallelogramm mit doppelten Schaltrollen. Der Rest ist einfach Verfeinerung. Campagnolo hatte dieses Design nicht erfunden, sie hatten einfach nur das weltbeste gebaut. Die Gran Sport war robust und zuverlässig, dazu teuer und, ja, sehr schön.

Gut 60 Jahre später liege ich nun also hinter James, und sein Schaltsystem ist mehr oder weniger das gleiche. Mehr Gänge und elektronisch gesteuert, aber Tullio Campagnolo hätte den Nachfolger seines Prototypen ohne Weiteres wiedererkannt (und vermutlich dessen Batterie und Elektronik für hässlich und untauglich erklärt). Vielleicht sollte ich also nicht über James' Schaltung murren, sondern darüber, dass er eine bessere Übersetzung gewählt hat. Als unerfahrener Bergfahrer macht man sich über so etwas nicht besonders viele Gedanken. Man findet immer einen Gang, der passt, und verwendet selten die höchste oder niedrigste Variante. In älteren Fahrradbüchern gibt es noch mehrere Seiten mit Tabellen, die verschiedene Kombinationen von Kettenblättern und Ritzeln zeigen und was für eine Übersetzung sich daraus ergibt. Heutzutage, wo die meisten von uns mindestens 20 Gänge haben und ganze Kassetten statt nur einzelner Ritzel austauschen, sind es nicht viele, die sich mit all dieser Rechnerei beschäftigen. Das heißt aber nicht, dass man nicht über seine Gänge nachdenken sollte, jedenfalls wenn man sich einen ganzen Tag lang einen Berg mit durchschnittlich acht Prozent Steigung hinaufwinden soll.

Ich versuche, mich damit zu trösten, dass James und ich die gleiche Arbeit vollbringen. Aber klar ist, dass mein niedrigster Gang zu schwer für mein Können ist. Ich muss mich ganz einfach zu sehr reinhängen, was strapaziös ist. Von den fünf Kassetten, die mein Fahrradzubehörverkäufer anbietet, habe ich auf die in der Mitte gesetzt, bei der das kleinste Ritzel 12 Zähne hat und das größte 25. Die Kettenblätter haben 53 beziehungsweise 39 Zähne. Wenn ich also in meinem leichtesten Gang fahre (39/25), habe ich eine Übersetzung von 1,56. James hat sowohl ein kleineres, ein sogenanntes kompaktes Kettenblatt als auch ein größeres Ritzel, sein leichtester Gang (34/28) weist somit eine Übersetzung von 1,21 auf. Auf dem Papier sieht das nach ziemlich wenig aus, ein paar Zähne mehr oder weniger, das kann wohl keine so große Rolle spielen? Aber als ich hinter James liege, macht er zwei leichte Kurbelumdrehungen, während ich eine schwere habe, was schließlich dafür sorgt, dass James mir davonfährt. Zwischen unseren Übersetzungen besteht ein Unterschied von 29 Prozent, was eine große Differenz in diesem »Millimetersport« ist. (Dass es eigentlich aber nur darum geht, dass James besser trainiert ist als ich, kommt als Erklärung natürlich nicht infrage).

Oben auf dem Gipfel von Puerto de las Palomas wartet James auf mich - irritierend munter. Ich bin um neun Minuten geschlagen, was - idiotisch genug - tatsächlich die Freude darüber etwas trübt, dass es mir gelungen ist, die bis dato längste und schlimmste Steigung meines Radlerlebens zu bewältigen, und das in einer Zeit, die eigentlich ganz okay ist. So ist das mit verlierenden Gewinnertypen. Sie sind nie richtig zufrieden.

GEIER

ist die Bezeichnung für die Art von schadenfrohen Zuschauern, die sich gern an einer Stelle der Bahn positionieren, wo es gut zu einem Crash kommen könnte.

GELD

kann man im Prinzip beliebig viel für ein Rennrad ausgeben. Die Frage, wie viel ein Fahrradkäufer anlegen sollte, ist natürlich eine sehr persönliche, aber die britische Tageszeitung *The Telegraph* machte einen interessanten - und ziemlich unwissenschaftlichen - Test.

Sie liehen vier Fahrräder unterschiedlicher Preisklassen von 600 bis 13 000 Pfund. Danach ließen sie einen Profi und einen Amateur die Räder auf einer Bahn probefahren. Das zusammengenommene Resultat für diese beiden Radfahrer war, dass es etwa 400 Pfund ausmacht, um auf der Strecke eine Sekunde einzusparen. Eine teure Sekunde also.

Ihren Preis wert, wenn es darum geht, die Tour of Britain zu gewinnen, doch eine mehr als zweifelhafte Investition, wenn es sich um ein paar Stunden Amateurradeln pro Woche handelt.

Aber noch interessanter an diesem Test war, dass der größte Zeitgewinn des Amateurs zustande kam, als er vom billigsten Rad (für 600 Pfund) auf das zweitbilligste (für 1200) umstieg. Danach flachte die Kurve für seinen Zeitgewinn dramatisch ab. Der Profi hingegen merkte kaum einen Unterschied zwischen den einfacheren Rädern. Sein größter Zeitgewinn war zu verzeichnen, als er das Rad für 3000 Pfund gegen das mit dem Preisschild für 13 000 eintauschte. Das hat auch damit zu tun, dass ein Profi in der Lage ist und sich auch traut, ein gutes Fahrrad durch scharfe Kurven zu scheuchen, und weil er die Fähigkeit hat, rasch zu beschleunigen. Dem kommt ein exklusives Fahrrad natürlich mehr entgegen.

Klar ist jedenfalls, dass richtig teure Räder dem Amateur nicht zu besseren Leistungen verhelfen. Eher null Sekunden Zeitgewinn für 400 Pfund.

GEMEINSAME GEH- UND RADWEGE

sind eine außerordentlich dumme Erfindung. Das ist so, als ließe man Schwimmer und Kajakfahrer sich die Bahnen in einem Schwimmbad teilen. Wer je darüber nachgegrübelt hat, ob Rechtsverkehr auch auf einem gemeinsamen Geh- und Radweg gilt, dem sei hier gesagt, dass das Gesetz dazu keine eindeutige Stellung bezieht. Hingegen empfehlen mehrere Städte und unabhängige Organisationen Linksverkehr, wenn Fußgänger auf Radfahrer treffen, aber Rechtsverkehr, wenn Radfahrer auf andere Radfahrer treffen.

Die Geschwindigkeit eines Radfahrers auf einem gemeinsamen Geh- und Radweg soll der Verkehrsverordnung nach den herrschenden Umständen angepasst sein – ein diffuser Ausdruck, der Anlass zu recht freien Interpretationen lässt. Nicht zuletzt gilt Rücksicht auf Fußgänger als das oberste Gebot. Schön wäre es aber, wenn auch Fußgänger hin und wieder Rücksicht auf Fahrradfahrer nehmen würden.

GESUNDHEIT

Der Gesundheitseffekt beim Radfahren ist groß, daran besteht kein Zweifel. Am meisten profitiert selbstverständlich derjenige, der beispielsweise eine sitzende Aktivität gegen eine auf zwei Rädern eintauscht. Der zum Beispiel sein Auto stehen lässt und beginnt, mit dem Rad in die Arbeit zu fahren. Die Liste ist lang.

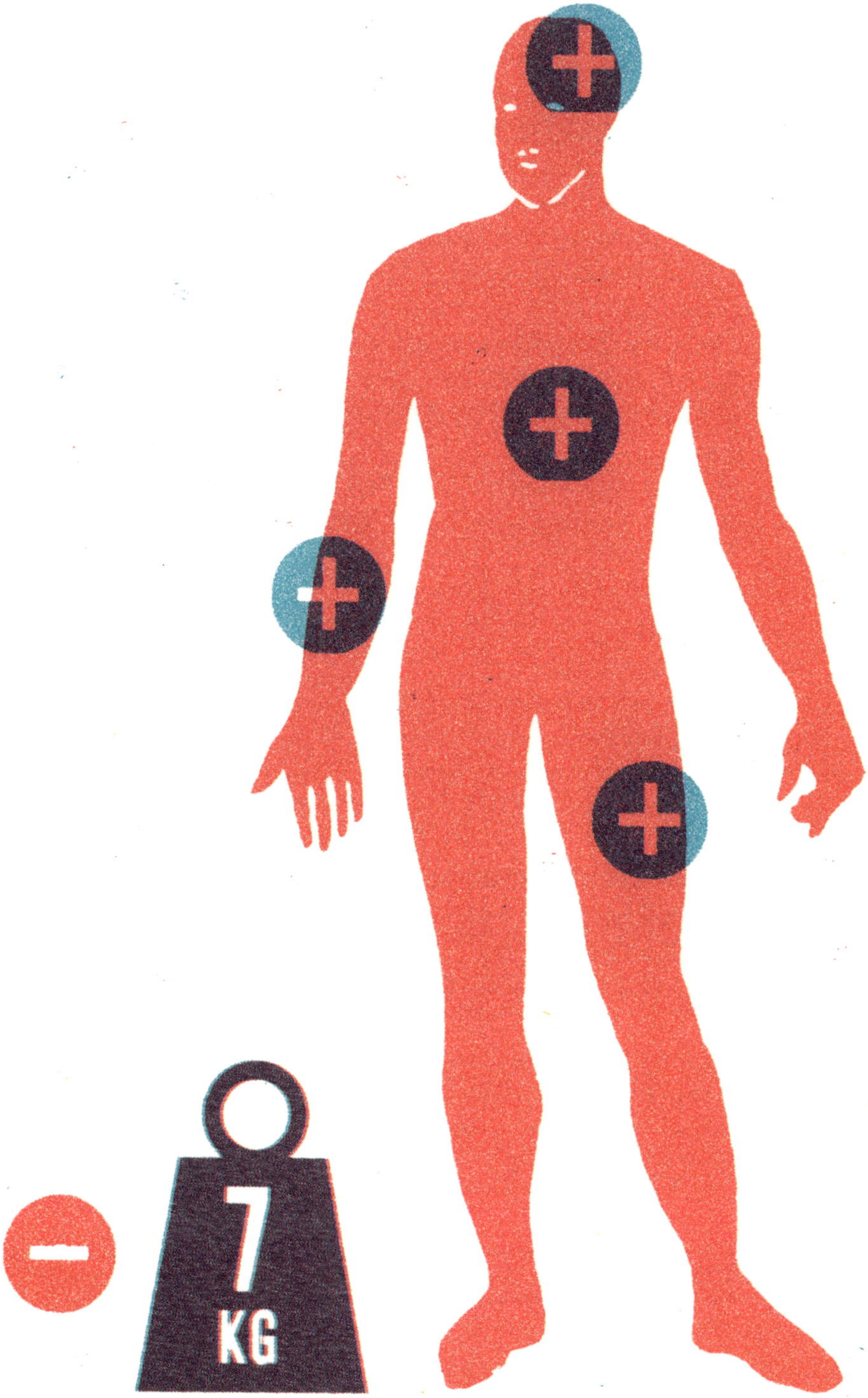
7
KG

Radfahrer

- verlieren im ersten Jahr als Pendler durchschnittlich sieben Kilo
- reduzieren, wenn sie etwa 30 Kilometer pro Woche mit dem Rad fahren, das Risiko für Herz- und Gefäßkrankheiten um etwa 50 Prozent
- verbessern ihre Blutdruckwerte
- verbessern das Gleichgewicht im Körper zwischen schlechtem und gutem Cholesterin
- verringern das Risiko für Diabetes Typ II
- werden nicht so leicht beunruhigt und gestresst
- erhöhen ihre Muskelkraft, nicht zuletzt die der Bauchmuskulatur, was zu weniger Rückenproblemen führen kann
- leben viel länger
- haben nur halb so viele Krankheitstage
- verbessern ihren Schlaf
- verbessern ihre Koordination
- verbessern ihr Immunsystem
- verbessern ihre Verdauung
- verbessern ihre Gedächtnisleistung
- verbessern ihr Sexleben, der größte Unterschied besteht bei Männern über 50, die mehr als drei Stunden wöchentlich Rad fahren
- verringern das Risiko für gewisse Krebsarten
- laufen weniger Gefahr, dement zu werden oder Alzheimer zu bekommen
- Frauen verbessern ihre Chancen, schwanger zu werden und auf eine unkomplizierte Schwangerschaft

Dass es gesund ist, sich zu bewegen, ist nichts Neues. Schon in der Antike prägte der römische Dichter Juvenal den Ausdruck *mens sana in corpore sano,* also »ein gesunder Geist in einem gesunden Körper«. Dennoch kommen die ganze Zeit neue Erkenntnisse hinzu. Wie die, dass Bewegung die Bildung neuer Gehirnzellen anregt. So gesehen kann man sich also zu einem leistungsfähigeren Gehirn radeln.

Neu ist auch das Wissen über die Ursachen der gesundheitsfördernden Effekte des Radfahrens. Das beruht zu einem gewissen Anteil darauf, dass der, der Sport treibt, längere Telomere hat. Telomere sind die äußersten Enden unserer Chromosomen, und vereinfacht kann man sagen, dass Schäden, die ständig an der DNS auftreten, durch längere Telomere schneller repariert werden können, was dem Entstehen von Tumoren vorbeugen kann. Die Länge unserer Telomere ist auch mit unserem biologischen Alter verknüpft – je länger also die Telomere, desto jünger fühlen wir uns.

Ziemlich neu ist zudem die Einsicht, dass die kurze, tägliche, wenig intensive sportliche Bewegung besser für die Gesundheit ist als intensives Training an ein paar Tagen in der Woche. Es ist sogar so, dass jemand, der leicht übergewichtig ist, aber jeden Tag mit dem Fahrrad zur Arbeit und zurück fährt, im Schnitt eine längere Lebenserwartung hat als eine schlanke Person, die mit dem Auto pendelt. Schlank zu sein ist ein Schönheitsideal, kein Maß für Gesundheit. Wer dick ist, aber zweieinhalb Stunden wöchentlich spazieren geht, lebt im Durchschnitt 3,1 Jahre länger als ein Normalgewichtiger, der nur herumsitzt. Das zeigt eine kürzlich veröffentlichte Studie, die an 650 000 Menschen über 40 Jahre hinweg in den USA und Schweden durchgeführt wurde.

Diese Studie könnte genauso gut von Radfahrern handeln, und die allermeisten Punkte in der obigen Liste gelten auch für jede andere Art von täglicher Bewegung. Das Fahrrad ist, so gesehen, keine Wundermaschine – allenfalls pfiffig, wenn man bedenkt, dass der tägliche Arbeitsweg mit dem Fahrrad einem das Fitnessstudio in der Freizeit erspart.

Es gibt jedoch ein paar Dinge, die das Radfahren von anderen Bewegungsarten, beispielsweise im Fitnessstudio, unterscheiden. Das erste ist, dass sportliche Bewegung in der Sonne effektiver ist als eine gleichwertig anstrengende drinnen. Studien haben gezeigt, dass Bewegung bei Tageslicht noch bessere Effekte auf die Körperzusammensetzung hat, also auf das Verhältnis zwischen Muskeln, Fettgewebe und Knochen. Wer unter freiem Himmel Rad fährt, verringert den Fettanteil und erhöht die Muskelmasse viel stärker als derjenige, der im Fitnessstudio Spinning betreibt. Sportliche Bewegung in einer bereichernden Umgebung verbessert außerdem die Bildung von Hirnzellen. Aktivitäten im Freien, bei denen alle unsere Sinne – Sehen, Hören, Schmecken, Riechen, Tasten – stimuliert werden, sind deshalb vielleicht das Beste, was wir tun können, um die Bildung neuer Hirnzellen zu unterstützen. Eine Runde im Wald joggen zu gehen hat somit all die positiven Effekte, die auch eine gute Fahrradtour mit sich bringt. Joggen ist außerdem effektiver als Radfahren, unabhängig davon, ob wir es anhand der aufgewendeten Zeit oder der zurückgelegten Strecke vergleichen. Aber Joggen ist auch viel herausfordernder für den Körper. Joggen ist sehr viel strapaziöser für die Gelenke und das Skelett als Radfahren. Das gilt umso mehr, je älter und schwerer man ist. Eine der wirklich feinen Seiten am Radfahren ist, dass man, wenn man untrainiert ist, ein wenig in die Jahre gekommen ist oder ein paar Schwimmreifen mit sich herumträgt, im Prinzip ohne Verletzungsrisiko in die Pedale treten kann, selbst wenn man seine maximale Leistung abruft. Als Radfahrer kann man ganz einfach einen größeren Trainingsumfang erreichen, bevor man Probleme mit Entzündungen, schmerzenden oder verletzten Muskeln oder Gelenken bekommt. Kürzlich berechneten Forscher an der Sporthochschule, welchen Effekt es hätte, wenn alle Stockholmer, die eine realistische Möglichkeit besitzen, ihre Arbeitsstätte innerhalb einer maximal halbstündigen Fahrt mit dem Fahrrad zu erreichen, sich eben für das Fahrrad entscheiden würden, statt öffentliche Verkehrsmittel zu nutzen oder mit dem Auto zu fahren. Mindestens 80 Leben pro Jahr blieben aufgrund von weniger Luftverschmutzung und erhöhter körperlicher Aktivität verschont.

Eine andere krasse, aber gute Zusammenfassung der Beziehung zwischen Radfahren und Gesundheit lieferte der Stadtrat von Oslo vor einigen Jahren. Man berechnete damals, dass jeder mit dem Fahrrad zurückgelegte Kilometer einen Gewinn von 14,8 Kronen (etwa 1,56 Euro) für die Gesellschaft mit sich bringt. Die gleiche Rechnung ergab bei Autofahrern einen Verlust von 5,9 Kronen (etwa 0,62 Euro). Was die Kosten für die Gesellschaft angeht, besteht also ein Unterschied von mehr als 20 Kronen (etwa 2,11 Euro) zwischen einem Rad- und einem Autofahrer. Pro Kilometer. Und dann haben wir Autofahrer, die bei der Einführung von Mautgebühren mit Auswanderung drohen.

GEWICHT

Das Gewicht eines Wettkampfrads darf 6,8 Kilo nicht unterschreiten. Diese Regel wurde im Jahr 2000 aufgestellt, zum Teil damit die Hersteller keine noch leichteren, potenziell unsicheren Räder bauen, zum Teil damit alle den Wettkampf unter den gleichen Bedingungen absolvieren. Heutzutage wiegen viele Topfahrräder weniger als 6,8 Kilo, weshalb Mechaniker Bleigewichte aus dem Angelzubehörladen an die Räder tapen, um so auf ein zulässiges Gewicht zu kommen. Das leichteste, voll fahrtüchtige Rennrad, von dem ich gelesen habe, wiegt 2,72 Kilo.

GPS

Nachdem ich die Vätternrundfahrt gefahren bin, vergleiche ich das Ergebnis auf meinem GPS mit dem meines Mannschaftskameraden, der ein Gerät derselben Marke besitzt. Wir sind die Runde auf die exakt selbe Weise gefahren, wenn man vom unausweichlichen Gummibandeffekt absieht, der dann und wann entsteht. Es stellt sich heraus, dass:

- er 1,4 Kilometer weniger gefahren ist als ich
- sein mittleres Tempo 0,7 Stundenkilometer langsamer war als meines
- er 652 Höhenmeter mehr als ich zurückgelegt hat
- sein höchster Berg 54 Meter höher war als meiner
- sein tiefstes Tal 31 Meter tiefer war als meines
- es bei ihm im Durchschnitt 0,5 °C wärmer war als bei mir
- er 9171 Kilokalorien mehr verbraucht hat als ich

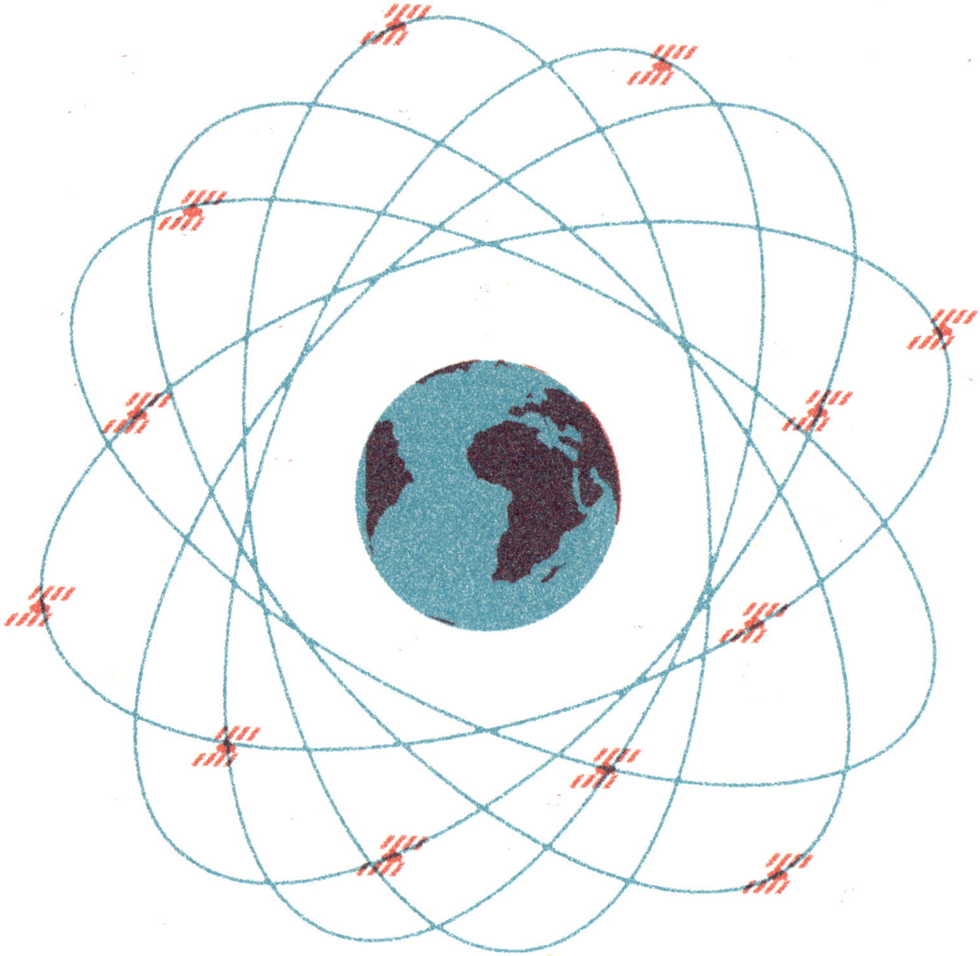

GPS

Diese elektronischen Spielzeuge, die so viel kosten wie ein besseres gebrauchtes Rennrad, liefern also nicht eine einzige korrekte Zahl.

GPS, dessen vollständiger Name Navstar GPS lautet, wobei letzteres die Abkürzung von Global Positioning System ist, ist ein Satellitennavigationssystem, das vom US-Verteidigungsministerium entwickelt wurde. Die Arbeit daran begann bereits in den 70er-Jahren, es wurde aber erst 1994 in Betrieb genommen.

Einfach ausgedrückt funktioniert ein GPS so: Wenn die Einheit an meinem Lenker Kontakt zu mindestens drei (von insgesamt 27) Satelliten bekommt, kann sie über das Verfahren der Trilateration, also über eine Abstands- bzw. Entfernungsmessung, meine Position bestimmen. Dann weiß sie, wo auf der Welt ich gerade bin. Um auch meine Höhe zu bestimmen, soll heißen auf welcher Höhe ich mich befinde, braucht sie den Kontakt mit noch einem vierten Satelliten.

Auf einer Fahrradmesse frage ich einen Verkäufer meiner GPS-Marke, wie das funktioniert.

»Ja, da sind also drei Satelliten, die triangulieren ...«

»Ja, ja«, unterbreche ich ihn, »so viel verstehe ich auch. Aber dass es so einen Unterschied zwischen zwei verschiedenen GPS-Geräten geben kann, das kann ich nicht verstehen.«

»Es gibt eine gewisse Fehlertoleranz«, sagt der Verkäufer aufrichtig, er ist solche Fragen gewöhnt. »Deswegen kann es vorkommen, dass du am Meer entlanggeradelt bist und danach die Information bekommst, du hättest dich unter dem Meeresspiegel befunden. Dein GPS gibt dir einen negativen Wert für die Höhe an. Oder wenn ich den ganzen Tag hier auf dieser Messe herumstehe, kann es sein, dass mein GPS mir nachher anzeigt, ich sei kreuz und quer durchs Viertel gelaufen.«

Ich kann verstehen, dass es eine gewisse Fehlertoleranz gibt. Was ich nicht verstehen kann, ist, dass ein GPS andererseits so extrem korrekt sein kann. Jedes Mal, wenn ich an einer Kreuzung anhalte, und das kann in Schweden, auf Sizilien oder in Andalusien sein, weiß es exakt, wo ich mich befinde. Ohne Zweifel. Genauso wie der Kartendienst auf meinem Computer genau weiß, in welchem kleinen Reihenhaus ich diese Zeilen mühselig zu Papier bringe. In Nummer 82, nicht 84 oder 80. Andererseits ist die Statistik komplett daneben, wenn ich sie mit meinem Mannschaftskameraden vergleiche.

Als Amateurfahrer spielt es selbstverständlich keine große Rolle, ob der Berg, über den ich mit dem Rad gefahren bin, 207 oder 150 Meter hoch ist. Ich hoffe nur, dass das GPS, das in Flugzeugen verbaut ist, korrekte Zahlen liefert. Dann wiederum sind es ja aber genau die exakten Zahlen, für die wir GPS-Nerds große Summen bezahlen. War die Steigung maximal 16 Prozent, wie die Einheit anzeigt? Dass sie irgendwo zwischen 10 und 20 war, kann ich ja selbst mit bloßem Auge sehen. Ich will nicht Tausende Kronen für eine Vermutung bezahlen.

Eine andere Quelle für Irritationen ist der Kartendienst auf meinem GPS. Ja, er weiß, wie gesagt, exakt, wo ich mich befinde, ist aber ziemlich schlecht darin, mir zu sagen, wie ich an mein Ziel komme. Er ist nicht für Radfahrer angepasst, die nur selten zu wissen brauchen, wie weit es Luftlinie ist, und gern »kleine Straßen« auswählen sowie Schotterwege abwählen würden. Etwas, was ich bei meinem bedeutend einfacheren Auto-GPS einstellen kann. Letztgenanntes kommt, laut Verkäufer, in der nächsten Version.

Im Stadtverkehr ist mein Fahrrad-GPS der Kartenfunktion in meinem Smartphone völlig unterlegen. Letzteres baut seine Anweisungen auf Google maps, scheint sich mit den meisten Radwegen auszukennen, kann mich unter, über oder um komplizierte Autobahnsysteme herumführen und berichtet nie, wie lang eine Strecke Luftlinie ist. Wenn sich die Batterielaufzeit der Telefone verbessert, genauso wie das System mit dem Herunterladen von Karten, sodass man navigieren kann, ohne ins Telefonnetz eingebucht zu sein (was einen im Ausland ruinieren kann), werden die speziellen GPS-Einheiten für Fahrräder vom Markt gedrängt werden.

Bis dahin verwende ich mein GPS und tue so, als würde es exakte Daten liefern.

GRAND TOURS

ist die Sammelbezeichnung für die drei großen Etappenrennen Tour de France, Giro d'Italia und Vuelta a España. Alle drei haben ein ähnliches Format: drei Wochen Radfahren, 17 Etappen, ein, vielleicht zwei Einzelzeitfahren, vielleicht ein Mannschaftszeitfahren und zwei Ruhetage.

Alle werden seit dem frühen 20. Jahrhundert ausgetragen, zuerst die Tour, die Vuelta zuletzt, und in allen drei Fällen waren es Sportzeitungen, von denen die Initiative ausging: die französische *L'Auto*, die italienische *La Gazzetta dello Sport* und die spanischen *Informaciones*.

Wer heutzutage meint, dass das Geld den Sport steuert, sollte sich also erinnern, dass der Zweck bereits, als die Tour de France 1903 zum ersten Mal veranstaltet wurde, ein kommerzieller war. Der Sport existiert nicht um seiner selbst willen, sondern um Käufer anzulocken. Von dem anfänglichen Ziel, mehr Zeitungen zu verkaufen, über die augenscheinlich harmlosen Sponsoren wie Faema Espressomaschinen, Molteni Wurst und Bic Kugelschreiber bis hin zu den heutigen Banken, Wettanbietern, Fernsehsendern, russischen Gasunternehmen und Investoren aus Kasachstan.

Heutzutage werden die Grand Tours weltweit im Fernsehen übertragen, und an einem guten Tag landet die Tour de France nicht selten auf der Liste der meistgesehenen Sportveranstaltungen des Jahres (gleich hinter einem Badmintonländerspiel zwischen China und Südkorea).

Nachdem die Zeit, als es in erster Linie darum ging, einsprachige Zeitungen zu verkaufen, vorbei ist, sind die Rennen trotz ihrer Namen nicht länger auf nur ein Land beschränkt. Während die Grand Tours früher als Geografielektionen dienen konnten, starten die Rennen heutzutage nicht selten in einem ganz anderen Land. Zuerst eingeführt wurde diese Sitte bei der Tour de France 1954, die damals im niederländischen Amsterdam startete.

Der einzige Schwede, der jemals eine Grand Tour gewonnen hat, ist Gösta »Fåglum« Pettersson (benannt nach seinem ersten Klub »Fåglum«): den Giro d'Italia im Jahr 1971. Ohne eine einzige Etappe zu gewinnen, hatte er die beste Gesamtzeit, als er in Mailand durchs Ziel fuhr, nachdem er 3567 Kilometer lang von der Stadt Lecce am italienischen Stiefelabsatz aus in die Pedale getreten hatte. In den folgenden drei Jahren wurde der Giro dann vom Belgier Eddy Merckx dominiert.

GRANNY GEAR,

wörtlich übersetzt »Großmuttergang«, ist die leichteste Übersetzung bei einem Fahrrad mit mehreren Gängen und, in Anlehnung an die Bezeichnung, ein Gang, den alle vermeiden wollen, selbst wenn man den K2 auf der Nordseite erklimmen soll.

GRONINGEN

ist die beste Fahrradstadt der Niederlande und damit auch der ganzen Welt. Der erste Radfahrer, den ich erblicke, als ich am Bahnhof aussteige, hat einen Kontrabass auf dem Rücken. Er rauscht an mir vorbei, als wäre es das Natürlichste von der Welt. Es ist spät am Abend, fast schon Nacht, vielleicht ist er auf dem Nachhauseweg von einem Gig. Ich schaue mich um, will sehen, ob noch mehr Bandmitglieder kommen. Vielleicht der Pianist? Es sind fast zwei Kilometer bis zu meinem Hotel. Während meines Spaziergangs dorthin sehe ich mehr Rad fahrende Frauen in Faschingskostümen als Autos. Durch Groningen zu gehen ist ein bisschen so, wie in einem Film mitzuspielen, in dem die Hauptperson in einer anderen Wirklichkeit aufwacht. Nur dass in diesem Fall nicht etwa alle anderen vom Planeten Mars sind oder dass es immer Montag ist, sondern dass diese Welt so gut wie autofrei ist. Groningen ist die stillste Stadt, die ich je besucht habe.

Es ist wieder Morgen am Hauptbahnhof. Ich schaue mir den Betrieb in der riesigen unterirdischen Fahrradgarage an. Menschen sausen hinein und stellen ihre Fahrräder ab, um zum Zug zu sprinten. Aus dem Zug kommen andere Pendler, schließen ihre Räder auf und fahren weg. Zwei Männer gehen umher und bringen Ordnung in das Chaos, das trotzdem eintritt. Sie stellen umgefallene Fahrräder wieder auf, heben Drahtesel aufs obere Parkdeck - es gibt zwei Ebenen, um Platz zu schaffen. Draußen vor dem Bahnhof brausen Radfahrer auf dem breiten Radweg vorbei, zwei, drei, vier, manchmal fünf nebeneinander. Aus dem Bahnhof kommen auch Reisende mit ihren Falträdern, die sie besteigen, sobald sie zum Ausgang hinaus sind. Wer zum ersten Mal hier ist, merkt sofort, dass das Fahrrad Priorität Nummer eins in Groningen ist. Der Radweg beginnt gleich außerhalb des Bahnhofs, der Fahrradparkplatz liegt direkt neben dem Bahnhofsgebäude, während der Taxistandplatz und die Zone, wo man Passagiere mit dem Auto rauslassen und abholen kann, um einige Hundert Meter weiter wegrücken mussten. Das hier ist eine Fahrradstadt mit großem F.

Viele der Fahrräder, die ich sehe, sind Alltagsräder. Gebrauchsräder mit Kindersitzen auf dem Gepäckträger und manchmal auch einem extra Kindersitz auf dem Rahmen oder am Lenker. Viele haben Satteltaschen, eine ganze Menge sogar einen Gepäckträger vorn, vielleicht mit einer alten Bierkiste oder - wenn man etwas hipper ist - mit einer Holzkiste einer schicken französischen Weinmarke. Wenige haben Sporträder, wenige fahren Fixie. Das Fahrrad scheint keine Frage der persönlichen Einstellung zu sein, nur eine sehr gute Art, um sich fortzubewegen. Manche fahren mit einer Hand und halten sich mit der anderen das Handy ans Ohr. Andere fahren gleich ganz freihändig, weil sie genau in diesem Augenblick eine SMS schreiben müssen. Niemand hat es übertrieben eilig, aber es trödelt auch keiner. Es geht zügig voran. Alle geben ein Handzeichen, wenn sie abbiegen, und manche machen auch ein Zeichen, wenn sie anhalten. Niemand trägt einen Helm, nicht einmal Kleinkinder. Es ist klar, dass das Fahrrad in Groningen kein Spielzeug oder Sportgerät ist, sondern schlicht und einfach ein Transportmittel.

Später trifft Cor van der Klaauw mich vor dem Hotel: praktisches Fahrrad, Gepäckträger vorn, Induktionsbeleuchtung und Satteltaschen aus Segeltuch, die eine holländische Spezialität zu sein scheinen. Er streift seine Regenkleidung ab, verstaut sie und schlägt ein Café vor, wo wir uns ungestört unterhalten können.

Cor tat früher Dienst als *Cycling officer*. Lange Zeit war er für die Verwandlung Groningens in die Welthauptstadt der Fahrräder mitverantwortlich. Er rattert ein paar Zahlen runter.

»Groningen hat circa 200 000 Einwohner, von denen ein Viertel Studenten sind. Annähernd sechzig Prozent aller Fahrten werden mit dem Fahrrad erledigt. Im Durchschnitt fährt jeder Groninger 1,4 Mal pro Tag mit dem Fahrrad. Hier gibt es 300 000 Fahrräder, also weit mehr als Einwohner.«

Das ist wirklich eine umgekehrte Welt. Eine Stadt, in der mehr Menschen mit dem Rad fahren, als zusammengenommen zu Fuß gehen und mit dem Auto oder Bus fahren.

»Aber wie ist es dazu gekommen?«, wundere ich mich.

»Vor allem aus zwei Gründen. Zum einen ist Groningen eine kompakte Stadt und es auch immer schon gewesen. Die mittelalterliche Struktur einer kleinen militärischen Festung im Norden gegen Deutschland gibt es immer noch, was den Übergang zu einer Fahrradstadt einfacher gemacht hat. Annähernd 80 Prozent der Bevölkerung wohnen in einem Umkreis von drei Kilometern vom Zentrum, und dort liegen auch 90 Prozent der Arbeitsplätze.«

Die Größe spielt eine Rolle, notiere ich mir und überlege, wie viele schwedische Städte dieselben Voraussetzungen hätten. Nicht viele.

»Der andere Grund«, fährt Cor fort, »ist rein politischer Natur. 1972 bekamen wir eine linke Stadtregierung in Groningen, und die Linken waren mit dem Versprechen zur Wahl angetreten, die Stadt umweltfreundlicher zu machen. Wir schwammen im Kielwasser der Studentenproteste von Paris und der Idee des Club of Rome von den Grenzen des Wachstums. Viele fassen Groningen vielleicht als autofeindlich auf, aber das ist nicht der Grundgedanke. Die Idee, die alles durchdringt, ist eher, dass die Stadt menschenfreundlich sein soll. Zugänglich. Zu den Bedingungen der Einwohner. Straßen sollen nicht in erster Linie für Autoverkehr und Parkplätze gedacht sein. Straßen sollen genauso willkommen heißen wie die Wohnzimmer der Menschen. Dort soll man sich treffen, miteinander in Kontakt kommen, sich wohlfühlen. Dort soll man nicht Abgasen und Lärm ausgesetzt sein. In diesem Wohnzimmer der Stadt soll man sich trauen, seine Kinder rauszulassen.«

Ich schreibe »Domus« in mein Notizbuch, um an die Entwicklung in Schweden zu erinnern. Domus war eine Kaufhauskette, die zwischen den späten 50er- und den 80er-Jahren ziemlich expandierte. Wie viele linke Regierungen wir auch gehabt haben, die Inspiration zur Stadtplanung wurde aus irgendeinem Grund trotzdem aus den USA geholt. Das führte dazu, dass viele schwedische Stadtkerne abgerissen wurden, um Platz zu schaffen für Einkaufszentren und Parkgaragen. Wir dachten auch, dass alle Zugang zum Zentrum der Stadt haben sollten, aber dass dies mit dem Auto geschehen sollte. Diese Einkaufszentren machten große Teile des Einzelhandels zunichte, um dann selbst Probleme zu bekommen und auf irgendeinen Acker außerhalb der Stadt überzusiedeln und eine verwüstete City zu hinterlassen.

Cor kramt einige Bilder hervor, die zeigen, wie es früher draußen vor dem mächtigen mittelalterlichen Haus aussah, in dem das Café jetzt ist, in dem wir gerade sitzen. Die Fotos zeigen einen sterilen Omnibusbahnhof, eingerahmt von Reihen parkender Autos. Wenn ich jetzt aus dem Fenster schaue, sehe ich nur flanierende Menschen, spielende Kinder und Radfahrer. Massen von Radfahrern.

»Wie viele Abstellplätze für Fahrräder gibt es eigentlich rund um den Bahnhof?«

»Circa 10 000. Alle überdacht und bewacht. Sie sind gratis. Aber es gibt auch einige drinnen, wo das Parken etwas kostet. Es gibt eine Werkstatt, die geöffnet hat, bis der letzte Zug angekommen ist, was, glaube ich, gegen zwei Uhr nachts ist. Obwohl wir die Zahl der Fahrradparkplätze ausbauen müssten, vermutlich auf das Doppelte. Dann haben wir einige Tiefgaragen im Zentrum, dort finden auch noch ein paar Tausend Platz.«

Dass Groningen eine Fahrradstadt ist, manifestiert sich auch darin, dass man den Verkehr in erster Linie aus der Perspektive der Radfahrer betrachtet. Radfahrer dürfen auch bei Rot rechts abbiegen, sie dürfen gegen die Einbahnstraße fahren, und auf vielen Kreuzungen wird es für alle Radfahrer gleichzeitig grün, was bedeutet, dass sie abbiegen können, wohin sie wollen, ohne mit irgendwelchen Autos konfrontiert zu werden.

Cor kehrt zurück zur Politik. Er meint, dass sie der Dreh- und Angelpunkt sei. Ein starker politischer Glaube daran, dass Radfahren die Zukunft ist.

»Es braucht selbstverständlich eine Fahrradkultur, auf die man weiter aufbauen kann, aber dann braucht es auch noch großen Einsatz. Groningen hat lange Zeit jährlich vier, fünf Millionen Euro in Fahrradmaßnahmen investiert. Bloß ein paar Radwege und ein paar Geschwindigkeitsbegrenzungen hier und dort reichen nicht aus, um das Fahrrad zur ersten Wahl zu machen.«

»Ist es euch gelungen?«, frage ich suggestiv.

»Ja. In Groningen ist es logisch, das Fahrrad zu nehmen. Gefühlsmäßig, aber auch rein zeittechnisch ist es das Richtige. In zehn Minuten kommt man in Groningen auf dem Fahrrad 2,4 Kilometer weit, aber nur 1,6 mit dem Auto. Denn das Auto muss man erst finden und aufschließen, außerdem muss man an roten Ampeln halten und einen Parkplatz suchen. Beim Fahrrad muss man bloß direkt vor dem Haus aufsteigen und losfahren.«

H

HANDBIKES

sind mit Armkraft angetriebene Räder. Zwei davon lehnen an der Wand, als ich Vigand Nilssons Geschäftslokal Ti Arrows in Hägernäs außerhalb von Stockholm betrete, wo sich früher das Königliche Fluggeschwader Roslagen befand. Das eine ist ein Rennrad, das andere ein Mountainbike.

»Mit dem schaffe ich 20 Prozent Steigung«, sagt Vigand. »Damit fahre ich am häufigsten. Es gibt weniger Konflikte, wenn man im Wald Rad fährt.« Ob zwei Räder oder drei, mit den Beinen oder Armen angetrieben – die Erfahrungen im Verkehr scheinen dieselben zu sein. »Radwege sind für eine Höchstgeschwindigkeit von 15 km/h ausgelegt«, fährt Vigand fort. »Das ist viel zu langsam für mich. Wenn ich mich stattdessen entscheide, auf der Fahrbahn zu fahren, stört das die Autofahrer.« Vigand plaudert weiter über Wattzahlen und Leistungsmesser, über niedriges Gewicht, über den neuen Kurbelsatz, der sehr wenig Spiel hat, und über Aerodynamik. Er spricht auch über Liegeräder und weist auf Details hin, die dafür sorgen, dass das Liegerad sich vom Untergrund »löst«, sich nicht festsaugt. »Ich habe eine Runde, die ich fahre. Vier Kilometer ungefähr. Da liege ich bei einer konstanten Wattzahl, meist 170, dann verändere ich ein Detail am Fahrrad, fahre die Runde noch mal und sehe, ob sich ein Zeitgewinn ergibt.«

Vigands Unternehmen heißt Ti Arrow, wobei das »Ti« für Titan steht, ein Material, mit dem Vigand seit über 20 Jahren arbeitet. Und er baut nicht nur Handbikes und Liegeräder, sondern auch Rollstühle und gewöhnliche Fahrräder, die er selbst »Beinräder« nennt.

Er hat soeben zwei schöne Titanrahmen auf einer Onlinehandelsplattform angeboten, so habe ich ihn gefunden. »Ich dachte, sie würden sich sofort verkaufen. Aber niemand hat sich gemeldet. Niemand!«

Vigand lässt sich über die fantastischen Eigenschaften von Titan aus. Darüber wie es, richtig eingesetzt und in Kombination mit Carbon, ein Produkt mit unvergleichlicher Performance ergibt. Er zeigt mir ein Modell auf dem PC – 7,5 Kilo Wettkampfgewicht –, das ein früherer Paralympionike in den USA bestellt hat, ein Typ, gegen den Vigand selbst vor einigen Jahren bei der WM gefahren ist.

Vigands Liegeräder werden hier entworfen, in China zusammengeschweißt und kommen dann zurück, um montiert und ausgeliefert zu werden. »Die Chinesen sind sehr gut im Zusammenschweißen von Liegerädern. Komischerweise weniger bei Rollstühlen. Die lasse ich in Schweden schweißen.«

Trotz des Firmennamens ist Vigand nun teilweise zu Magnesium als Rahmenmaterial übergegangen. Titan wird für gewöhnlich als ein »verzeihendes« Metall beschrieben, das bessere schwingungsdämpfende Eigenschaften als Stahl besitzt, aber Magnesium ist – Vigand zufolge – in diesem Bereich noch besser. »Wenn ich liegend fahre, den Kopf auf dem verlängerten Sitz ruhend, gehen ja alle eventuellen Vibrationen direkt hinauf in meinen Schädel. Es kam schon vor, dass ich gegen Ende eines Rennens Sehstörungen bekam. Dass ich falsch fuhr. Mit einem Magnesiumrahmen passiert das nicht.«

Zum Schluss öffnet Vigand einen Karton und zeigt mir seine neuen Schuhe, die äußerst merkwürdig aussehen. »Sie sind angewinkelt, sodass die Oberseite des Fußes in einer Linie mit dem Bein liegt. Das vermindert den Luftwiderstand beträchtlich verglichen damit, wenn die Fußsohle senkrecht steht. Es sind dieselben Schuhe, wie sie Bobfahrer verwenden.«

HANDGEFERTIGTE FAHRRÄDER

haben eine Renaissance erlebt. In England wird jedes Jahr eine Messe für diese Fahrräder veranstaltet, die nicht in einer anonymen Fabrik in Asien hergestellt werden. Für gewöhnlich findet das Ereignis, das Bespoked heißt, in Bristol statt, bei meinem Besuch wurde die Messe jedoch im olympischen Velodrom in London veranstaltet.

Einfach nur neugierig auf der Bespoked herumzulaufen ist für einen Fahrradinteressierten schon ein wahres Vergnügen. Zuerst stoße ich auf Louise von Brick Lane Bikes. Ich frage nach ihrer Zusammenarbeit mit H&M und wer auf die Idee gekommen ist.

»Die sind auf uns zugekommen. Wir waren die Ersten in London, die Fixies bauten, das hatte H&M wohl aufgeschnappt. Die Zusammenarbeit resultierte in einer kleinen Kollektion von Fahrradbekleidung, und wir bauten einige Räder, die in den Schaufenstern rund um die Welt ausgestellt wurden. Wir bekamen ein wenig PR und H&M eine neue Zielgruppe. Die Kollektion war im Handumdrehen ausverkauft.«

Danach hält man mir am Stand von Enigma einen Vortrag über Titanrahmen. An den Wänden haben sie schöne Bilder aus Cornwall hängen, wo ihre Fabrik liegt. Auf einem der Bilder sehe ich den ehemaligen britischen Rennfahrer Sean Yates und erzähle, dass ich ihn bei einer Radtour in Andalusien getroffen habe.

»Wir bauen alle seine Fahrräder«, sagt der Typ von Enigma. »Yates mag Titan, das war populär, als er seine beste Zeit hatte. Er trug ja einmal das Gelbe Trikot bei der Tour de France. Gewonnen hat er die Tour dann, als er Manager bei Team Sky war. Ein netter Typ, kann stundenlang reden, wenn er mal in Fahrt ist.«

»In Andalusien kam er nicht in Fahrt. Ich habe versucht, ein Gespräch mit ihm anzufangen. Er hat kaum geantwortet.«

»Er kann ein bisschen schüchtern sein.«

Ein merkwürdiger Mann jedenfalls. Zwei Herzanfälle, ein Herzschrittmacher und unter ständigem Dopingverdacht. Damals coachte er seine beiden Söhne, die über die andalusischen Berge fuhren, als wären es Hügel in Cornwall.

Ein Stück weiter stehen zwei Typen, die ein Fahrrad bauen, das Bear heißt. Nachdem sie beruflich Teile für Flugzeuge herstellen, ist es schön, wenn ein Projekt auch mal einen Anfang und ein Ende hat.

»Was ist so speziell an eurem Fahrrad?«

»Nichts.«

Danach treffe ich ein paar österreichische Rahmenbauer.

»Wir treffen uns jeden Mittwoch in einem Keller und bauen Rahmen und trinken Bier. Meistens landen wir beim Bier.«

Im Alltag sind sie IT-Techniker, und natürlich haben sie ein Programm entwickelt, das allen Rahmenbauern helfen soll.

»Schau her«, sagt einer der Österreicher und zeigt mir auf seinem Laptop einen Rahmen. »Hier speist du deine Maße ein, hier wählst du unter allen Rohren, die es auf dem Markt gibt. Klick! Und du kannst sehen, wie der Rahmen wird. Open Source. Jeder, der will, kann es runterladen. Zehntausend haben es schon gemacht.«

Selbst hat er ein Bahnrad gebaut, das auf eine rohe, industrielle Art ungeheuer schön ist.

»Ich habe es in Leintücher eingewickelt, die ich danach in Salzwasser getränkt habe. Dadurch wurde es so. Danach habe ich es nur geölt. Ich kann aber nur drinnen damit fahren.«

Dann unterhalte ich mich mit einem Mann, der schöne Felgen aus Holz herstellt, bekomme meinen Hintern von einem Sattelhersteller vermessen, bewundere die Fahrräder von De Rosa, obwohl sie sich nicht so handgefertigt anfühlen, rede mit einem Typen von der amerikanischen Firma Winter, der eher wie ein Motorradtyp aussieht, betatsche ein paar hübsche Radschuhe aus Leder von Quoc Pham und bleibe vor einer Fahrradmarke stehen, die Sven heißt. Ich frage mich, ob das ein ironisches Augenzwinkern an Sven-Göran Eriksson, den skandalumwitterten Fußballtrainer, ist, der in ganz Großbritannien zu Sven-Goran wurde. Ich frage den Mann hinter der Marke.

»Nein, das hat nichts mit Sven-Goran zu tun«, sagt er. »Ich wurde in Stockholm geboren. Mein Vater arbeitete dort, als ich klein war. Bei Volvo in Göteborg.«

An diesem Punkt sehe ich ein, dass ich einige dieser enthusiastischen, aber trotzdem kommerziellen Hersteller von handgefertigten Fahrrädern in ihrer eigenen Umgebung besuchen muss. Ich mache eine Runde, verabrede ein paar Treffen und beginne mit den Plänen für meine Reise.

› SWALLOWs kleine Fahrradschmiede in Coalport liegt so pittoresk da, wie es nur in England oder in einem englischen Film möglich ist. Der Fluss Severn schlängelt sich um das Tal, wo die Buchen gerade dabei sind auszuschlagen. Die Ziegelgebäude sind alt, heruntergekommen, und es gibt immer noch schwarze Stellen aus der Zeit, als dichter Kohlerauch über ihnen lag. Und das tat er nicht wenig, denn hier nahm die industrielle Revolution ihren Anfang - die Grundvoraussetzung dafür, Brücken, Schienen, Dampfboote, Lokomotiven, Dampfzylinder und nach und nach auch Fahrräder herstellen zu können. Heutzutage gibt es hier acht Museen und Attraktionen, die daran erinnern sollen. Am bekanntesten ist die gusseiserne Brücke The Ironbridge, die die ganze Ära symbolisiert.

Ich komme mit dem Bus, steige an der Brücke aus und wandere den Kanal entlang - die damalige Autobahn -, vorbei an allen Schleusen, bis ich zu Swallows Fahrradgeschäft und Fabrik komme.

Peter Bird ist beschäftigt, als ich eintrete, und sein Kollege Robert Wade ist verreist. Direkt hinter mir kommt ein älterer Mann buchstäblich in den Laden gejoggt. Er will sein Fahrrad abholen, das beim Service war. Er ist gute zehn Kilometer durch den Buchenwald gelaufen und eine Spur ungeduldig.

»Morgen ist Ostern, verstehst du. Da haben wir ›offenen Garten‹. Die Leute bezahlen ein Sümmchen, um durch verschiedene private Gärten spazieren zu dürfen und über Blumen, Gartengestaltung und das Anlegen von Teichen zu plaudern. Und selbstverständlich, um Tee zu trinken. Heute habe ich mir freigenommen, um unseren Garten in

Ordnung zu bringen. Eigentlich bin ich Landarzt. Ich fahre mit dem Rad zu allen meinen Patienten.«

Peter holt das Fahrrad des Arztes und ermahnt ihn, in ein paar Wochen noch einmal zu kommen, um die neuen Speichen nachzuziehen. Und schon im nächsten Moment fährt der den Kanal entlang wie in einer Szene aus *Inspector Barnaby*.

»Wir haben vor 30 Jahren angefangen«, erzählt Peter, als er mich in der kleinen Werkstatt herumführt. »Robert und ich. Aber wir mussten einige Jahre Pause einlegen, als alle, wirklich alle, Fahrräder kauften, die in Asien hergestellt werden. Jetzt ist es wieder besser. Jetzt können wir unsere Familien wieder ernähren.«

Peter zeigt mir einen Rohrsatz, wie man Muffen aufzieht und das Tretlager einpasst, und spannt ihn in die spezielle, ziemlich moderne Rahmenlehre ein, in der man alle Maße des Kunden exakt einstellen kann, wonach es Zeit ist, das Messinglot zu holen und mit dem Löten anzufangen.

»Es wird warm, wenn man einen Rahmen lötet«, sagt Peter. »Amateure tendieren dazu, ein dickeres Rohr zu verwenden, als man eigentlich benötigt, weil sie nervös sind, sie könnten ein Loch in ihre teure Investition brennen. Ich verstehe das, aber für mich sind sie übervorsichtig. Es geht um die Farbe des guten Stücks. Versteht man sich darauf, macht man keine solchen Fehler.«

Peter kramt ein wenig in einer Kiste voller Schrott, findet ein abgeschnittenes Stück Rohr und spannt es in einen Schraubstock ein. Dann macht er die Lötlampe an.

»Schau, zuerst wird es rot, dann orange und danach gelb. Zum Schluss wird das Rohr weiß von der Hitze. Dann ist es zu spät. Es ist ein Loch entstanden. Das Rohr ist zerstört. Aber ist man flexibel und wachsam, ist das überhaupt kein Problem.«

Peter hielt, als Erster in Großbritannien, schon 1993 einen Rahmenbaukurs ab und tut es auch heute noch. Zuerst lassen sich die Teilnehmer ihre Maße abnehmen, dann blättern sie Kataloge durch, um die richtigen Rohre für ihren Rahmen auszuwählen. Insgesamt elf Stück: drei Rahmenrohre, zwei Gabelholme, zwei Sattelstreben, zwei Kettenstreben, ein Steuerrohr und einen Gabelschaft. Dazu kommen das Tretlagergehäuse, vordere und hintere Ausfallenden und meist auch ein Brems- sowie ein Tretlagersteg. Danach werden Muffen, verschnörkelt oder minimalistisch, je nach Geschmack, plus verschiedene Befestigungspunkte für Schutzbleche und Gepäckträger gewählt, wenn man das wünscht. Wenn alle Teile eingetroffen sind, versammelt man sich wieder zu einem intensiven Fünftageskurs, bei dem die Teilnehmer ihre Rahmen anfertigen.

Wir sind in die kleine Ausstellungshalle gekommen, wo tatsächlich einige Fahrräder stehen, obwohl die meisten auf Bestellung gebaut werden und sofort verschwinden, sobald sie fertig sind. Einige Rennräder, ein Randonneur und ein paar Tandems glänzen in der Sonne, die durch die alten Fenster mit gusseisernen Gittern scheint.

»Damals, als die Leute aufhörten, Räder mit Stahlrahmen zu kaufen«, erinnert sich Peter, »war das, weil man den Eindruck hatte, dass Aluminium so viel leichter war. Der Unterschied ist aber tatsächlich ziemlich gering. Nimm Reynolds bestes Rohr, das 753er, das ist so dünn, dass du es mit dem Finger zusammendrücken kannst. Aber Stahl klang schwer und Aluminium leicht. Die Wahrheit ist, dass es industriell betrachtet viel einfacher ist, einen Rahmen aus Aluminium zu bauen. Es waren die Produzenten, die wollten, dass die Radfahrer das Material wechseln. Dann kam Kohlefaser auf, die noch billiger herzustellen ist. Das ist doch nur Plastik.«

Während Peter spricht, hat er auf einige billigere Fahrräder im Geschäft gezeigt. Und jetzt sagt er, beinahe mit Ekel in der Stimme: »Inzwischen verkaufen wir auch Fahrräder mit Aluminium- und Carbonrahmen. Aber alle, die wir selbst herstellen, sind aus Stahl.«

Heute stehen die Leute Schlange, um ein Swallow kaufen oder bauen zu können. Acht Wochen Wartezeit. Auf der Messe in London war der Großteil der Produktion des kommenden Jahres von kauflustigen Radfahrern mit ordentlich Geld in den Taschen reserviert worden. Ein fertiges Swallow kostet zwischen 3000 und 5000 Euro, während ein Kurs mit rund 1000 Euro und das Rahmenmaterial mit 200 und 400 Euro zu Buche schlagen.

»Viel Geld, natürlich, aber man kann es als eine Investition ansehen. Wir haben bisher nur einen einzigen Kunden gehabt, der zurückgekommen ist und ein neues Fahrrad kaufen wollte. Das war nach 28 Jahren.«

› FAGGIN Ich spaziere aus dem Zentrum der italienischen Stadt Padua hinaus. Schöne, mittelalterliche Arkaden, kleine Läden, Cafés und eine unbegreiflich große Anzahl Geschäfte, die katholisches Zubehör verkaufen: Jesus am Kreuz und Heiligenfiguren, Rosenkränze, Taufbecken, Priester- und Nonnengewänder. Ich frage mich, an wen sie das alles verkaufen.

Viele fahren auf typischen Studentenfahrrädern. Man kommt in eine neue Stadt, kauft einen gebrauchten Drahtesel, von dem man hofft, dass er das Studium über durchhält, ohne dass man noch einmal Geld dafür auf den Tisch legen muss. Man erkennt diese Fahrräder an ihrem verschlissenen Finish wieder, daran, dass sie scheppern und in vielen Fällen älter sind als ihre Fahrer.

Faggin liegt in einer kleinen Straße zwischen Einfamilienhäusern, wo die Hinterhäuser zuweilen zu einer Art Betrieb angewachsen sind. »Handgefertigte italienische Fahrräder« steht auf einem kleinen gelben Schild, das nicht viel verspricht. Ich finde eine Fabriktür und schaue in eine leere Werkstatt: ein Schweißgerät, eine Drehbank, ein Montageständer mit einem Rahmen. Ich klopfe. Aus dem offenen Fenster im Stock darüber lehnt sich eine Frau heraus, sagt etwas auf Italienisch, von dem ich nur ein Wort verstehe, *aspetta,* warte. Also warte ich.

Dann öffnet Davide die Tür, er bittet mich hinein, um seinen Vater Massimo, seine Mutter Cristina (die Frau im Fenster) und Alexandra kennenzulernen, die im Büro arbeitet. Wir gehen ein wenig durch die kleine Fabrik, die eine etwas größere Garage ist. Massimo plaudert. Davide übersetzt. Wir schauen uns den eingespannten Rahmen an.

»Ein Prototyp. Er soll auf der Bespoked-Messe in Bristol vorgestellt werden.«

»Die Rohre sind ziemlich dick«, sage ich.

»*Oversized*«, sagt Massimo, der, so stellt sich heraus, ein wenig Englisch spricht und versteht.

Alle Fahrräder, die hier gebaut werden, sind maßgefertigt, erfahre ich. Die Leute kommen oft her, werden ausgemessen, wählen die Rohre, Muffen und das Modell aus.

»Wissen die Leute, was sie haben wollen, haben sie eine Ahnung von ihren Maßen, von der Geometrie und den Eigenschaften eines Fahrrads?«

»Es gibt zwei Sorten«, erklärt Massimo. »Die, die einen Randonneur kaufen, wissen alles im Voraus. Ganz genau, welche Rohre sie haben wollen, welche Geometrie, welche Halterungen und wie sie sitzen sollen. Dann gibt es die anderen, oft wollen sie ein Fixie. Ich zeige ihnen ein Rohr, ›das ist toll‹, einen Rahmen, ›der ist toll‹, eine Gabel, einen Lenker, einen Radsatz, immer dasselbe. Aber wenn es um die Farbe geht, haben sie eine Meinung.«

»Wie viele baut ihr?«

»70 pro Jahr«, sagt Massimo mit einem kleinen Seufzer. »Früher haben wir bis zu 350 gebaut - im Monat.«

»Aber wohl nicht hier?«, frage ich ungläubig.

»Doch, wir waren 13 Leute, die hier gearbeitet haben. Drei haben acht Stunden am Tag Rahmen gelötet.«

»Unter anderem meine Mutter und ihre Schwester«, ergänzt Davide.

Cristina geht eine alte Zeitschrift holen, in der eine ganze Reportage über sie abgedruckt ist. Eine italienische Frau, die Fahrradrahmen baut, war ungewöhnlich genug, um einen eigenen Bericht wert zu sein. Ein Freund der Familie kommt herein. Ein Faggin-Randonneur wird auf den Hof gerollt. Er hat einen der besten Namen in der Fahrradwelt: *Tornosubito*. Also: »Bin gleich zurück«. Dieser Prototyp wurde für den Kumpel gebaut, weil er ihn im Sommer testen sollte.

Der Mann beginnt eine umständliche Erzählung darüber, welche Straßen genau er gefahren ist, wo er nach links oder rechts abgebogen ist, an welchen Seen er vorbeigekommen ist, und welche Berge er mit seinem Tornosubito erklommen hat.

»540 Kilometer in vier Tagen«, sagt er stolz, was einen Schweden, der die Vätternrundfahrt als Maßstab hat, nicht wirklich beeindruckt. »Der Test fiel positiv aus. Dem Rücken ging es gut, die Beine bekamen keine Prügel. Die Geometrie ist perfekt.«

Die Familie Faggin lächelt zustimmend zum Urteil des Freundes.

Ich habe mich immer gefragt, was ein Fahrradbauer tut, wenn ein neues Modell entwickelt wird. Wählt er die Rohre, baut er einen Rahmen, montiert ein Fahrrad zusammen, lässt es probefahren, um danach im schlimmsten Fall alles zu verändern? So ist es offenbar.

Massimo holt einen Carbonrahmen hervor, den er gebaut hat. Auch der ist schön. Auch in ihm steckt viel handwerkliches Können. Massimo liefert dazu eine komplizierte Geschichte darüber, wie man die Formen herstellt, über die Wahl der Kohlefaser, wie viele Fasern pro Quadratzentimeter es sein sollen, wie die verschiedenen Lagen angeordnet gehören und dass das Material immer kalt aufbewahrt werden muss. Er öffnet einen Kühlschrank und zeigt auf ein paar Bögen.

»Minus 18 °C.«

»Was ist schwerer zu bauen, ein Stahlrahmen oder einer aus Kohlefaser?«, frage ich und denke dabei vor allem an das Handwerkliche.

»Kohlefaser«, antwortet Massimo, aber er bezieht sich eigentlich nicht auf den Rahmenbau selbst, sondern auf das Gefühl danach. »Wenn du einen Rahmen zusammenlötest oder -schweißt, bist du die ganze Zeit dabei und siehst, wie sich die Farbe des Metalls beim Erhitzen verändert. Du bist deine eigene und unmittelbare Qualitätskontrolle. Wenn du das Schweißgerät oder die Lötlampe ausschaltest, weißt du, ob die Verbindung perfekt geworden ist. Das ist bei Kohlefaser nicht der Fall. Es kann sich eine kleine Luftblase gebildet haben, die Teile können ein wenig schief liegen, ein Fehler im Epoxidharz, das alles miteinander verklebt. Es ist unmöglich, das bei einem Carbonrahmen zu wissen. Einen Stahlrahmen kann man außerdem richten, wenn er ein bisschen schief geworden ist.«

Es ist offensichtlich, dass Massimo, auch wenn Faggins Carbonrahmen exquisite Handwerksarbeit sind, sich eigentlich nicht damit beschäftigen möchte. Aber er tut es, damit das Unternehmen nicht pleitegeht.

Danach trinken wir Kaffee. Schauen uns eine grüne Schönheit an, die Massimo für sich selbst gebaut hat. Jetzt baut er noch eine, sie ist für die L'Eroica gedacht, das jährliche Veteranenrennen in Chianti. An der Wand hängt ein Foto der italienischen Nationalmannschaft im Bahnradfahren von den Olympischen Spielen 1984. Sie fuhren auf Faggin-Rädern.

»Obwohl wir unser Logo nicht auf den Rahmen haben durften. Das war damals nicht erlaubt.«

»Wie lief es im Rennen?«

»Daran kann ich mich nicht erinnern.«

Auf meinem Tablet zeige ich Massimo ein Bild von einem Faggin aus den 80er-Jahren, das auf einer Onlinehandelsplattform zum Verkauf steht. Ein guter Preis, findet die Familie. Die Fahrräder haben jetzt Sammlerwert.

Die Kaffeepause zieht sich in die Länge. Es ist ruhig in der Fabrik. Alle Bestellungen werden im Frühling gemacht. Es ist, als hätten die Kunden keine Vorausplanung.

»Obwohl wir welche für den Markt in Australien bauen, dort ist ja gerade Frühling. Faggin gibt es tatsächlich auf der ganzen Welt. Wir verkaufen in Taiwan und in Chile. Eine Fahrradkurierin aus Los Angeles besitzt drei Stück. Sie ist selbst hergekommen, um dabei zu sein und das dritte zu bauen«, sagt Massimo abschließend und zeigt auf ein ausgeblichenes Foto, das die Familie und eine große blonde Frau mit kleinen Zöpfen zeigt, das unter einem Flugblatt eines Pizzaservices an der Pinnwand hängt.

› JAEGHER selbst, also der Belgier Diel Vaneenooghe, sitzt da und schleift eine Schweißnaht, als ich in die Werkstatt komme. Äußerst sorgfältig glättet er die Oberfläche mit einem rotierenden Werkzeug, das so unangenehm vertraut klingt, dass mir ein bohrender Schmerz ins Rückgrat schießt.

»Das klingt wie ein Bohrer beim Zahnarzt«, sage ich, als Diel die Maschine abgeschaltet hat.

»Das ist auch einer. Macht 7000 Umdrehungen in der Minute.«

Jaegher hat ein cooles Image. Ihre Modelle sieht man oft in trendigen Zeitschriften und auf Blogs, die nur die schönsten und stilsichersten Fahrräder präsentieren. Es ist ihnen gelungen, eine Marke aufzubauen, weil sie wissen, was man dazu braucht. Geschichten.

Diel bietet mir einen Kaffee an und zeigt mir einen Zeitungsausschnitt von letztem Sommer. Es geht um das Langstreckenrennen Transcontinental, Start in London, Ziel in Istanbul, kein Support, die Uhr läuft durch, 3000 Kilometer und ein Stück über die Alpen.

»Siehst du?«, sagt Diel und zeigt auf das Endergebnis. »Insgesamt 11 Länder, 3363 Kilometer in 7 Tagen und 23 Stunden mit dem Rad. Mehr als 25 km/h im Schnitt. Der Sieger ist ein Jaegher gefahren!«

»Hat sich das positiv auf die Verkäufe ausgewirkt?«

»Ungeheuer. Am Tag danach lief das Telefon heiß.«

Das war vor drei Jahren, als die Fahrradfabrik am Scheideweg stand. Früher hatte man hauptsächlich Rahmen für andere gebaut, die dann ihre Marke auf die Fahrräder setzten. Dann lohnte sich das jedoch auch nicht mehr.

»Wie lange seid ihr schon dabei?«

»Seit vier Generationen.«

»Im selben Gebäude?«

»Nein, nein! Mein Großvater väterlicherseits war auf der anderen Straßenseite.«

Seine Antworten sind einsilbig, wie kurzes Gebell. Man muss ihm die Worte aus der Nase ziehen. Damals, vor drei Jahren, als man vor der Möglichkeit stand, noch billigere Fahrräder herzustellen, um zu überleben, entschied man sich hier stattdessen dafür, in eine Premiummarke zu investieren. Qualität zu bauen. Teuer. Nur für die, die es sich leisten können.

»Ich verwende nur die besten Stahlrohre von Columbus. Reynolds stellt genauso gute her, aber ich hatte Schwierigkeiten mit den Lieferungen.«

Inzwischen verkauft Diel seine Fahrräder ausschließlich mit Komponenten von Campagnolo. Columbus und Campagnolo, ein rein italienisches Fahrrad, wenngleich in Belgien gebaut.

»Keine Fahrräder aus Titan«, wundere ich mich.

»Nein, warum sollte ich mit Titan bauen? Dann müsste ich die Wandstärke der Rohre erhöhen. Auf einen Millimeter. Jetzt kann ich 0,45 mm verwenden.«

Ich verstehe nicht richtig, warum die Stärke eines Rohrs eine Rolle spielen soll, wenn die Eigenschaften besser sind. Man kann ja trotzdem die schlanken Dimensionen von Stahl beibehalten und muss nicht zu den aufgeblasenen Formen von Aluminium übergehen. Diel holt einen Rohrsatz von Columbus aus rostfreiem Stahl, um mich die Teile befühlen zu lassen. Die Rohre sind unbehaglich dünn und fühlen sich nicht vertrauenerweckend an.

»Wie lange brauchst du, um einen Rahmen zu bauen?«

»Zehn Stunden.«

Ich versuche herauszufinden, wofür man bezahlt, wenn man einen Rahmen für knapp 2000 Euro kauft. Ist es das Material? Eigentlich nicht, ein Rohrsatz ist nicht sonderlich teuer. Ist es die Arbeitszeit? Bis zu einem gewissen Teil, aber es ist ja nicht so, dass Diel monatelang dasteht und einen Sekretär aus Mahagoni schnitzt.

»Der Lackierer braucht vier Stunden«, sagt Diel, als wüsste er, worüber ich nachdenke.

Es ist wohl eher eine Kombination aus verschiedenen Faktoren. Kauft man ein Jaegher oder irgendein anderes von Hand gefertigtes Fahrrad, weiß man, dass ein Profi die Teile ausgesucht hat, dass ein Profi den Rahmen gebaut hat, dass ein Profi das Fahrrad mit Spitzenkomponenten ausgerüstet hat. Hat man Geld, braucht man sich über nichts anderes Gedanken zu machen als darüber, welche Marke man wählt. Denkt man noch weiter, ist der Preis für ein Jaegher, das in fertigem Zustand zwischen 4000 und 6000 Euro liegt, auch eine Erinnerung daran, was Handwerk kostet. In der Frühzeit des Fahrrads kostete ein gutes Fahrrad den Jahreslohn eines Arbeiters. Heutzutage kann man mit einem Wochenlohn davonkommen. Was teilweise etwas darüber aussagt, wie viel man spart, wenn eine Produktion mechanisiert wird, und teilweise etwas darüber, wie wenig Lohn Arbeiter in Asien bekommen.

»Wir verkaufen inzwischen auf der ganzen Welt«, sagt Diel, um das Thema zu wechseln.

»Kommen die Kunden hierher und lassen sich ausmessen?«

»Nein, nein, das können sie alles auf unserer Homepage machen. Sie klicken das richtige Maß an, wählen Modell und Farbe. Dann bauen und versenden wir die Fahrräder. Wir haben Kunden in China und der Schweiz, in den USA und Singapur.«

»Singapur? Das ist doch eine Insel, die sich nur einige Dutzend Kilometer in jede Richtung erstreckt.«

»Nicht mein Problem«, sagt Diel und zuckt die Achseln. »Der Typ in Singapur hat übrigens zwei Stück gekauft. Einer meiner besten Kunden.«

An der Wand hinter Diel hängt ein Fahrrad in Kanariengelb, auf dem Cohiba steht, die Zigarrenmarke. Auch das wird zu einem Kapitel über den andersartigen Rahmenbauer in Belgien - dass er das Gute im Leben zu schätzen weiß, er pfeift auf den in der Fahrradcommunity so üblichen Gesundheitstrend, raucht teure Zigarren und baut teure Fahrräder. Das zieht in gewissen Kreisen. Geschichten, aus denen Marken gemacht werden. Wie auch reine Märchen.

»Mein Großvater väterlicherseits«, sagt Diel in einer seiner längeren Ausführungen, »war ein ziemlich guter Radrennfahrer. Aber dann kamen der Zweite Weltkrieg und die Deutschen. Sie gingen von Haus zu Haus und sammelten Metall, das sie zu Kugeln, Granaten und Bomben einschmolzen. Großvater wollte sich nicht von seinem Fahrrad trennen, also schraubte er es auseinander, ölte es ein und packte es in ein großes

Segeltuch, das er hinterm Haus vergrub.« Diel macht eine Handbewegung in Richtung des Fensters. Draußen sehen wir einen Traktor, der einen tiefen, lehmigen Acker umpflügt. »Nach dem Krieg grub Großvater sein Fahrrad wieder aus. Wir haben es immer noch irgendwo.«

› DARIO PEGORETTI ist der vielleicht sagenumwobenste Rahmenbauer, der bis zu seinem Tod im April 2018 aktiv war. Pegoretti lebte, von der Welt zurückgezogen, den größten Teil seines Lebens in dem kleinen norditalienischen Ort Caldonazzo, gab wenige Interviews, hatte eine Homepage, die meist offline war, antwortete selten auf Mails (in jedem Fall nicht auf meine mit einer Interviewanfrage) und hatte einen schlechten Ruf, was seine Lieferzuverlässigkeit angeht.

Trotzdem war es Pegoretti, sagt man, der den letzten Stahlrahmen gebaut hat, mit dem eine Tour de France gewonnen wurde, nämlich den, mit dem Miguel Indurain 1994 durchs Ziel fuhr, auch wenn Pinarello auf dem Rahmen stand. Pegorettis Trick, heißt es, war es, das hintere Ende des Oberrohrs um einen Zentimeter abzusenken. Ein Mythos? Vermutlich.

Pegoretti ist noch einen Schritt weiter gegangen, er war nicht nur ein magischer Neuschöpfer von Stahlrahmen, sondern gestaltete sie auch künstlerisch extravagant. Er bemalte sie und gab ihnen Namen wie Big Leg Emma, nach einem Song von Frank Zappa, während andere So What, Wild oder Ayers Rock heißen.

Als der amerikanische Schauspieler Robin Williams starb, wurde bekannt, dass er ein großer Fahrradenthusiast war, dass er eine Fahrradsammlung besaß, die genauso viel wert war wie Jay Lenos Autos, und dass er einen speziellen Favoriten hatte, ein Pegoretti. Als 2008 die North American Handmade Bicycle Show stattfinden sollte und bekannt wurde, dass Dario Pegoretti anwesend sein würde, setzte sich Robin Williams in den Flieger nach Portland. Nach dem Messebesuch gingen Williams, Pegoretti und ein paar andere aus der Branche mittagessen. Es heißt, das Mittagessen war lang, ernst, weil Pegoretti von seiner soeben überwundenen Krebserkrankung berichtete, aber auch sehr lustig. Alles soll damit geendet haben, dass Williams eine treffsichere Imitation des hippieartigen, exzentrischen italienischen Rahmenbauers zum Besten gab.

Ich selbst habe, ein wenig impulsiv, ein gebrauchtes Pegoretti gekauft. Das habe ich nie bereut, ich freue mich jedes Mal, wenn ich es sehe. Das Modell ist ein Marcelo in Rot. Vielleicht hätte ich mir gewünscht, es wäre das künstlerischere Marcelo Thelonious, benannt nach dem Musiker Thelonious Monk und deshalb dekoriert mit blauen Noten als Hommage an die Blue Notes des Blues und Jazz.

› SCHWEDISCHE RAHMENBAUER? Natürlich gibt es welche, aber nicht sehr viele über die exklusive Schar hinaus, die sich selbst ein Fahrrad in der Garage zusammenbastelt. Zwei Stück finde ich doch auf einer Fahrradmesse in Stockholm.

Patrick Tegnér und Mikael Przysuski haben einen kleinen Stand, der von Tegnérs sehr schönem Randonneur dominiert wird, bei dem jedes Detail ganz klar nicht nach gewöhnlichen Gesichtspunkten ausgewählt wurde. Nicht einmal der Sattel ist einer von Brooks, was normalerweise der Fall ist, wenn man auf Leder sitzen will.

»Nein, das ist ein Gilles Berthoud«, erklärt Patrick. »Französisch. Sie machen auch noch ein paar andere Sachen. Satteltaschen und so.«

Nach einer Weile kommt ein Kerl, der so gar nicht nach Radfahrer aussieht, zu Mikael und fragt ihn, ob er einen Rahmen aus einem alten Rohrsatz zusammenbauen kann, den er noch zu Hause auf dem Dachboden hat.

»Aber warum hast du einen Rohrsatz zu Hause auf dem Dachboden?«, fragt Mikael verdutzt.

»Das war der erste Preis bei einem Radrennen in England. Ich habe es gewonnen. In den Siebzigern. Ich kann mich erinnern, dass es die besten Rohre waren, die es damals gab. Reynolds irgendwas.«

»Na klar kann ich einen Rahmen aus deinen Rohren bauen«, sagt Mikael immer noch etwas verwirrt und gibt dem Kerl seine Visitenkarte, woraufhin der weiterzieht.

»Wirklich eine seltsame Gewinnprämie. Ein Rohrsatz«, sage ich.

»Aber er muss ja richtig gut gewesen sein, wenn er ein Rennen in England gewonnen hat.«

HARRY SNELL

war der Radrennfahrer, auf den der Begriff »Weltmeisterfahrrad« zurückgeht, den wir mit dem schwedischen Fahrradhersteller Crescent verbinden. 1948 gewann Snell den Lauf über 180 Kilometer bei der Amateurweltmeisterschaft in Valkenburg.

Es war ein unerwarteter Sieg im 97 Mann starken Starterfeld aus 27 Nationen. Ziemlich früh rissen sechs Mann aus, drei davon waren Schweden, Harry Snell, Olle Wänlund und Nils »Bagarn« (»der Bäcker«) Johansson. Gold ging an Snell. Wänlund schnappte sich Bronze, und »Bagarn« kam ex aequo als Zwölfter ins Ziel. Dass der schwedische Erfolg höchst unerwartet war, wird auch dadurch deutlich, dass die Ausrichter die schwedische Nationalhymne nicht dahatten, um sie abspielen zu können, weshalb einer der schwedischen Teamchefs sie ins Mikrofon des Platzsprechers singen musste. Es gab auch nur eine schwedische Flagge, weshalb der Fahnenmast für Bronze leer blieb. Harry Snells Goldmedaille war die zu diesem Zeitpunkt zweite für einen Schweden. Zuvor gewann Gunnar Sköld Gold bei der ersten Weltmeisterschaft, die 1921 in Kopenhagen veranstaltet wurde. Allerdings gelang es der Fahrradmarke Fram nicht in der gleichen Weise, Kapital aus Skölds WM-Gold zu schlagen, wie es Crescent mit Snells Goldmedaille schaffte. Crescent war übrigens zu Beginn eine amerikanische Fahrradmarke, die die Fahrradpioniere Eli Petterson und August Lindblad 1897 aus Chicago zu importieren begannen.

HAUTE ROUTE

nennt man eine Serie von Radevents bzw. Radrennen, deren gemeinsamer Nenner »mehrtägiges Fahren in bergigem Terrain« ist. Sie werden beworben als »geeignet für alle« - vom Rookie bis zum Experten -, aber als Neuling würde ich mich nicht für so ein Rennen anmelden, bevor ich mich nicht im Bergfahren geübt habe. Als Schwede kann man ein ganzes Leben lang mit dem Rad fahren, ohne je zu begreifen, was es mit sich bringt, einen langen, steilen Anstieg zu bewältigen und dass ein Berg nicht einfach nur ein längerer Hügel ist.

Diese Radtouren gibt es auf verschiedenen, wechselnden Routen: z.B. die Haute Route Dolomites Swiss Alps, die Haute Route Pyrénées oder die Haute Route Alps. Tragischerweise wurde die Serie auch über die Grenzen der Schar der Radrennfahrer hinaus bekannt, als 2012 der schwedische Journalist und Unternehmer Pontus Schultz bei einem Unfall auf einer Abfahrt in die Schlucht Gorges du Cian, direkt nördlich des Ziels in Nizza, ums Leben kam.

Die Hautes Routes werden, wie so vieles andere auch, von einem kommerziellen Unternehmen veranstaltet, in diesem Fall OC Sport. Es gibt mehrere Veranstalter ähnlicher Fahrradabenteuer, bei denen man selbst auf dem Rad fährt und das Gepäck im Begleitfahrzeug. Der übertrendige The Rapha Cycling Club in London etwa arrangiert kleinere, exklusivere Reisen, unter anderem eine Tour über die Pyrenäen, die im französischen Biarritz an der Atlantikküste beginnt und in Collioure am Mittelmeer endet. Thomson Bike Tours bietet eine Woche Radfahren durch Portugal an, eine Strecke von 840 Kilometern. Und Svenska Cykeltours beispielsweise fährt zwischen Mailand und Rom.

HELM

Ich habe erst spät damit angefangen, einen zu tragen. Erst nachdem mein Vater gestorben war. Seine letzten Worte lauteten: »Johan, sei vorsichtig!« Die Bemerkung überraschte und irritierte mich damals und tut es auch heute noch. Überrascht hat sie mich, weil ich ihn das nie vorher hatte sagen hören - nicht, als ich per Anhalter durch Europa fuhr, in das damals für Touristen gesperrte China reiste oder mir ein Motorrad kaufte. Die Irritation war wohl eher Ausdruck dessen, dass ich lieber einen Ratschlag erhalten hätte, um die wirklichen Werte im Leben zu erkennen: Kündige, reise um die Welt, bekomme zehn Kinder, mindestens.

Aber: Sei vorsichtig.

Also ging ich am Tag, nachdem Vater gestorben war, in ein Geschäft und kaufte einen Fahrradhelm. Es war mein erster. Ich war damals 42 Jahre alt. Ansonsten hatte ich vor, so unvorsichtig weiterzuleben, wie ich es bisher getan hatte.

Dass ich davor keinen Helm trug, war zum Teil eine Generationsfrage - ich gehöre dem letzten Jahrgang an, der beim Mofafahren ums Helmtragen »herumkam« -, zum Teil eine Frage der Einstellung. Radfahren ist mit Freiheit und Schönheit und umweltfreundlicher Fortbewegung verknüpft. Ein Helm war ein staatliches Gebot. Natürlich war es immer schon gefährlich, z. B. mit einem Auto zusammenzustoßen, aber dann war es das Auto, das zu schnell fuhr und langsamer werden musste. Radfahrer sollten sich nicht in Rüstung werfen müssen, um sich auf die Straße wagen zu können. Eine Helmpflicht würde den negativen Effekt mit sich bringen, dass weniger Menschen Rad fahren und mehr das Auto nehmen.

Diese Argumente fühlen sich heute ziemlich überholt an. Aber es reicht schon, sich einfach mal umzusehen, um festzustellen, dass nur wenige einen Fahrradhelm tragen. Jedenfalls unter Alltagsradlern.

Wenn ich mich mit Radfahrern und Fahrradexperten in Ländern wie Holland, Belgien oder England unterhalte, sind manche von ihnen beinahe gekränkt, wenn ich den Helm zur Sprache bringe. Sie sagen, das sei kein Thema. Und die Gründe klingen sehr vertraut: Würde man nur die Autos loswerden, bräuchte es keine Helme. Die Helmpflicht könnte die Menschen davon abbringen, mit dem Fahrrad zu fahren.

Ich lese eine britische Statistik über Radfahrer ohne Helm, die mit Autos zusammenstoßen. Wenn das Auto 30 km/h fährt, überleben 97 Prozent, bei 50 km/h stirbt die Hälfte, und bei 80 km/h sterben 99 Prozent. Das Interessante an der Untersuchung sind nicht die exakten Geschwindigkeiten, sondern dass es so schnell geht von im Prinzip ungefährlich zu vollständig lebensgefährlich. Diese Tatsache wird von Helmhassern verwendet, um zu zeigen, dass keine Gefahr besteht, wenn wir nur langsam genug und/oder auf Straßen ohne Autos radeln. Aber sie wird auch von den Helmbefürwortern verwendet, um zu sa-

gen, dass ein Zusammenstoß bei 50 km/h mit Helm auf dem Kopf so ist wie ein Zusammenstoß ohne Helm bei 30 km/h – man überlebt vermutlich. Außerdem meinen die Helmhasser, dass die meisten tödlichen Unfälle (in Schweden z.B. sterben zwischen zwanzig und dreißig Personen pro Jahr) mit abbiegenden Lastwagen und Bussen passieren, und da hilft dann kein Helm der Welt. Die Helmbefürworter behaupten ihrerseits, dass 80 Prozent aller Fahrradunfälle ohne Fremdbeteiligung verlaufen, oft verursacht durch schlecht instand gehaltene Radwege oder schlechte Radwegführung, was leicht zu Stürzen führt.

Nach elf Jahren Radfahren mit Helm denke ich nicht mehr an den verunstaltenden Effekt dieses Styroportopfs. Aber ich muss auch zugeben, dass ich ein Alter erreicht habe, in dem ich mir keinen Kopf mehr darüber mache, wie ich aussehe, wenn ich Rad fahre. Ich betrete auch schon mal Geschäfte mit Hosenklammern. Aber ich bin noch nicht so alt, dass ich den Helm aufbehalte, wenn ich einkaufen gehe.

Ich gehe durchs Fahrradmuseum im flämischen Roeselare und sehe mir Tandems an, auf denen man nebeneinander sitzt, frühe Dreiräder für Frauen, die gezwungen waren, in langen Röcken zu fahren, und Bahnräder von 1910, die aussehen wie Fixies von 2010. Dann lande ich in einer Abteilung, die zuerst aussieht wie eine gewöhnliche Hommage an erfolgreiche Sportler: ein paar Pokale, ein paar Sportgeräte, ein paar Zeitungsausschnitte von der Karriere. Dann begreife ich jedoch, dass das Fahrrad im Schaukasten einen Unfall hatte und dass das Bild in der Zeitung einen Mann zeigt, der auf dem Asphalt liegt und tot aussieht.

»Ist er tot?«, frage ich Thomas Ameye, der mich durchs Museum führt.

»Ja. Er hieß Jempi Monseré. Sie fuhren in der Gruppe. Er passte nicht auf, und als er ausscherte, um die anderen vorbeizulassen, fuhr er direkt in ein stehendes Auto. Er war auf der Stelle tot.«

Ich sehe mir wieder den Zeitungsausschnitt an. Das Auto ist im Hintergrund zu sehen. Die Windschutzscheibe ist eingedrückt und gesplittert, sie sieht aus wie nach einem Elchunfall. Über einen Fernseher nebenan flimmern Bilder von der Fahrrad-WM in Leicester 1970. Ein sehr junger Jean-Pierre »Jempi« Monseré gewinnt Gold. Monseré wird eine strahlende Zukunft prophezeit. Ein Jahr später ist er tot. Seine Karriere nimmt beim Zusammentreffen mit einem Mercedes bei circa 50 km/h ein jähes Ende.

Es sollte noch 20 Jahre dauern, bevor der Welt-Radsport-Verband (UCI) die Helmfrage in Angriff nahm und 1991, beim Rennen Paris-Nizza, von den Radrennfahrern verlangte, einen Kopfschutz zu tragen. Das Ergebnis? Die Radrennfahrer streikten, und die UCI musste einen Rückzieher machen. Obligatorisch wurde der Helm im Rennsport erst 2003, einige Wochen nachdem der kasachische Spitzenfahrer Andrei Kiwiljow nach einem Unfall verstorben war. Zu Beginn gab es jedoch noch eine ganze Menge Ausnahmen. Beispielsweise brauchte man auf den letzten fünf Kilometern einer Bergetappe keinen Helm zu tragen.

»Aber ist das nicht ein bisschen makaber, hier den Unfall und den Tod eines Menschen auszustellen?«, wundere ich mich.

»Doch, ein bisschen. Aber wir hatten eine Diskussion mit der Familie, sie wohnen ja hier in der Stadt. Sie wollten es so haben.« Dann macht Thomas Ameye eine kleine Kunstpause. Er zögert, ob er mehr erzählen oder hier einen Punkt machen soll. Dann entscheidet er sich dafür fortzufahren. »Einige Jahre später fuhr Jempis kleiner Sohn auf die Straße und wurde von einem Auto angefahren. Er starb ebenfalls. Man sagt, er hatte eine Kopie des Weltmeistertrikots seines Vaters an, aber ich weiß nicht, ob das stimmt. Das klingt beinahe nach einer Legende.« Ich frage nicht nach, ob der Sohn einen Helm aufhatte.

HINTERN

Das durchs Fahrradfahren strapazierte Gesäß wird geschont, indem man es mit Ringelblumensalbe einschmiert, meinen manche. Man ist der Ansicht, dieser »Po-Schutz« verhindere ein Wundreiben auf langen Radtouren. Eine einfache Ringelblumensalbe kann aus Bienenwachs, Olivenöl und Ringelblumentinktur bestehen (Ringelblumen, die in Alkohol gezogen haben). Andere wählen Vaseline, Helosan oder Chamois Creme von Assos oder Rapha (*chamois* ist übrigens französisch für »Gämsleder«, die behandelte weiche Tierhaut, mit der man früher seine Radhosen auspolsterte).

Vor allen Dingen können Salben nötig sein, wenn es sich um eine lange, verschwitzte Fahrt handelt oder eine regnerisch-feuchte, weil die Nässe die Reibung zwischen Haut und Hose erhöht. Andere Rad-

fahrer, die sich wohl eine dickere Haut zugelegt haben, meinen jedoch, dass Salben unnötig sind und man nur einen guten Sattel braucht, auf dem man ausreichend viele Kilometer gesessen hat, dann wird man solche Probleme nicht mehr haben.

Es gibt auch einen mechanischen Po-Schutz, der den Hintern vor aufspritzender Nässe vom Hinterrad bewahren soll - ein kleines, ausfaltbares Schutzblech, das den bezeichnenden Namen *Ass Saver* trägt. Zusammengefaltet findet es unter dem Sattel Platz.

HIPSTERFABRIK

Die Fahrradfabrik Shinola liegt in Detroit. Ich biege vom Lincoln Highway ab nach Norden in Richtung dieser Stadt, die mehr als jede andere mit der Automobilindustrie und deren Niedergang assoziiert wird. Ich habe im Fernsehen eine Doku gesehen: *Fahrradkultur in Detroit.* Unmittelbar nach dem Jahrtausendwechsel begannen die Probleme für Detroit. Im Jahr 2010 hatte die Stadt 25 Prozent ihrer Bevölkerung verloren, und am 18. Juli 2013 reichte sie Konkurs ein. Die eigentliche Aussage der Doku ist, dass man die Stadt neu aufbauen könnte und zwar mit dem Fahrrad als Leitstern. Wenn schon nicht aus anderen Gründen, dann aus der Notwendigkeit heraus. Menschen ohne Arbeit haben kein Geld für Autos, und eine Stadt mit einer Wirtschaft im freien Fall hat kein Geld für den öffentlichen Verkehr. Dann bleibt nur das Fahrrad übrig. Es wurden verschiedene Leute interviewt: einige, die Lastenräder herstellen, einige, die eine sogenannte Bikekitchen betreiben, wo Kinder gratis ein Fahrrad zusammenschrauben können, und auch einige, die jeden Montag eine Fahrradkundgebung veranstalten, einen *Slow Roll*, wo Tausende Radfahrer sich versammeln, um den öffentlichen Raum in Anspruch zu nehmen und langsam durch die Stadt zu radeln.

Ungefähr 80 Kilometer vor Detroit verändert sich der Fahrbahnzustand, und den Rest der Reise holpere ich mit meinem Mietwagen geradezu über die Straßen. Man merkt, dass kein Geld mehr da ist, schon bevor ich den ersten verlassenen Wolkenkratzer sehe, das erste Einfamilienhaus mit vernagelten Fenstern, das erste Industriegebäude, in dem nichts mehr produziert wird, und das erste leere Grundstück. Man sollte sich davor hüten, Vergleiche mit einem Krieg anzustellen, aber Detroit macht den Eindruck, als wäre es bombardiert worden mit all diesen verlassenen Vierteln, die sich quer durch die Stadt ziehen.

Ich bleibe vor Shinola stehen, betrachte das Gebäude und denke unmittelbar, dass dies eine Hipsterfabrik ist. Hier werden Uhren, Lederaccessoires, Haustierzubehör und selbstverständlich Fahrräder hergestellt. Wie in einem Gourmetrestaurant, wo man den eleganten Tanz der Köche vor den Speisen durch eine Glasscheibe beobachten kann, kann man hier tätowierte, bärtige junge Männer ein Runwell oder ein Bixby zusammenschrauben sehen.

Dass ich Shinola als Hipsterfabrik bezeichne, beruht darauf, dass sie so großes Gewicht auf die Geschichte hinter den Produkten legen, was nicht zuletzt dann deutlich wird, als ich versuche, ein Treffen mit einem Verantwortlichen zustande zu bringen. Alle sind freundlich, betonen aber, dass es *unerhört* wichtig ist, dass ich mit der richtigen Person spreche. Das teilt ihr Kommunikationsbüro in Kalifornien mit und ihr Marketingstratege und ihr Kommunikations-was-auch-immer, und ich möchte am Ende einfach nur noch schreien: »Ihr stellt Fahrräder her, ihr seid damit nicht die Ersten auf der Welt!« Aber ich besinne mich eines Besseren.

Die letzte E-Mail-Konversation lautet: »Aber es wird niemanden geben, der dir die Montage zeigen kann.«

»Das macht nichts. Ich nehme meinen eigenen Schraubenzieher mit und versuche mein Glück.«

Ein Kommentar, den der Senior Accountant Manager irgendwie cool fand.

Es ist Samstagvormittag, als ich Shinola betrete. Es sind ungeheuer schöne Geschäftsräume: geschrubbte Ziegelfassaden an einem Gebäude, das früher mal irgendeine kleine Fabrik gewesen ist, große Fenster mit gusseisernen Rahmen, alle Produkte sind auf Tischen ausgestellt, vermischt mit imageträchtigen Lifestyle-Magazinen, von denen eines *Lula* heißt und die schwedische Sängerin Lykke Li auf dem Cover hat.

Ich schnappe mir einen Verkäufer und bitte ihn zu erzählen. Ich sehe, wie er zögert, darauf dressiert, die Presse nach Kalifornien weiterzuschicken, aber dann erzählt er doch.

Er sagt, dass Shinola anfänglich eine Marke für Schuhcreme war, wohlbekannt, traditionsreich. »Das mit Detroit zu koppeln gab ihr Gewicht. Shinola Detroit atmet amerikanische Qualität.«

Ich nicke zu den Dosen mit Schuhcreme, die Mark mir zeigt, während er erklärt, dass es etwas mit den Markenrechten zu tun hat, dass sie diese immer noch verkaufen.

»Uhren, zuerst stellten wir Armbanduhren her«, fährt Mark fort und deutet auf einige elegante Uhren.

Und es ist klar, dass sie es genau nehmen damit, welche Geschichten erzählt werden, schließlich sind sie es, die ihre Produkte verkaufen. Rein leistungsmäßig kann man sicher genauso gute, aber viel billigere Uhren aus Asien finden. Aber das hier ist Shinola Detroit, und die Preisschilder liegen bei 550 Dollar aufwärts.

Das Gleiche gilt für die Fahrräder. Mark holt ein Runwell mit einem leuchtend roten Stahlrahmen und Gepäckträger.

»Das Vorbild ist ein französischer Porteur«, sagt Mark, »mit dem man in Paris Zeitungen austrug.«

Eine weitere Schicht in der Erzählung: französischer Fahrradbote.

»Die Sattel stellen wir selbst her, aber nicht die Rahmen, die werden von Schwinn gemacht, hier in den USA. Schau, wie fein er gelötet ist.«

Und das ist er. Das ist ein sehr schönes Fahrrad. Und ich verstehe Marks Betonung auf »hier in den USA«, denn das ist längst nicht mehr selbstverständlich. Das traditionsreiche Unternehmen Schwinn aus Chicago begann bereits 1895, Fahrräder herzustellen, und 100 Jahre später waren sie Marktführer in den USA, um dann allerdings sowohl den Trend mit BMX-Rädern als auch mit leichteren Rennrädern und Mountainbikes zu verpassen. 2001 ging Schwinn in Konkurs, wurde verkauft, und einige Jahre später wurden alle Räder der Marke Schwinn in China hergestellt.

»Alle, in jedem Fall 98 Prozent der Fahrräder, die in den USA verkauft werden, sind in China hergestellt«, sagt Mark und seufzt düster. »Jetzt sind wir auf dem Weg zurück. Schwinn auch.«

»Hast du selbst ein Shinola?«

»Nein, o Gott, das kann ich mir nicht leisten«, antwortet Mark und errötet leicht.

»Aber«, sage ich, um das Thema zu wechseln, »ist es nicht merkwürdig, dass ihr das Shinola mit japanischen Shimano-Schaltungen ausstattet, wenn ihr amerikanische SRAM aus Chicago habt? Wäre das nicht besser für eure Marke gewesen? Das durch und durch amerikanische Fahrrad?«

»Doch ...«, antwortet Mark zögerlich, »... ich weiß tatsächlich nicht, warum man Shimano gewählt hat.«

Ich setze mich in den Mietwagen und fahre auf der Jagd nach dem neuen Fahrradboom in Detroit herum. Es wird ziemlich viel Rad gefahren, zugegeben, aber es mit irgendeiner Art von Gesellschaftstransformation zu vergleichen wäre falsch.

Detroit ist immer noch eine sehr verstreute Stadt, angelegt, um mit dem Auto zu fahren, und es ist auch nicht so, dass es überhaupt keine Autoindustrie mehr gäbe. Immer noch sind hier über 10 000 Personen damit beschäftigt, Chevrolets, Chrysler und andere schwere amerikanische Automodelle zusammenzuschrauben. Und eine Menge verlassener Grundstücke macht die Stadt nicht gerade dichter. Alles ist weit weg, und nur weil die Menschen kein Geld für Autos haben, sollte man das nicht als Zeichen dafür nehmen, dass sie unbedingt Rad fahren wollen. Obwohl man nie weiß. Aus Konkurs und Abwanderung kann immer auch etwas Gutes entstehen. Die Radfahrer müssen ihre Hoffnung auf das Motto der Stadt setzen: *Speramus meliora. Resurget cineribus.* Was wohl bedeutet: »Wir hoffen auf Besseres. Aus der Asche wird sie auferstehen.«

HOBBYSCHRAUBER

hatten lange Zeit etwas ansatzweise Lächerliches an sich. Ein Terminus, der männliche Pfuscher beschreibt, fast immer sind es Männer, die sich an Dingen versuchen, die sie besser den Profis überlassen sollten. Lange Zeit war die Fahrradwelt auch so. Wir Selbermacher wurden ein wenig verhöhnt, wenn wir ins Fahrradgeschäft kamen, um ein Ersatzteil zu kaufen oder um Rat zu fragen.

»Tja, du, das ist ein *italienisches* Gewinde, das solltest du schon wissen.«

Inzwischen schwingt das Pendel bis zu einem gewissen Grad in die andere Richtung aus. Die Branche will uns mit einbeziehen oder jedenfalls Geld an uns verdienen, denn fast jedes Fahrradgeschäft arrangiert inzwischen Mechanikerkurse. Ich habe selbst so einen Kurs besucht. Am ersten Abend schraubten wir die Drahtesel auseinander. Am zweiten Abend versuchten wir, uns daran zu erinnern, wo alle Teile gesessen hatten (wir wurden gerade fertig, bevor die Uhr abgelaufen und der Kurs zu Ende war).

An seinem Fahrrad herumbasteln zu können ist aus mehreren Gründen befriedigend. Teils ist ein Fahrrad eines der wenigen Dinge in unserem Zuhause, das wir noch vollständig begreifen können, weshalb wir uns daran wagen, es zu reparieren. Teils ist es eine umweltfreundliche Tat. Man erlernt, die Lebensdauer einer Sache zu verlängern, und kann so dem üblichen Wegwerfkonsum etwas entgegenhalten.

Diejenigen, die jetzt gegen den Nutzen eines solchen Kurses Einwände erheben, da man all dieses Wissen inzwischen ja auf YouTube finden kann, haben zweifellos nicht ganz unrecht. Und doch kann ein Videoclip, wie lehrreich er auch sein mag, nicht mit einem erfahrenen Mechaniker mithalten, der uns zeigt, wie man Speichen und Lager befühlt, Kettenblatt und Kette lauscht und obendrein Tipps gibt wie: »Um den Bowdenzug leichter in die Hülse einzufädeln, weitest du die Öffnung am besten mit einer alten Fahrradspeiche.«

HORIZONTALES PARKEN

ist eine scherzhafte Bezeichnung dafür, wenn einer bei langsamer Fahrt oder im Stillstand mitsamt seinem Rad umfällt. Am häufigsten wird horizontales Parken dadurch verursacht, dass es dem Radfahrer nicht gelungen ist, seine Radschuhe aus den Pedalen auszuklinken. Ein Synonym zum horizontalen Parken ist SPD-Überschlag, nach dem am weitestverbreiteten System für Klickpedale: Shimano Pedaling Dynamics.

HORS CATÉGORIE

ist eine französische Bezeichnung für die Berge, die besonders schwer mit dem Fahrrad zu erklimmen sind. Der Ausdruck bedeutet wörtlich »außerhalb der Kategorie« und bezieht sich darauf, dass die gewöhnliche Klassifizierung von 1–4, wobei die Eins als am schwierigsten gilt, nicht ausreicht.

Anfangs wurde *hors catégorie* als Definition für Gebirgspässe verwendet, die so steil waren, dass man sie nicht mit dem Auto hinauffahren konnte.

HÖVDING

ist eine Art Airbag für Radfahrer. Es war das Designerduo Anna Haupt und Terese Alstin, das vor ungefähr zehn Jahren einen steifen Kragen entwickelte, aus dem sich bei Zusammenstößen oder Stürzen ein aufblasbarer Helm entfaltet.

Es heißt, er schütze besser als ein normaler Helm, er wird aber meist von denen gekauft, die mit dem Wind der Freiheit im Haar Rad fahren und ohne Helmfrisur ankommen wollen.

DER HUNDERTZWEIJÄHRIGE,

der von seinem Rad stieg, nachdem er einen Rekord aufgestellt hatte, heißt Robert Marchand. Der Rekord, den dieser Franzose brach, war sein eigener, den er zwei Jahre zuvor in der Altersklasse 100 plus aufgestellt hatte. Der neue steht bei 26 927 auf dem Fahrrad zurückgelegten Metern in einer Stunde.

Monsieur Marchand begann mit dem Radsport bereits als Vierzehnjähriger, allerdings unter falschem Namen, weil er damals noch zu jung war.

»Mein Rat an alle«, sagte er zur Presse im Velodrom in Saint-Quentin-en-Yvelines, »jung wie alt, ist, in Bewegung zu bleiben. Ich treibe jeden Tag Sport. Manche Leute beginnen, Karten zu spielen, wenn sie 80 werden, was sie steif werden lässt. Ich nicht. Ich konnte noch nie still sitzen …«

Ich selbst habe mir vor 25 Jahren eines gekauft, nachdem mein altes Fahrrad gestohlen wurde.

Damals, zu Beginn der 90er-Jahre, war das Hybridkonzept ein relativ neues Phänomen, was Fahrräder angeht. Es wurde als Mischung aus Rennrad und Mountainbike beschrieben, hatte beinahe die schmalen Reifen des Rennrads, aber den robusteren Rahmen des Mountainbikes und einen geraden Lenker. Diese Hybridräder gab es außerdem mit der Ausstattung eines gewöhnlichen Citybikes, mit Schutzblechen, Gepäckträger, Beleuchtung und Walzendynamo.

In Fahrradkreisen sagt man scherzhaft, dass die Anzahl von Fahrrädern, die ein Radfahrer braucht, nach der Formel n+1 berechnet wird, wobei n die Anzahl von Fahrrädern ist, die der Radfahrer bereits besitzt. Manchmal steht dieses n aber auch für die Anzahl an Fahrrädern, die dein Partner akzeptiert. Wie auch immer, es gibt immer Bedarf für »noch eins«. Aber es gibt auch den Wunsch, dieses eine pfiffige Fahrrad zu finden, das man zu mehr als einer Sache verwenden kann. Ein Sowohl-als-auch-Fahrrad. Im Lauf der Jahre erhielt diese Form verschiedene Namen. Einige Varianten wurden City Racer oder Fitnessbike genannt. Obwohl diese in der Regel weniger gut ausgestattet waren als mein Hybrid.

Später ist es sogar üblich geworden, Fahrräder für Cyclocross als eine Art Hybrid zu verkaufen, die sogenannten Crossbikes. Man kann schnelle Räder aufziehen, um die Vätternrundfahrt zu fahren, man kann breitere Reifen aufziehen, um zu pendeln, man hat Platz für Spikereifen für das Fahren im Winter, und manchmal gibt es Befestigungsmöglichkeiten für Schutzbleche und Gepäckträger. Letzteres muss die Hersteller dort unten in Europa verwirren, die bei Cyclocross an ein reines Wettbewerbsgerät denken. Gepäckträger?

In letzter Zeit ist ein neuer Begriff im Hybriddschungel aufgetaucht: *Gravel*. Also das englische Wort für Schotter. Diese Räder entstanden zuerst im amerikanischen Mittleren Westen, Iowa, Kansas und Illinois, wo man ziemlich lange Amateurrennen auf wechselndem Untergrund fuhr. Im Großen und Ganzen sieht ein Gravelbike aus wie ein Cyclocross, aber es hat, betont ein Verkäufer, weil man es mit bloßem Auge nicht sieht, eine andere Geometrie. Die Idee dahinter ist, dass ein Cylocross nicht so gut als Hybrid funktioniert, weil es für kurze, schnelle, knifflige Strecken gebaut ist und deshalb ein reaktionsschnelles – leicht nervöses – Fahrrad sein soll. Ein Gravelbike hingegen ist für längere Touren gebaut, hat eine etwas aufrechtere Sitzposition und nähert sich unterm Strich der älteren, seit längerer Zeit bewährten Form des Randonneurs.

I

INNENBEINLÄNGE

nennt man, wie das Wort schon sagt, die Länge des Beins an der Innenseite. Kennt man sie, ist es einfacher, die richtige Größe zu wählen, wenn man ein neues Fahrrad kaufen will. Fahrräder bemessen sich nach der Rahmengröße, die sich aus dem Maß zwischen Tretlagermitte und Oberkante des Sattelrohrs ergibt. Warum man sich dafür entschieden hat, dass ausgerechnet dieses Maß richtungsweisend sein soll, weiß ich faktisch nicht. Aber es ist, wie es ist.

Die Innenbeinlänge erhält man, indem man sich in Socken an eine Wand stellt und sich eine Wasserwaage in den Schritt presst. Ziemlich fest, als würde man auf einem Sattel sitzen. Hat man keine Wasserwaage, funktioniert es auch mit einem Buch oder Lineal, aber die sind schwerer waagerecht zu halten. Dann macht man einen Strich an die Wand und misst.

Das Innenbeinmaß ist als Fingerzeig anzusehen. Es kann durchaus nötig sein, eine Rahmengröße kleiner zu wählen, wenn man einen kurzen Oberkörper hat, oder eine größer, wenn man lange Arme hat. Außerdem haben alle Fahrradhersteller verschiedene Geometrien, weshalb manche Fabrikate einem besser passen können als andere. Zudem wird die Fahrradwahl natürlich auch davon gesteuert, ob man aufrechter zu sitzen wünscht oder ob man vorgebeugter und damit aggressiver Rad fahren möchte.

INZUCHT

Die verschwand aus dem ländlichen Raum, als das Fahrrad zum Gemeingut wurde. Zumindest behaupten das manche. Statt sich mit dem zufriedenzugeben, was am Dorfplatz und auf dem Dachboden geboten war, konnten junge Frauen und Männer mit dem Fahrrad »meilenweit« zur nächsten Stadt, einem Strand oder einem Tanzboden fahren, um sich auch dort auf Partnersuche zu begeben.

ITERA

war ein futuristisches, schwedisches Fahrrad, das 1982 auf den Markt gebracht wurde. Der Gedanke war gut, nämlich das erste Fahrrad der Welt aus Kunststoff zu bauen mit der besten Ausstattung, die es auf dem Markt gab. Voilà - die Vision des Ewigkeitsfahrrads war Tatsache geworden. Beinahe jedenfalls.

Als das Fahrrad gebaut werden sollte, ging das ganze Projekt baden. Mithilfe staatlicher Standortsubventionen landete die Produktion bei einer Kunststofffabrik in Vilhelmina in Lappland, das nicht unbedingt bekannt ist für seine Fahrradtradition. Die Fahrräder, die nach und nach aus der Fabrik rollten, waren viel zu schwer, viel zu teuer und unhandlich zu fahren mit einer nachhaltigen Tendenz zum Eiern. Außerdem fanden die meisten sie potthässlich. Da half auch kein neumodisches Zeug wie die aus einem Stück gegossenen Kunststoffrahmen, ein Campagnolo-Schaltwerk als Option und die Farbe »Preiselbeere in Milch«. Der Verkauf floppte.

Nicht zuletzt wurde das Projekt verhöhnt wegen seines Glaubens an das neue Kunststoffmaterial und wegen des großspurigen Slogans: »Jetzt pedalieren wir aus der Eisenzeit!« Jeder Mensch musste doch begreifen, dass man kein Fahrrad aus Plastik bauen kann? Plastik ist höchstens ein Material für Spielsachen. Eimer und Schaufeln ... Woraufhin Greg LeMond vier Jahre später die Tour de France auf einem Fahrrad gewann, dessen Rahmen aus dem Kunststoffmaterial Kohlefaser bestand. Hätten die Leute, die hinter Itera standen, nicht nur richtig gedacht, sondern auch richtig gehandelt, gäbe es heute vielleicht eine weltweit führende Fahrradfabrik in Vilhelmina und nicht nur eine schmerzhafte Erinnerung an ein miserables Produkt.

J

JAGD & FAHRRAD

war früher eine nicht gänzlich ungewöhnliche Kombination in Geschäften. Ein Fahrrad warten und gleichzeitig die richtige Sorte Schrotpatronen anbieten zu können schien damals genauso selbstverständlich, wie es heutzutage üblich ist, dass ein Fahrradmechaniker einen Espresso macchiato aus fair gehandelten Kaffeebohnen serviert.

JOUR SANS,

französische Bezeichnung für einen Tag, an dem einem Radrennfahrer jegliche Kraft und Energie fehlen. Wörtlich »ein Tag ohne«. Auf Italienisch sagt man stattdessen für gewöhnlich *giornata no* – »nicht mein Tag«.

JÖNKÖPING

Erst hier beginnt die Vätternrundfahrt ernsthaft. Glauben Sie nichts anderes.

K

KADENZ

ist ein schönes Wort. Fast ein wenig onomatopoetisch, lautmalerisch. Man kann richtig hören, wie man voranbraust: Ka-denz, Ka-denz, Kadenz. Sie zählt die Pedalumdrehungen, die Ka-denz. Das rein Musikalische in dem Wort kommt auch daher, dass man den Begriff aus der Musik entlehnt hat. Es gibt mehrere Arten von Kadenzen, wie den authentischen Schluss, den Halbschluss und den Trugschluss. Allen gemeinsam ist, dass sie den Schluss einer Phrase, eines Abschnitts oder eines ganzen Musikstücks bezeichnen. Den letzten Schlag auf dem Becken oder der Trommel. Das Wort Kadenz wird auch im Reitsport und in der Poesie verwendet. Wie auch immer. Man könnte genauso gut das Wort Takt verwenden, oder auch: Trittfrequenz.

Für gewöhnlich haben ordentlich trainierte Radfahrer eine Kadenz von 80 bis 90 Umdrehungen pro Minute, während Profis vielleicht bei 110 liegen. All das ist selbstverständlich höchst individuell. Der Witz daran, seine Kadenz zu messen, ist, dass es ein gutes Hilfsmittel fürs Training ist. Wenn man seine Geschwindigkeit beibehält, aber in einen höheren Gang schaltet, die Kadenz auf vielleicht 60 senkt, strengt man die großen Muskeln stärker an. Schaltet man hingegen runter, sodass die Kadenz bei rund 100 liegt, müssen Herz und Lunge mehr arbeiten. Wer im Training bisweilen mit sowohl geringerer als auch höherer Frequenz außerhalb des Wohlfühlbereichs fährt, wird auf lange Sicht ein besserer Radfahrer. Ein Trittfrequenzsensor kann also auf verschiedene Weisen verwendet werden - als Anreiz, als Peitsche oder als Hilfsmittel fürs Intervalltraining.

Das geht auch mit Musik, um zur Ursprungsbedeutung des Wortes zurückzukehren. Fährt man mit Musik auf den Ohren, kann man sich Playlisten mit unterschiedlicher Kadenz laden. Um eine Kadenz von 90 zu halten, ist ein Song mit 180 bpm (beats per minute), also 180 Taktschlägen pro Minute, zu bevorzugen, weil man ja mit beiden Beinen in die Pedale tritt. Drei Songvorschläge: »Objection« von Shakira, »Ring of Fire« von Social Distortion und »Hound Dog« von Elvis Presley. Es ist natürlich auch möglich, den Takt mit einem Bein zu halten und weniger stressige Songs zu wählen, die bei 90 bpm liegen.

Aber woher weiß man, welche Kadenz ein Song hat? Es gibt – selbstverständlich – Apps dafür. Beispielsweise MixMeister oder Cadence, die ganz einfach die Bibliothek im Smartphone nach dem Tempo der Songs sortieren. Dann braucht man nur die gewünschte Kadenz einzustellen und mit der von der App zusammengestellten Musik losfahren. Unterwegs kann man dann auf Plus oder Minus drücken, woraufhin sich der Takt verändert. Will man seine Bibliothek lieber manuell sortieren, kann man das Programm www.all8.com zu Hilfe nehmen. Auch Spotify hat eine Zusammenarbeit mit Nike gestartet, hinter der die Idee steht, dass die Playlist, die man bei seinen Aktivitäten verwendet, automatisch dem eigenen Tempo folgt. Wem das alles zu technisch ist, kann natürlich genauso gut die richtigen Songs mit einer Stoppuhr und einem Stift finden.

KATZENAUGE

nennt man die kleinen roten Reflektoren, die zum ersten Mal Mitte der 20er-Jahre an den hinteren Schutzblechen schwedischer Fahrräder auftauchten. Es dauerte ein paar Jahre, genauer gesagt bis zum 20. Juni 1930, bevor man zum ersten Mal in der schwedischen Straßenverkehrsordnung lesen konnte, dass Fahrräder, die auf der Straße bewegt werden, mit einem roten Reflektor an der Rückseite ausgerüstet sein sollen.

Das Prinzip eines Reflektors ist, dass winzige Glasperlen oder Prismen das Licht in die Richtung zurückwerfen, aus der es gekommen ist. Das Wort Reflektor stammt vom lateinischen *reflectere* ab, »zurückbiegen«. Der Spitzname »Katzenauge« für diese kleinen Fahrradreflektoren ist mittlerweile ein vom Aussterben bedrohtes Wort. So auch in anderen Sprachen, beispielsweise *Kattöga, cat's eye, kattenoog, olho de gato*.

KLASSIKER

Das sind sieben Eintagesrennen, die es zu besonderem Prestige gebracht haben. Der Sieg in einem von ihnen macht einen unsterblich. Die Rennen sind: Mailand-Sanremo, die Flandern-Rundfahrt, Gent-Wevelgem, Paris-Roubaix, La Flèche Wallone, Lüttich-Bastogne-Lüttich und die Lombardei-Rundfahrt. Letztgenannte wird als eines der letzten Rennen in der Saison ausgetragen, daher der Spitzname *la classica delle foglie morte*, im Deutschen »das Rennen der fallenden Blätter« genannt.

Manche meinen, dass auch andere Rennen auf diese Klassikerliste gehören. Das ist deren Meinung.

KOHLEFASER

brachte uns Radfahrer dazu, Kunststoff, wenn schon nicht zu lieben, so doch als hochqualitatives Fahrradmaterial zu akzeptieren. Es war Mitte der 80er-Jahre, als reine Carbonrahmen (oder ganz exakt: Rahmen aus kohlenstofffaserverstärktem Kunststoff) wirklich den Durchbruch schafften – früher hatte man mit der Kombination aus Kohlefaserrohren und Metallmuffen experimentiert. Hersteller wie Trek und Kestrel waren Pioniere, aber auch Look, die ein paar Prototypen bei der Tour de France 1986 ins Rennen schickten. Dem Amerikaner Greg LeMond gelang es, das Rennen mit einem Carbonrahmen von Look zu gewinnen. Ironischerweise auf einem Fahrrad mit dem Modellnamen »Bernard Hinault« – derselbe Hinault, der als Zweiter ins Ziel kam. Kohlefaser erlebte damit ihren definitiven Durchbruch. Auch wenn es noch weitere acht Jahre dauern sollte, bis der letzte Metallrahmen die Tour gewann.

Seit Greg LeMonds Sieg vor über 30 Jahren ist Kohlefaser nicht nur billiger geworden und damit in Reichweite für den Amateurgeldbeutel gerückt, sondern es hat sich auch gezeigt, dass man sie in immer mehr Fahrradteilen und -accessoires zur Anwendung bringen kann: Lenker, Sattelstützen, Bremshebel, Sättel, Felgen, Schuhe und vieles mehr. Während andere Rahmenmaterialien wie Stahl, Aluminium und Titan im Großen und Ganzen fertig entwickelt zu sein scheinen, befindet sich Kohlefaser immer noch in einer starken Entwicklungsphase. Wir wissen noch nicht, wie leicht, steif, stoßresistent und vibrationsdämpfend dieses Material werden kann. Wir wissen auch noch nicht, wann dieses Produkt umweltfreundlich sein und aus Rohstoffen aus schwedischen Wäldern statt aus Erdöl hergestellt werden wird, aber wir wissen, dass daran gearbeitet wird.

Dass das Material sich keiner einfachen Beliebtheit erfreut, liegt zu einem gewissen Grad daran, dass kohlenstofffaserverstärkter Kunststoff auf eine uncharmante Art und Weise altert, und wenn er zerbricht, kann man ihn nicht mit dem Werkzeug reparieren, das man in einer herkömmlichen Schraubergarage hat. Außerdem werden die meisten Produkte aus Kohlefaser in anonymen Fabriken in Asien gemacht und nicht in traditionsreichen europäischen Werkstätten, wo das Wissen über Fahrräder von Generation zu Generation weitergegeben wird, seit das Rad erfunden wurde, was die Auffassung verstärkt, dass Kohlefaser, all ihren Verdiensten zum Trotz, ein wenig suspekt ist.

Ich will mich hier nicht auf komplizierte chemische Erklärungen einlassen, aber einfach gesagt ist Kohlefaser das Resultat davon, dass sich Kohlenstoffatome in langen kristallisierten Fäden parallel anordnen. Der Prozess ist schon alt. Bereits Edison experimentierte damit, Baumwollfäden oder Bambusfasern zu verkohlen (bzw. zu carbonisieren), um einen Glühfaden für seine Glühlampe zu erzeugen. Es war aber erst gegen Ende der 50er-Jahre, dass Kohlefaser zu dem Material wurde, das wir heute kennen.

Die Fäden, die aus der Maschine kommen, sind ungeheuer dünn, für gewöhnlich zwischen fünf und zehn Mikrometern, ein einzelnes Haar ist zum Vergleich 90 Mikrometer dick. Soweit ich verstanden habe, ist es nicht besonders anspruchsvoll, Kohlefaser herzustellen. Komplizierter und für die Qualität des Produkts entscheidend ist, wie die Faser zu dickeren Fäden versponnen wird, wie diese zu Matten gewoben werden, wie diese Matten zu mehreren Lagen aufeinandergelegt werden und welches Bindemittel, für gewöhnlich ein Epoxidharz, verwendet wird.

Epoxidharze sind ein chemischer Sammelbegriff für eine große Anzahl von Produkten, die in Elastizität, Festigkeit und Temperaturempfindlichkeit sehr unterschiedlich sind. Außerdem sind Epoxidharze gesundheitsgefährdend und umweltschädlich.

Um ein bisschen mehr über Kohlefaser zu erfahren, reise ich - nein, nicht nach Taiwan oder Japan, sondern - nach Borås, 50 km östlich von Göteborg, und klopfe beim Unternehmen Oxeon an, das hinter dem Carbongewebe TeXtreme steht. In der Lobby sind ein paar Surfbretter, Hockey- und Golfschläger ausgestellt, um zu zeigen, wofür ihr Kohlefasergewebe verwendet wird.

»Das Neueste ist ein Tischtennisschläger für Stiga«, sagt Andreas Martsman, nachdem er mich begrüßt und mir den Weg zum Konferenzraum gezeigt hat.

Ich bin etwas überrascht angesichts der ganzen bekannten Marken, für die TeXtreme bereits verwendet wird. Nicht zuletzt deshalb, weil ich bis vor einer Woche noch nie von diesem Unternehmen aus Borås gehört hatte.

»Mir ist ja klar, dass es einfacher wird, wenn man erst einmal eine bekannte Marke am Haken hat. Aber womit habt ihr angefangen?«

»Mit Formel-1-Autos«, antwortet Andreas.

»Aber ihr könnt ja nicht einfach bei Ferrari anrufen und sagen: ›Hallo, wir sind ein Carbonproduzent aus Schweden und möchten Ihre Karosserie bauen …‹«

»Doch, genau das haben wir getan«, sagt Andreas und lässt es so klingen, als wäre daran rein gar nichts merkwürdig. »Siehst du?«, sagt er und zeigt mir ein Bild, wobei er auf eine Stelle an der Karosserie hinter dem Kopf des Fahrers deutet. »Du siehst das große Karomuster? Das ist unsere Signatur.«

»Aber in wie vielen Formel-1-Autos ist TeXtreme im Einsatz?«, wundere ich mich, immer noch ein wenig verblüfft über die Verbindung von Borås und der Rennsportwelt.

Andreas leiert die Formel-1-Ställe herunter, unterbricht sich dann aber selbst. »Ach was, es sind alle außer Lotus und Williams. Aber das ist nicht so merkwürdig, wie es vielleicht klingt. Wenn einem Formel-1-Stall ein Produkt am Freitag gefällt, kann die Produktion am Samstag beginnen.«

So ist das selbstverständlich, wenn es sich um handgefertigte Produkte handelt, die nicht für den Massenmarkt bestimmt sind.

»Wir haben einfach gesagt, wie es ist. Unser Produkt ist leichter, mindestens um 20 Prozent, manchmal auch 50, und stoßresistenter. TeXtreme kann außerdem, wenn es sich um große Auftragsvolumen handelt, viel billiger sein.«

Worum sich Ferraris Formel-1-Stall nicht schert, denke ich.

»Zudem sieht es besser aus. Und damit meine ich nicht unser Muster, sondern dass es einfacher ist, mit unserer Technik ein schönes Oberflächenfinish hinzubekommen. Traditionelles Carbongewebe wird schnell mal ein wenig rau. Als BMW TeXtreme für das Hardtop für seinen M6 wählte, war das der Grund.« Andreas sucht nach ein paar Fahrradbildern, während er weitererzählt: »Bei Chalmers Innovation, die Technik-Start-ups mit Beratung unterstützen, trafen wir Nandan Khokar. Er hatte eine neue Methode erfunden, Kohlefaser in breiten Bändern statt Faden für Faden zu weben. Nandan ist mittlerweile Professor an der Textilhochschule hier in Borås.«

Dass Oxeon in Borås gelandet ist, hat einiges mit der Textiltradition der Stadt zu tun. Anfangs mieteten sie sich im Keller einer Weberei ein, und je mehr das Weben von Kohlefaser zunahm, während das Weben traditioneller Materialien abnahm, desto mehr expandierte Oxeon, übernahm Geschäftsräume und Personal. Inzwischen passiert alles in neuen Geschäftsräumen, mit Risikokapital im Rücken, großem Selbstvertrauen und einem Foto vom König an der Wand, als er zu Besuch war.

Das erste Fahrrad, das mit TeXtreme gebaut wurde, war ein Twentyniner der Marke Felt.

»Es dauerte sicher ein, eineinhalb Jahre, bis wir damit zu Potte kamen.«

Gerade Fahrräder, erklärt Andreas, waren eine gute Branche, um einzusteigen. Dort ist man wirklich auf der Jagd nach dem, worin TeXtreme gut ist, nämlich ein Produkt leichter und widerstandsfähiger zu machen.

»Ein Carbonrahmen besteht aus 120 bis 150 Teilen«, erklärt Andreas. »Kohlefaserlagen müssen zu einem Rahmen zusammengepuzzelt werden. Dabei kann man dem Material verschiedene Eigenschaften verleihen. Längs zur Faserrichtung ist der kohlenstofffaserverstärkte Kunststoff steif bzw. fest, liegen die Fasern dagegen quer, ist die Festigkeit geringer, dafür die Elastizität höher, und letztlich kombiniert man verschiedene Richtungen der Faserlagen, um bestimmte Eigenschaften zu erhalten. Dazu kommt TeXtremes spezielle Webart, was unser Carbongewebe besonders hochwertig macht.«

Durch Felt ist das Produkt des Unternehmens aus Borås jetzt bei den größten Radrennen vertreten. Das ist, denke ich abermals, faszinierend.

Aber der aus Fahrradperspektive größte Erfolg für Oxeon ist wohl trotzdem der Vormarsch des inzwischen geadelten britischen Radrennfahrers Sir Bradley Wiggins auf dem Zeitfahrrad. Als er 2014 auf seinem in den Farben des Union Jack lackierten Pinarello als Weltmeister durchs Ziel fuhr, tat er das auf Shimanos handgefertigten PRO wheels, die auf TeXtremes Kohlefasergewebe aufbauen. Selbst Campagnolos Scheibenrad Bora Ultra wird inzwischen aus Material hergestellt, das in Borås gewebt wird.

Als ich Oxeon verlasse, das Unternehmen, das gewissermaßen zum Gore-Tex der Kohlefaser werden will und bereits auf einem guten Weg dorthin ist, bin ich auf eine beinah alberne Weise froh darüber, erfahren zu haben, dass Schweden an vorderster Front steht, was diese Technikentwicklung angeht. Auch mein Blick auf Borås ist ein anderer. So kann es gehen.

KÖNIGSETAPPE

nennt man die strapaziöseste, schwierigste und erbarmungsloseste Etappe eines Mehrtagesrennens oder die Etappe, die auf den höchsten Punkt des Rennens führt. Nicht selten ist natürlich das Forderndste auch der höchste Berg. Im Englischen nennt man diese Etappe übrigens *Queens Stage*, auf Französisch *étape-reine* – da ehrt man statt den Fahrer die Etappe selbst, die »Königin«, deren sich der Sieger würdig erweisen muss. Dagegen nimmt sich das Italienische *il tappone*, in etwa »die Etappe unter den Etappen«, verhältnismäßig profan heraus.

»SE SI FRENA, NON SI VINCE.«

»WER BREMST, VERLIERT.« MARIO CIPOLLINI, RADRENNFAHRER

KORK,

denke ich verblüfft, als der Fahrradhändler auf meine Frage, aus welchem Material Lenkerband gemacht ist, alle Varianten herunterleiert. Von Leder wusste ich, von Silikon, Kohlefaser, Vinyl ebenfalls, woraufhin er irgendwelche zusätzlichen synthetischen Materialen aufzählt. Aber Kork? Ja doch. Der Händler holt ein paar, um sie mir zu zeigen, und das macht mich glücklich.

Meine Vorliebe für Kork hat mit den Korkwäldern zu tun. Ich bin durch Sardiniens Korkwälder gewandert, habe einen korsischen Korkbauern interviewt, der gerade aufgrund der sinkenden Nachfrage aufgegeben hatte, und ich habe in Andalusien beim Vorbeiradeln Korkmulis am Straßenrand stehen sehen, die darauf warteten, die abgeschälten Korkrinden aus dem Wald abzutransportieren.

Und so wurde es ein Lenkerband aus Kork – den südeuropäischen Korkwäldern zuliebe, und weil es einfach schön ist.

KORSIKA

ist schön von oben. Der Helikopter dreht eine Runde um den windumtosten Berggipfel Monte Cinto, schneebedeckt trotz der Juniwärme, taucht ein in eine Schlucht, folgt ihren kargen Felswänden, die nach einem kurzen Augenblick sanfter und von üppigem Grün bedeckt werden, schießt wieder hinaus über die vielen Nuancen Blau des Mittelmeers, schwenkt zurück zu einer Bucht, schwebt über einem Segelboot, das in einem tropisch anmutenden Ambiente vor Anker liegt. Dann steigt der Helikopter wieder in die Höhe und fegt hinfort.

Ich stehe auf einem großen Kiesplatz in Porto-Vecchio, zusammen mit einigen Tausend anderen, und verfolge den Helikopterflug über Korsika auf einem großen Bildschirm. Es ist das Jahr 2013, und in zwei Tagen beginnt hier die Tour de France. Vor unseren Augen läuft der zum gegebenen Anlass produzierte Reklamefilm der Insel, der auf der ganzen Welt ausgestrahlt wird. Wie alle Reklamefilme ist er selbstverständlich übertrieben schön und entspricht nicht ganz der Realität. Trotzdem habe ich die ganze Zeit das Gefühl: Ja, so sieht es aus auf Korsika, so unwahrscheinlich schön ist es hier. Ich bin schon fast einen Monat auf der Insel, habe sie mit dem Fahrrad umrundet und bin mit dem Auto gefahren, und ich konnte feststellen, dass Korsika mit Ausnahme einiger Vororte von Bastia und Ajaccio auf dramatische Weise grandios ist, wohin man den Blick auch wendet. Will man eine zusammenfassende Beschreibung geben, lautet sie wie folgt: eine Insel im Mittelmeer, die gut zweieinhalbmal so groß ist wie Gotland, aber 35 Gipfel hat, die alle höher sind als der Kebnekaise, der höchste Berg Schwedens. Dass der Monte Cinto allein um mehr als 600 Meter höher ist als unser schwedischer Stolz, ist allemal bemerkenswert, aber es ist die schiere Menge an Gipfeln, die den massiven Eindruck von Korsika erzeugt. Die Insel wird von einer Bergkette dominiert, die wie der stachelige, wilde Rücken eines Drachen über die ganze Insel läuft. Wo man sich auch befindet, überall sind die Berge zu sehen, die von vielen Korsen als das wahre Korsika angesehen werden, und viele der Gipfel sind bis weit in den heißen Sommer hinein schneebedeckt.

Der Fernsehbildschirm strahlt weiter sämtliche Sehenswürdigkeiten der Insel aus, jede einzelne Badebucht, alle uralten Häuser und jedes Röhricht, jeden knorrigen Berggipfel.

Ich treffe Marie-Hélène Djivas, die für die Zusammenarbeit der Region Korsika mit der Tour de France verantwortlich ist. Wir sehen uns auf der Fähre im Hafen, die als Pressezentrum fungiert und als Unterkunft für die gut tausend angereisten Journalisten.

»Das war das erste Problem, das wir zu lösen gezwungen waren«, sagt Marie-Hélène Djivas. »Korsika ist ja so klein. Hier wohnen knapp 300 000 Menschen, und in Porto-Vecchio gab es die 1300 extra Hotelbetten nicht, die es bräuchte.«

Korsika ist wirklich klein. Die drittgrößte Stadt hat wenig mehr als 11 000 Einwohner, aber wie überall sonst auf der Insel verdoppelt sich die Bevölkerung besonders im August. Die Tour de France jährt sich 2013 zum 100. Mal, aber für Korsika ist es eine Premiere. Die beiden Départements, Corse-du-Sud und Haute-Corse, sind die letzten französischen Départements, die die Ehre erfahren haben, dabei zu sein (beide gab es allerdings nur bis Ende 2017).

»Wie lange habt ihr euch darum beworben, die Tour de France austragen zu dürfen? Hundert Jahre?«

»Nein«, antwortet Marie-Hélène, während sie gleichzeitig eines ihrer zwei Telefone checkt, das ein Signal von sich gab. »Erst 2008 haben wir uns beworben. Danach ging es ziemlich schnell.«

Das sagt einiges über Korsika aus, darüber, dass die Insel ein Teil von Frankreich ist, aber trotzdem nicht gleichgestellt mit den anderen Regionen. Man hatte sich vermutlich nicht beworben, weil man das Gefühl hatte, nicht willkommen zu sein. Niemand bittet darum, zu einem Fest kommen zu dürfen, von dem er im Voraus weiß, dass er nicht eingeladen wird. Von den Korsen wollen nur rund 10 Prozent die Selbstständigkeit der Insel, von den Festlandfranzosen dagegen sind 50 Prozent dafür, die Insel abzutreten.

Als die Tour de France 1903 zum ersten Mal ausgetragen wurde, war es, um Reklame für eine Sportzeitung zu machen. Heute wird Reklame für alles Mögliche gemacht, von russischem Gas und französischen Rubbellosen bis hin zu britischen Fernsehkanälen, einer dänischen Bank und der Region, durch die die Radrennfahrer im Augenblick sausen.

»Worum geht es eigentlich bei der Tour de France? Wirtschaft, Tourismus oder Radfahren?«

»Alle Aspekte sind gleich wichtig«, sagt Marie-Hélène. »Aber es ist kein Geheimnis, dass der Wettbewerb eine wirtschaftliche Seite hat. Ich habe Statistiken gesehen, denen zufolge man für jeden investierten Euro zehn zurückbekommt, ja, oder in jedem Fall sechs. Wir glauben, der Wettbewerb wird viele Touristen aus Asien und Australien anlocken.«

Ich nicke und denke an das Paar in meinem Hotel: aus Tasmanien, Generation 60 plus, nach Europa geflogen, ein Motorrad gekauft und nun für drei Wochen auf Korsika, wohin sie durch ein Radrennen gelockt wurden.

»Mit der Tour de France, glaube ich, können wir Korsikas Ruf verbessern und vielleicht mehr Investoren anlocken und die Touristensaison verlängern.«

Ich nicke wieder, vor allem zu letzterem. Das erste Mal kam ich Ende April nach Korsika und fand die Insel merkwürdig leer. Geschlossene Hotels und verrammelte Restaurants, obwohl das Wetter schön und die Bedingungen zum Wandern und Radfahren optimal waren.

Auch wenn es das erste Mal ist, dass die Tour de France auf Korsika zu Gast ist, wurde hier bereits früher Rad gefahren. Die Tour de Corse wurde 1920 zum ersten Mal ausgetragen, ist heute ein Amateurrennen, hatte aber zwischen 1971 und 1987 Profistatus. »Das Rennen der tausend Kurven« ist der Spitzname, und 1979 wurde sie von einem der verdientesten Radrennfahrer Schwedens gewonnen, Sven-Åke Nilsson.

Zu Beginn der Tour de France müssen die Radrennfahrer erst einen Schlenker hinunter nach Bonifacio machen, wofür es nur eine Motivation geben kann, den Tourismus. Bonifacio ist Korsikas pittoreske Perle und muss selbstverständlich auf den Bildern aus dem Helikopter zu sehen sein. Danach geht es geradewegs nach Bastia hinauf an die nordöstliche Küste. Ein Großteil dieser Strecke ist aus der Fahrradperspektive ziemlich trist, selbst wenn man es mit touristischen Augen betrachtet: flach, trocken und ein wenig reizlos. Das kann man für ein zu harsches Urteil halten, denn die Strände sind völlig in Ordnung und die Zahl der massentouristischen Bettenburgen akzeptabel, nur fehlt hier die ältere Bebauung, und die Berge liegen ein wenig zu weit weg. Es wäre okay, wüsste man nicht, dass es nur ein paar Kilometer weiter viel schöner ist.

Die zweite Etappe der Tour geht von Bastia nach Ajaccio über Korsikas dramatisches Inneres und vorbei an seiner kulturellen Hauptstadt Corte. Der Etappensieger legt die Strecke in 3 Stunden, 43 Minuten und 11 Sekunden zurück. Ich habe zwei Tage dafür gebraucht. Eineinhalb Tage wand ich mich eine zähe Steigung hinauf. Nicht supersteil wie in den Alpen mit Serpentinen, aber ausreichend, um gezwungen zu sein, im leichtesten Gang zu fahren. Die Schönheit der Natur ließ mich alles verzeihen. Es war, als radelte man durch drei Vegetationszonen, mindestens. Der Beginn am Mittelmeer mit seinem Buschwald: stacheliges, wucherndes Grün, in dem es von Insekten surrt - eine ungastliche Vegetation, in die sich wahrscheinlich niemand freiwillig begibt, wenn er nicht gerade ein Bandit auf der Flucht vor der Polizei ist. Aber dieser Buschwald ist auf der anderen Seite im Frühling ein blühendes und wohlriechendes Spektakel. Napoléon Bonaparte, heißt es, konnte diesen Duft seiner Geburtsinsel sogar wahrnehmen, als er gute 50 Kilometer entfernt auf Elba im Exil war. Das ist vermutlich ein Mythos, nimmt Korsika aber nicht seinen charakteristischen Duft, der wirklich einzigartig ist. So einzigartig, dass man ganz einfach einen Großteil der Pflanzen in diesem Buschwald erntet, sie destilliert und das Ergebnis als *essence du maquis* in den Parfümerien verkauft. Danach, auf circa 500 Metern Höhe, radelte ich durch Wälder mit hohen Pinien und niedrigeren Kastanienbäumen. Dieser Wald wurde dann auf 1100 Metern Höhe abgelöst durch Buchen. Ein skurriles Gefühl, auf einem Berg am Mittelmeer eine Landschaft wie im südschwedischen Schonen zu erkennen.

Darauf folgte ein halber Tag, den ich ausschließlich an den Bremsen hing, auf der längsten Abfahrt meines Lebens.

Das erste Mal, dass ich nach Corte kam, war mit dem Fahrrad. Im Regen. Es war Frühling, und die Vegetation wies 20 Nuancen von Grün auf - von zartem Lindgrün bis zu tiefem Olivgrün. Lerchen zwitscherten am Himmel, eine Kirchenglocke läutete und verkündete, dass ich fünf Stunden unterwegs gewesen war. Es war langsam hinauf, hinauf, hinauf gegangen, danach schnell bergab, mit einer Freude, die sich trübte, als ich merkte, dass ich diese Abfahrt wieder würde hinauffahren müssen. Als der Regen aufhörte, trocknete meine Kleidung schnell im Fahrtwind. Es ist eigentlich kein Problem, im Regen Rad zu fahren, wenn man nur um die Kälte dabei herumkommt. Zum Glück herrschen hier keine schwedischen Wetterverhältnisse.

Am Tag vor dem Start der Tour gelingt es mir, ein Interview mit dem einzigen schwedischen Fahrer bei der Tour, Fredrik Kessiakoff, zu ergattern. Obwohl daraus ohne den schwedischen Konsul in Porto-Vecchio nichts geworden wäre. Thomas Fourtané war in Paris mit einer schwedischen Mutter und einem französischen Vater aufgewachsen und hatte die Sommer in Schweden und auf Korsika verbracht, wo sich die Eltern ein Haus bauten. Wie sein Vater wurde auch Thomas Architekt, und wie er lebte er die halbe Zeit in Paris und die andere Hälfte auf Korsika.

Als Thomas mich anruft, ist es ihm gelungen, Kessiakoffs Handynummer herauszufinden und das Hotel, in dem sein Team Astana untergebracht war.

»Wir sehen uns dort in 20 Minuten.«

»Klar«, sage ich und denke, dass Thomas zu einem effizienteren Journalisten geworden war, als ich einer bin.

Wie dünn sie sind, die Radrennfahrer, fällt mir auf, als wir im Hotel umherirren und nach Kessiakoff suchen. Nicht ungesund dünn, nur auf eine überraschende Weise mager. Die Oberkörper jedenfalls. Die Beine der Radrennfahrer sind natürlich muskulös, aber nicht so übertrieben, wie man vielleicht glauben würde. Wenn man darüber nachdenkt, wie viel die Fahrer tatsächlich auf dem Rad unterwegs sind, überrascht das vielleicht weniger. Wie Fredrik sagt, als wir uns treffen: »Es können bis zu 100 Wettkampftage pro Jahr werden.«

100 Wettkampftage, an denen sie 150 bis 200 Kilometer fahren. Und an allen anderen Tagen trainieren sie natürlich. Da wird man logischerweise dünn.

Fredrik ist eine angenehme Bekanntschaft, und er nimmt sich Zeit, um mit uns zu plaudern, auch wenn ihm bewusst ist, dass der PR-Wert eines Treffens mit einem Autor und einem Konsul vielleicht nicht ganz so groß ist. Auf der anderen Seite gibt es keinen einzigen schwedischen Sportjournalisten vor Ort, obwohl es sich um das bekannteste

Radrennen der Welt handelt und es im Jahr zuvor gut für Fredrik gelaufen war, als er sich als Bergfahrer auszeichnete und Zweiter in dieser Kategorie wurde.

»Ich hoffe natürlich, auch in diesem Jahr so gut abzuschneiden. Aber es spielt vieles mit. Teils ob meine Beine stark genug sind, teils ob ich Glück habe.«

»Glück? Ist das nicht so, wie der ehemalige Skirennläufer Stenmark einmal die Frage eines Journalisten, ob er nicht sehr viel Glück gehabt habe, beantwortet hat: ›Es ist seltsam, je mehr ich trainiere, desto mehr Glück habe ich‹?«

»Doch, natürlich ist es so. Aber es kann auch davon abhängen, wie der Rennverlauf ist. Ist ein Rennstall weit in Führung und ich stelle keine Bedrohung für den Gesamtsieger dar, kann es passieren, dass man mich ausreißen lässt, während sich die Helfer des Rennstalls nur darauf konzentrieren, ihrem Typen zu helfen. Aber das wird sich zeigen, wenn wir zu den ersten Bergetappen kommen, das ist an Tag neun, glaube ich.«

»Tag neun?«, wundere ich mich und bin ein wenig verwirrt. »Aber Bastia-Ajaccio, da gibt es doch einen Pass auf 1163 Metern, den Col de Vizzavona. Ist das kein Berg?«

Dass ich darauf insistiere, beruht selbstverständlich darauf, dass ich selbst über diesen Pass geradelt bin – es ist der einzige Berg, den ich bezwungen habe – und ein wenig Anerkennung dafür haben will. Aber Fredrik gibt nicht nach.

»Nein, das ist kein Berg. Das ist eine harte Etappe, aber kein Berg.«

Hmpf, denke ich beleidigt. Aber später dann, als ich sie mit den anderen Etappen vergleiche, verstehe ich, warum Fredrik so denkt. Das erinnert mich an den Film mit Hugh Grant, *Der Engländer, der auf einen Hügel stieg und von einem Berg herunterkam*. Nur umgekehrt.

Dann erzählt Fredrik, dass sein Team nicht mitfährt, um zu gewinnen, sondern dass das Ziel ist, dass ihr Spitzenfahrer unter den besten zehn landet. Ein etwas befremdliches Ziel, finde ich, angesichts dessen, dass Astana im Frühling den Giro d'Italia gewonnen hat.

Als die Tour an Tag zwei in Ajaccio im Ziel ankommt, bin ich vor Ort. Vielleicht mein merkwürdigstes Sporterlebnis überhaupt. Mehrere Stunden lang stehen wir in der Menge, die Sonne brennt herab, und wir schauen auf einen Fernsehschirm, woraufhin die Radrennfahrer vor unseren Nasen mit 200 Sachen vorbeizuzischen scheinen. Es ist genauso schnell vorbei wie ein Niesen. Fredrik Kessiakoff ist gut dabei, er kommt mit dem Hauptfeld ins Ziel und liegt eine Sekunde hinter dem Führenden.

Den Radrennfahrern ging eine Werbeparade voraus. Ein Auto mit Pommes frites auf dem Dach, gefolgt von einem mit Reifen auf dem Dach, dann Kuchen, Mobiltelefone und Schinken. Auf jedem Dach auch ein süßes, frenetisch winkendes Mädchen. Irgendwie ein klein bisschen peinlich das Ganze.

Als die Radrennfahrer am nächsten Tag aus Ajaccio abfahren, wartet eine Strecke auf sie, die gut 190 Kilometer lang ist und vier Berge von über 400 Metern Höhe umfasst, die zu erklimmen sind (ich weiß, Fredrik Kessiakoff, du nennst sie Hügel). Dies ist die malerischste Straße auf ganz Korsika und ein Fixpunkt für leidenschaftliche Motorrad- und Autofahrer. Der Weg windet und schlängelt sich an Felswänden entlang, die so rot sind, wie das Meer darunter azurblau ist. Hierher kommen auch viele Fahrradtouristen. Und ausnahmsweise einmal ist das Fahrrad für diese Straße das beste Fortbewegungsmittel. An den schönsten Punkten ist es nämlich fast unmöglich zu parken oder auch nur kurz anzuhalten. Aber man sollte es vermeiden, in die andere Richtung zu radeln, also von Calvi nach Ajaccio, weil es eher unangenehm ist, die Außenkurve nehmen zu müssen, wenn einem Lastwagen und deutsche Wohnmobile entgegenkommen.

Ich brauche den ganzen Tag, um die Strecke mit dem Rad zu bewältigen. Bergauf und bergab. In Buchten hinein und wieder hinaus, wo einsame Segelboote vor Anker liegen, als wären es Lagunen in der Südsee. Das ist wirklich die schönste Straße, die ich je mit dem Fahrrad gefahren bin. Überall diese roten Felsen, die oft etwas Skulpturhaftes an sich haben. Wie mystische Mitteilungen aus einer weit zurückliegenden Urzeit. Es ist beinahe enttäuschend, in Calvi anzukommen, wie schön die Stadt auch sein mag. Die Etappe sollte in einer Grotte enden, wo jemand am Spieß über offenem Feuer gebratenes Wildschwein serviert.

Als die Radrennfahrer in Calvi durchs Ziel fahren, sind sie - wie ich einige Wochen früher - durch große Teile Korsikas geradelt, und der Helikopter, der das Rennen mitverfolgt, hat verlockende Bilder an alle potenziellen Korsikatouristen aus aller Welt gesendet.

KRITERIUM

nennt man eine Art Radrennen, das für gewöhnlich in Städten ausgetragen wird. Es ist gekennzeichnet durch einen Massenstart, eine kurze Strecke und hohe Geschwindigkeiten. Das Red Hook Crit ist ein Rennen mit absolutem Kultstatus, das mit Bahnrädern in Barcelona, London, Mailand und - selbstverständlich - Brooklyn gefahren wird, wo nämlich der Stadtteil Red Hook liegt.

L

LANTERNE ROUGE,

französisch für »rote Laterne«, bezieht sich auf die Beleuchtung, die früher ganz hinten am letzten Waggon eines Zugs hing, und symbolisiert den Radrennfahrer, der als letzter kommt und den Zug nur noch davonfahren sieht. Im Radsport ist es nicht ungewöhnlich, dass sogar die *lanterne rouge* des Rennens einen Preis erhält.

Der Name des Lastenrads, das unter allen anderen heraussticht, heißt bezeichnenderweise Bullitt. Mein Nachbar hat eines. Ich bin schwer eifersüchtig. Ein Bullitt ist wie eine Art Zwischending aus einem Rennrad und einem Pick-up. Ich sehe ihn, wie er mit Kindern und Bootszubehör und Fotoausrüstung angefahren kommt, und denke mir, so möchte ich auch gern angefahren kommen. Obwohl ich weder Fotoausrüstung, Boot noch Kinder in der Größe habe, die sich in einer Kiste auf einem Fahrrad mitnehmen lassen.

Ich reise nach Kopenhagen. Für mich ist die dänische Hauptstadt die Wiege des Lastenrads. Das ist selbstverständlich ein falsches Geschichts- und Weltbild, weil es Lastenräder durch die ganze Fahrradgeschichte hindurch auf der ganzen Welt gegeben hat. In vielen Ländern sind sie immer noch ein wichtiges Transportmittel. Dass ich Lastenräder aber in erster Linie mit Dänemark verbinde und nicht mit Vietnam, China oder Indien, wo sie gängiger sind, ist selbstverständlich auf Christiania, eine alternative Wohnsiedlung in Kopenhagen, zurückzuführen.

Außerhalb des Hauptbahnhofs nehme ich mir ein Leihrad und fahre Richtung Christiania, inmitten aller Kopenhagener Radfahrer, die in einem reißenden Strom durch die Stadt fließen. Das Tempo ist gemächlich. Viele haben einen Fahrradkorb, keiner trägt besondere Fahrradkleidung, dafür sieht man viele Frauen mit hochhackigen Schuhen radeln, als wären sie auf dem Weg zu einem wichtigen Termin und wollten mit Stil ankommen. Einige wenige haben Lastenräder, noch weniger fahren Fixie, und fast alle haben ihr Fahrrad personalisiert - ein Fahrrad ist selten nur ein Fahrrad in Kopenhagen. Keiner fährt schnell, außer den vereinzelten Fahrradkurieren, die sich im Zickzack durchschlängeln, alle geben Handzeichen: Stopp, Linksabbiegen, Rechtsabbiegen - das sieht ziemlich süß aus. So geht rücksichtsvolles Radfahren. Und keiner trägt einen Helm. Das ist selbstverständlich nicht gut. Aber schön.

Christiania ist eine Freistadt mitten in der dänischen Hauptstadt, eine Art Parallelgesellschaft, die dadurch entstand, dass eine Gruppe von Alternativen 1971 ein Areal okkupierte, das früher der dänischen Marine gehört hatte. Von allen Alternativen, die die Bewohner Christianias einführten, war eine die autofreie Gesellschaft. Weil Christiania einerseits groß ist, 34 Hektar, andererseits ein Stück vom Zentrum entfernt liegt, vier Kilometer vom Hauptbahnhof, brauchte es alternative Transportmittel. Es wurde das Fahrrad.

Ich bleibe bei Christiania Bikes' Schmiede stehen. Davor dreht ein Mann Runden auf dem Kiesplatz und scheint nach etwas zu suchen, das vermutlich nur in seinem eigenen Gehirn existiert. Ein Kampfhund ohne Leine streift umher und scheint sich dabei wohlzufühlen, und zwei jüngere Männer ohne Zähne führen eine Diskussion über einen Autositz, der an einem Busch lehnt. Es ist schön in Christiania, merkwürdige Häuser, gebaut und angebaut nach eigenem Gutdünken und Geschmack, weit abseits von Stadtplanern und Baukommissionen, überall Wasser und Grün. Spannende Handwerksläden und coole Cafés. Trotzdem fühle ich - immer schon - ein Misstrauen, das Unbehagen schafft. Das hat mit dem in Christiania verbreiteten Drogenhandel zu tun: »Willst du was kaufen? Nein? Wieso bist du hier? Bist du ein Polizeiinformant? Nein? Du willst also was kaufen? Nein? Was machst du dann hier? Ein Fahrrad? Du bist wegen eines Fahrrads hier?«

Drinnen in der Schmiede duftet es nach frischen Schweißnähten und abkühlenden Stahlrohren. Es ist rußig, dunkel und ölig. Man erwartet fast, irgendwelche Gnome vorzufinden, die die Glut in der Esse mit

einem übergroßen Blasebalg am Leben halten. Das Christianiacykel oder Christiania Bike, wie es inzwischen heißt, sieht aus, als hätte jemand eine Kiste auf zwei Rädern gezimmert und sie mit einem halben Damenrad zusammengeschweißt. Vermutlich hat es sich auch so zugetragen. In diesem transportierten die Alternativen selbst gezogenes Gemüse in die Stadt und andere Waren hierher, Kinder zur Schule und in die Kindertagesstätte, Werkzeug, Baumaterialien, Blumen. Und das tun sie immer noch, 45 Jahre später. Das Christianiacykel ist ein einfaches Fahrrad, das für praktische Zwecke und kurze Transporte in der vollkommen platten Landschaft gebaut ist. Mit einem Christianiacykel wäre mein Nachbar nicht einmal mit der Hälfte seiner Kameras oder Kinder nach Hause gekommen, weil unsere Reihenhäuser nämlich auf einem Hügel liegen.

Hier in der kleinen Schmiede erkenne ich, dass die Wirklichkeit auch in Christiania Einzug gehalten hat. Weil das Fahrrad, das einmal *basic* war, nun mit allen erdenklichen Optionen erhältlich ist. Ein kleiner Sitz für zwei Kleinkinder, Sicherheitsgurt, Dreigangschaltung, Fünfgangschaltung, elektronische Schaltung, Batteriebeleuchtung und ein kleiner Hilfsmotor in der Hinterradnabe. Außerdem dreht sich der Betrieb in der Schmiede gar nicht mehr darum, Fahrräder zu bauen, sondern nur, sie zu reparieren und zu modifizieren. Die Herstellung

wurde vor mehr als 20 Jahren nach Bornholm verlegt. Auch die Alternativen satteln also um. Und auch woanders ist man inzwischen alternativ. Daran muss ich denken, als ich ins Zentrum zurückradle und an einem Geschäft vorbeikomme, das Nihola verkauft, ein anderes dänisches Lastenfahrrad, das moderner, smarter, hübscher und weniger hippieartig anmutet als das Christianiacykel. Ein Nihola 4.0 könnte vielleicht etwas sein, denke ich. Es schafft vier Kinder unter acht Jahren oder eine Last von 120 Kilo. Gut, um damit zur Wertstoffsammelstelle zu fahren.

Als das Christianiacykel auf den Markt kam, hatten so gut wie alle großen Fahrradfabriken ihre Produktion von Lastenrädern eingestellt. Heutzutage gibt es wieder ein ziemlich großes Angebot an praktischen Fahrrädern von kleineren Produzenten. Außer den dreirädrigen Lastenrädern vom Christianiatyp gibt es auch gewöhnliche zweirädrige Fahrräder, die stabiler gebaut sind mit ordentlichem Frontgepäckträger oder mit verlängerter Heckpartie und extra langem Gepäckträger hinten. Eine dritte Variante, die man in England Long John und in Holland Bakfiets nennt, hat die Ladefläche vor dem Lenker, aber hinter dem Vorderrad, das ein gutes Stück nach vorne gerückt ist. Insgesamt gibt es inzwischen eine fast unüberschaubare Anzahl verschiedener Varianten und Modelle von Lastenrädern zu kaufen. Das gesteigerte Interesse daran, das Auto als Transportmittel für kürzere Strecken zu ersetzen, hat zu einer enormen Nachfrage geführt.

Es gibt also viel Auswahl, denke ich, als ich das Bullittgeschäft auf der Frederiksborggade betrete, die eine Verlängerung der Nørrebrogade ist, einer von Kopenhagens hervorragendsten Fahrradautobahnen. Der Kontrast zu Christiania ist groß. Von der Schmiede in den Showroom, von Stahl zu Aluminium, von der alternativen Selbstversorgungsidee zur alternativen Vorstellung einer rasanten Großstadt, wo ein Fahrrad flinker ist als ein Auto, vom Gedanken einer autofreien Gesellschaft zum Gedanken, dass das Zweitauto mittlerweile ein Fahrrad ist.

Ich fummle ein wenig zaghaft an den ausgestellten Modellen herum und grüble darüber nach, welches ich wählen würde. Rohes Aluminium, XT 30-Gangschaltung, weißer Rennsattel, Packkiste aus Aluminium ... Na ja, man kann ja träumen. Oder Möbel von Ikea transportieren - wo es ein Bullitt als Leihrad gibt.

LAXA

sagt man im Schwedischen, wenn man gegen die Einbahnstraße radelt. Das Verb ist vom schwedischen Wort für »Lachs« abgeleitet, man »lachst« also wortwörtlich gegen den Strom.

New York erwacht. Ich verlasse mein klaustrophobisch kleines Zimmer und gehe hinaus in den Julimorgen. Es ist schon heiß. Der Verkehr auf der 3rd Avenue ist dicht, schwer und langsam. Wenige Fahrräder. Da und dort ein Mountainbike, ein faltbares Dahon, ein Rennrad und ein Singlespeed, das aus einem bunten alten Peugeot aus den 80er-Jahren gebaut ist, vervollständigt durch einen Frontgepäckträger.

Mit der U-Bahn in New York ist zur Sommerzeit nicht zu spaßen. Der Schweiß perlt, der Stadtplan erweicht in der Hand und fühlt sich an wie labbriges Toastbrot, die Ausdünstungen anderer Menschen sind aufdringlich. Deshalb hole ich mir in der 31. Straße ein Leihrad und sause die Lexington Avenue hinunter. Die Wolkenkratzer spenden Schatten, der Fahrtwind kühlt. Ich bin schneller als die Autos und frischer als die U-Bahn-Fahrgäste. Bis ich zur Manhattan Bridge komme und der glühend heißen Sonne ausgesetzt bin. Ich verlasse Chinatown, radle über die Brücke und lande genauso verschwitzt in Brooklyn wie ein Marathonläufer. Na ja. Ich stelle mein Leihrad an der Station neben dem kleinen dreieckigen Park an der Pearl Street ab und gehe zu meinem Treffen.

In den Ferien ein Fahrrad zu mieten ist selbstverständlich nichts Neues. Das habe ich in Griechenland und Vietnam, Indien und Italien gemacht. Da ging es meist darum, eine Weile auf dem Land herumzuradeln und von solchen, wie man selbst einer ist, also von anderen Touristen wegzukommen. Stadträder habe ich seltener geliehen. Aber das System mit den Leihrädern hat sich schnell zu meinem persönlichen Favoriten herauskristallisiert, was Transportmittel in Großstädten angeht, vor allem, seitdem es Leihsysteme mit Selbstbedienungsstationen gibt. Wie so oft ist auch dieses vergleichsweise neue Phänomen älter, als man vielleicht glaubt, und manche Städte bieten bereits seit über zwanzig Jahren Leihräder an. Heutzutage gibt es sie in über 700 Städten weltweit.

Auch wenn das System unterschiedlich sein kann, gibt es einen gemeinsamen Nenner. Für gewöhnlich bezahlt man eine Gebühr und verwendet seine Bankkarte als Pfand, was bedeutet, dass man einige Hunderter loswerden kann, wenn man das Fahrrad verschlampt. Danach kann man sich von irgendeiner Station einfach ein Fahrrad nehmen, radeln, wohin man will, und es an einer anderen Station abstellen. Oft ist es gratis, wenn man weniger als eine halbe oder dreiviertel Stunde fährt. Vorteile gegenüber der älteren Art, ein Fahrrad direkt bei einem Verleih für eine Stunde oder einen Tag auszuleihen, gibt es viele – abgesehen von den niedrigeren Kosten. Man kann sich rund um die Uhr ein Fahrrad leihen, man kann es überall abstellen, ist die Verantwortung los, wenn man in einem Café sitzt oder ein Museum besucht, man braucht die Zeit für die Rückgabe nicht im Auge zu behalten und kann sich bei Bedarf einfach ein neues nehmen.

Ich habe Leihräder besonders zu schätzen gelernt, als ich in London von der Oxford Street nach Camden Town musste und ich eine ruckelige U-Bahnfahrt gegen eine behagliche Viertelstunde Radfahren tauschen konnte, als ich Andersonville, das alte schwedische Viertel in Chicago, erkundete und als ich mich in Kopenhagen verfuhr. Die Fahrräder in der dänischen Hauptstadt sind mit einem kleinen elektronischen Bildschirm mit eingebautem GPS und Kartenfunktion versehen, sodass das Fahrrad einem hilft, den Rückweg zu finden.

Ich bin in Marseille und verlasse das korsische Restaurant Le Terroir Corse - große Ravioli in Bouillon, Salat mit Leberwurst, Wildschweineintopf, eine Nachspeise mit Kastanien -, gehe 50 Meter zu einer langen Reihe von Fahrrädern, tippe meinen Code ein, stelle den Sattel auf die richtige Höhe und sause einen steilen Hügel zu meinem zehn Kilometer entfernten Hotel am Meer hinunter. Es fühlt sich magisch an. Einerseits nachts durch eine warme französische Großstadt zu rollen, andererseits sich den Ärger zu ersparen, ein Taxi zu suchen, weil die Busse nicht mehr fahren und ich schon viel zu viel spazieren gegangen bin. Es ist mein letzter Tag in Marseille, die Recherchen für einen Reiseführer sind abgeschlossen. Morgen reise ich nach Hause, aber jetzt genieße ich eine Radtour am Meer entlang, lauer Wind in meinem Haar und da und dort den Duft von gegrillten Sardinen.

LIEDER ÜBER DAS FAHRRAD

1. »Bicycle Race«, QUEEN, 1978. Freddie Mercury, der den Song selbst geschrieben hat, meinte, er sei von der Tour de France inspiriert worden. Andere hingegen behaupten, dass bicycle eine Umschreibung für »bisexuell« sei, eine Anspielung auf seine eigene Bisexualität, mit der Freddie Mercury nie hinter dem Berg gehalten hat. Das Musikvideo zu »Bicycle Race« zeigt sehr viele nackte Frauen, die im Wimbledon Stadion Runden drehen. Das Ganze führte dazu, dass das Video zensiert wurde und der Fahrradhersteller, der die Fahrräder zur Verfügung gestellt hatte, sich weigerte, sie zurückzunehmen.

2. »Nine Million Bicycles«, KATIE MELUA, 2005. Nach zwei Minuten zieht im Video hinter einer Mauer die Verbotene Stadt in Peking vorbei. Näher als das kommt Katie Melua der chinesischen Hauptstadt nicht. Die drei Radfahrer, die im Intro vorbeihuschen, sind auch nicht auf dem Weg zum Platz des Himmlischen Friedens.

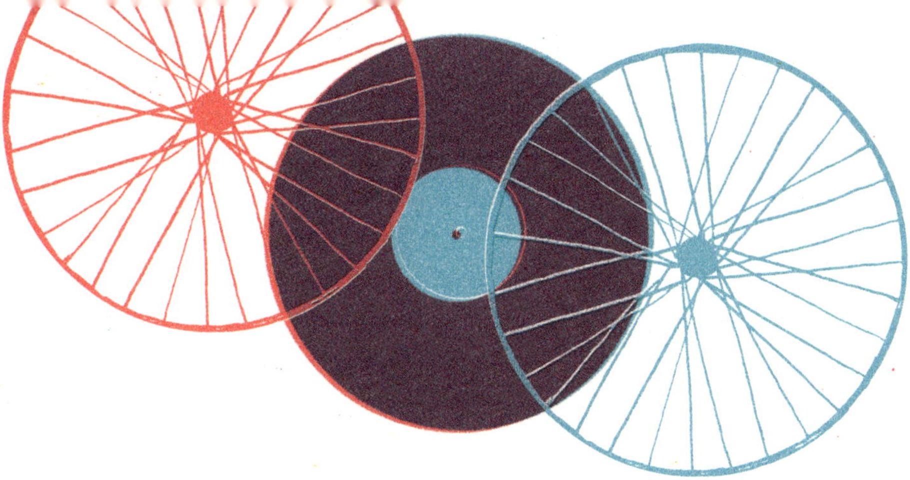

3. »Broken Bicycles«, TOM WAITS, 1982. Das Lied gehört zum Soundtrack von Francis Ford Coppolas Film *One from the Heart (Einer mit Herz)*. Der Film ist eine Art Musikvideo, komplett im Studio aufgenommen und zu einem Spielfilm in die Länge gezogen. Der Film erlangte Kultstatus aufgrund des Trios Coppola, Waits und der Schauspielerin Nastassja Kinski, er war aber nicht besonders gut. Er kostete 26 Millionen Dollar und spielte nur knapp 700 000 ein. Ich erinnere mich an kein einziges Fahrrad. Ein etwas unerwartetes Cover dieses Tom-Waits-Songs hat Anne Sofie von Otter zusammen mit Elvis Costello auf der Scheibe *For the Stars* aufgenommen, die sie 2001 veröffentlichten.

4. »Tour de France«, KRAFTWERK, 1983. Wurde als Single veröffentlicht, ist aber seitdem mindestens fünfzehnmal eingespielt und remixed worden. Über die Bandmitglieder wird gesagt, dass sie selbst enthusiastische Radfahrer seien, dass sie selbst für die Radfahrer auf dem Albumcover Modell gestanden hätten und dass sie sich, wenn sie auf Tournee sind, gern ein paar Kilometer vor dem Ziel absetzen ließen, um das letzte Stück radeln zu können. Aber bei Kraftwerk weiß man nie, was Wahrheit ist und was Mythos. Auch nicht, wenn es um die behauptete Ähnlichkeit zwischen ihrer Musik und dem Radfahren geht, eine Symbiose zwischen Körper und Werkzeug, ganz nach dem Titel ihres Albums *Die Mensch-Maschine*. Wie auch immer, das *Tour de France*-Cover jedenfalls ist extrem schön.

5. »Les Bicyclettes de Belsize«, ENGELBERT HUMPERDINCK, 1969. *Les Bicyclettes de Belsize* ist, trotz des Namens, ein britischer Kurzfilm von 30 Minuten Länge, fast ganz ohne Dialoge. Die Hauptperson ist ein junger Mann, der mit dem Rad in eine Reklametafel hineinkracht und sich in die Frau auf dem Bild verliebt. Sein Drahtesel ist ein gelbes Minifahrrad, ein Raleigh RSW 16.

Belsize Park ist ein Stadtviertel in London, aber kein Teil des Films wurde dort gedreht. Warum der Titel auf Französisch ist, ist ebenfalls unverständlich, nicht zuletzt wegen der absonderlichen französischen Aussprache des schönen Schnulzensängers Humperdinck. Mireille Mathieu hat eine komplett französische Fassung eingesungen.

6. »A Bicyclette«, YVES MONTAND, 1968. Das Lied handelt von Freiheit, Sommer, Kieswegen, Blumen, Grashüpfern, Liebe, vier Jungs und Paulette, eine gemeinsame Radtour, und alle sind in sie verknallt, die Welt ist voller Möglichkeiten, bis zum Abend, als sie nach Hause kommen und er sich nicht traut, Paulette seine Liebe zu gestehen: *J'oserai demain.*

7. »Bellezze in Bicicletta«, AMEDEO ESCOBAR, 1951. *Schönheiten auf Fahrrädern*, so hätte der Film wohl heißen können, wenn er in Deutschland vertrieben worden wäre, war eine italienische Komödie der einfacheren Sorte. Zwei schöne Frauen aus Mailand sind auf dem Weg zu Totòs berühmtem Theater in Rom. Aber der Bus geht kaputt, weshalb sie gezwungen sind, mit dem Rad zu fahren - mein Gott, verrückte Sachen gibt's. Das gleichnamige Titellied überlebte den mittelmäßigen Film bei Weitem. »Bellezze in Bicicletta« scheint auf jedem Sammelalbum mit italienischer Schlagermusik vertreten zu sein, das einem in die Hände fällt.

8. »El Angel de la Bicicleta«, MERCEDES SOSA, 2009. Die Argentinierin Mercedes Sosa war eine ausgesprochen politische Folksängerin. Aufgrund ihrer Ansichten wurde sie eingesperrt, verbannt und ins Exil nach Spanien gezwungen.

   »El angel de la bicicleta« handelt von einem Aufruhr während der argentinischen Wirtschaftskrise 2001, als der 35-jährige Pocho Lepratti von der Polizei erschossen wurde. Pocho Lepratti arbeitete als Freiwilliger in einem Heim für arme Kinder. Nach dem Mord schrieb der Musiker Léon Gieco das Lied »El angel de la bicicleta« (»Der Engel auf dem Fahrrad«), als eine Hommage an Pocho, der immer auf zwei Rädern in den Elendsvierteln unterwegs war. Man sieht immer noch Graffiti, die einen Engel auf einem Fahrrad darstellen, zusammen mit Pochos letzten Worten, die auch zum Refrain des Liedes wurden: »¡Bajen las armas que aquí solo hay pibes comiendo!« (»Senkt die Waffen, hier sind nur essende Kinder!«)

LIEGERAD

Es steht in einem Abstellraum, steht zum Verkauf und wird von Olof vorgeführt. Ein Fehlkauf. Nicht das Modell selbst, sondern die Sitzhöhe. Olofs neues steht daneben, sieht identisch aus, ist dasselbe Fabrikat, nur etwas niedriger.

»Es begann damit, dass ich das Liegerad von meinem Schwiegervater ausprobiert habe. Er besitzt zwei Stück. Das Modell passte mir. Ich bin Gärtner und pendle jeden Tag zu meiner Arbeit, das ganze Jahr hindurch, und habe vorher alle möglichen Fahrräder ausprobiert. Sogar ein Fixie.«

Liegeräder gibt es seit dem 19. Jahrhundert, und in der ganzen Geschichte des Fahrrads hat es immer Leute gegeben, die der Meinung waren, dass Liegeräder die eigentlichen, besseren Fahrräder sind. Deren Ansicht nach ergibt das mehr oder weniger aufrechte Sitzen und Pedalieren in Verlängerung der Körperlängsachse einen größeren Luftwiderstand und eine schlechtere Kraftübertragung. Alle Geschwindigkeitsrekorde, behaupten sie, wurden mit Liegerädern aufgestellt.

Die Rolle der Liegeradfahrer als Outsider – »wir fahren auf eine bessere Art und Weise Rad, als ihr es tut« – wurde verstärkt durch das bereits 1934 eingeführte Verbot, Rennen gegen gewöhnliche Fahrräder zu fahren, und dadurch, dass sie heute nicht einmal zu Veranstaltungen ohne Wettbewerbscharakter zugelassen sind, wie die Vätternrundfahrt.

Neben der gewöhnlichsten Liegeradhaltung, bei der man gewissermaßen »liegend« nach hinten gelehnt sitzt und nach vorne tritt, gibt es auch Liegeräder, bei denen der Radfahrer auf dem Bauch liegt und aussieht, als würde er vorwärtskraulen, sowie Liegeräder, wo man sowohl tritt als auch am Lenker zieht wie bei einer Rudermaschine. Olofs Liegerad sieht allemal ungewöhnlich aus, ist aber nicht extrem: nach hinten geneigter Sitz aus Kohlefaser, Aluminiumrahmen und eine Kettenblattgarnitur, die sozusagen höher liegt als der Hintern des Radfahrers. Das englische Wort für Liegerad ist übrigens *recumbent*, was eher »zurückgelehnt« als »liegend« bedeutet.

»Aber warum?«, wundere ich mich.

«Ich wollte ein bequemes Fahrrad und einen Lastesel. Da wir kein Auto besitzen, muss ich auf dem Heimweg von der Arbeit einkaufen und die Kinder von der Kita holen können.«

Bequem kann ich verstehen, aber als Olof über die Ladekapazität spricht, verstehe ich nicht sofort, was er meint. Erst als er Satteltaschen an das Fahrrad hängt, begreife ich, was er mit Lastesel meint. Durch die hohe Position der Kettenblattgarnitur entsteht ein langer Rahmen, den man nutzen kann. Olof kann sechs große Taschen anbringen plus einen Kindersitz auf dem Gepäckträger.

»Es fährt tatsächlich noch besser, wenn es ein bisschen beladen ist. Dann hat es einen tieferen Schwerpunkt.«

»Wow«, sage ich beeindruckt, »aber rein fahrtechnisch gesehen, gibt es etwas, das mit einem Liegerad schwerer ist?«

»Eigentlich nicht. Man hat eine etwas schlechtere Sicht, und wenn man gezwungen ist, an einer roten Ampel anzuhalten, ist der Weg von den Pedalen zum Boden weiter. Aber man gewöhnt sich daran.«

Nach einem kurzen Schweigen ist es Olof, der eine Frage stellt. »Was denkst du, wenn du jemanden auf einem Liegerad in der Stadt siehst?«

»Ehrlich gesagt denke ich, dass es ein bisschen seltsam aussieht. Aber das liegt wohl daran, dass es von euch so wenige gibt. Es fehlt der Gewöhnungseffekt.«

»Genau. Man wird ein bisschen zum Verkehrsclown. Bleibe ich zum Beispiel neben einem Taxi stehen, um den Fahrer darauf hinzuweisen, dass er auf dem Radweg parkt, hört man gern: ›Was für ein merkwürdiges Gefährt hast du denn?‹ Man ist ein merkwürdiger Typ auf einem merkwürdigen Gefährt, der merkwürdige Ansichten hat. Ansichten, um die man sich nicht zu kümmern braucht.«

LUFTWIDERSTAND

»Das ist das Entscheidende«, sagt der Verkäufer und versucht, mir einen aerodynamischen Lenker anzudrehen. »Bei Geschwindigkeiten über 30 km/h musst du 60 Prozent deiner Kraft aufwenden, um den Luftwiderstand zu überwinden.«

Ich weiß nicht, ob die Zahlen des Verkäufers korrekt sind, aber eines weiß ich: Wenn ich mein Fahrrad anschaue und dann mich selbst im Spiegel, ist es unschwer zu erkennen, dass der Klumpen hinter dem Lenker ein größeres Problem ist als die Form des Lenkers. Trotzdem habe ich ein Fahrrad mit flachen Speichen, innenverlegten Zügen und einer Art Aushöhlung im Sitzrohr, in die das Hinterrad hineinpasst. Ich bin also nicht völlig unbeeinflusst von solchen Geschichten.

Ähnlich wie bei vielen anderen Details ist das eine Ermessensfrage. Auf der einen Seite macht jede aerodynamische Gestaltung es einem Radfahrer leichter, auf der anderen Seite sind es jedoch oft so winzige Verbesserungen, dass sie für die meisten Radfahrer keine Rolle spielen. Ich lese einen Werbetext für ein neues Fahrradmodell in der Mehrtausendeuroklasse. Es heißt, es sei um 22 Watt effektiver als das zweitteuerste Modell derselben Fahrradmarke. Das, meint der Hersteller, macht das Fahrrad auf einer 40 Kilometer langen Strecke 45 Sekunden schneller, wenn man eine Geschwindigkeit von 40 km/h hält. Man würde also circa fünfeinhalb Minuten auf der Vätternrundfahrt einsparen. Was für manche sicherlich viel ist, für die meisten von uns aber völlig irrelevant. Ist man ein Zeitfahrer, ist jedes beim Luftwiderstand eingesparte Watt selbstverständlich wichtig. Sonst nicht. Nicht einmal für einen Elitefahrer, der in einer Mannschaft fährt, ist diese Rechnerei bis zum letzten Watt von Interesse - hauptsächlich weil das Fahren in der Gruppe so ungeheuer effektiv ist. Fährt man im Windschatten eines anderen Fahrers, spart man 25 Prozent seiner Kraft. Ist man der Star der Mannschaft und darf in der besten Position in der Gruppe fahren, umgeben von loyalen Teammitgliedern, kann man sogar rund 40 Prozent seiner Kraft vor der nächsten Sprintentscheidung sparen.

Obwohl ich eines über die Bedeutung des Luftwiderstands gelernt habe: Wenn man die Möglichkeit hat, um einen Berg herum statt über ihn zu fahren, sollte man ersteren Weg wählen, selbst wenn die Strecken gleich lang sind. Man bekommt nämlich das, was man im Anstieg verloren hat, beim Bergabfahren nicht zurück. Das beruht darauf, dass der Luftwiderstand sich mit dem Quadrat der Geschwindigkeit erhöht. Verdoppelt man die Geschwindigkeit, wird der Luftwiderstand also viermal so groß. Das bedeutet wiederum, dass wir, die wir mit eher bescheidenem Tempo auf dem Rad unterwegs sind, auch einen ziemlich dicken Lenker haben können.

LYCRA

ist ein gerne belächeltes Material, das ich kaum kannte, bevor ich selbst zum Objekt des Hohns wurde, als Mitglied der Gruppe MEMIL, also *Medelålders Män I Lycra* (»Männer mittleren Alters in Lycra«). Obwohl ich, als ich meine ziemlich bescheidene Sammlung von Fahrradbekleidung durchging, kein einziges Etikett mit der Aufschrift »Lycra« fand.

Lycra ist eine Marke für eine Kunstfaser mit hoher Elastizität. Aber ähnlich wie Spandex wird Lycra in verschiedenen Teilen der Welt als Sammelbezeichnung für alle glänzenden und hautengen Kleidungsstücke aus Synthetik verwendet.

Lycra wurde 1958 vom Chemieunternehmen DuPont entwickelt, das auch hinter Marken wie Kevlar, Neopren, Nylon und Teflon steht. Das Material, das sich hinter dem Namen Lycra versteckt, ist übrigens ein Polyether-Polyurethan-Blockcopolymer, falls das jemanden klüger macht.

Lycras Weg in die Fahrradwelt ist durchaus bemerkenswert. Als Erster trug der Ostdeutsche Lothar Thoms eine futuristische Montur aus silbrigem Lycra, als er bei den Olympischen Spielen 1980 in Moskau Gold im Zeitfahren der Herren über 1000 Meter gewann. Alle seine Konkurrenten hatten immer noch ziemlich flatternde Seidentrikots und Wollhosen an. Im Jahr darauf fuhren alle in Lycra. Es dauerte also 22 Jahre, bis das Material seinen Weg in den Radsport fand.

Als ich nachprüfe, woraus mein Lieblingstrikot gemacht ist, steht dort Polyester, nicht mehr und nicht weniger. Also reise ich nach Borås, um mehr zu erfahren. In Borås befindet sich die Firma Craft. Vor dem Gebäude steht ein Container aus China. Drinnen im Gebäude empfängt mich Mattias Carlsson. Er ist selbst ein alter Radrennfahrer mit sowohl Profi- als auch Nationalmannschaftsmeriten.

»Aber ich bin nicht die Tour de France gefahren«, sagt er, bevor ich überhaupt die Frage gestellt habe, weil sie immer kommt. Genauso, wie Amateurradrennfahrer immer die Frage nach der Vätternrundfahrt gestellt bekommen.

»Für wen macht ihr Fahrradbekleidung?«

»Es ist ein fragmentierter Markt, aber hauptsächlich stellen wir Kleidungsstücke für Straßenfahrer her. Natürlich verwenden auch manche Mountainbikefahrer unsere Produkte. Da liegt der Trend aber eigentlich bei *loose fits*. Einen Waldpfad hinauf in die Berge, um ein Bier zu trinken, das sind nicht wir. Beim Cykelvasan, dem größten Rennen für Mountainbikes in Schweden, wo es zur Sache geht, will man aber lieber enge Kleidung haben.«

»Welcher ist der bekannteste Radrennfahrer, den ihr sponsert?«

»Für das schwedische Publikum ist das Emma Johansson. Wir sponsern das ganze Orica Greenedge Team, sowohl Damen als auch Herren. Das ist extra cool für mich, weil ich Emma von früher kenne, aber auch Simon Gerrans, ein australischer Radrennfahrer. Wir sind zusammen in Norwegen gefahren, dann wurde der Rennstall aufgelöst. Damals war ich dreißig, aber Gerrans machte weiter. Er hat ja Etappen bei allen drei großen Rennen gewonnen. Es ist ein schönes Gefühl zu wissen, dass Crafts Kleidungsstücke bei Wettbewerben wie der Tour de France dabei sind.«

»Was unterscheidet die heutige Fahrradbekleidung von der früheren?«

»Tatsächlich ziemlich viel. Die heutigen Kleidungsstücke haben eine bessere Passform und sind weicher. Früher hatten viele Radklamotten dicke Gummizüge. Jetzt sind sie mit Laser zugeschnitten und verursachen keinen Blutstau mehr.«

Ja, so ist das wohl, denke ich mir. Ich habe die Retrolinie probiert. Einerseits weil ich finde, dass alte Wolltrikots besser aussehen, andererseits weil ich der Umwelt zuliebe versuche, Produkte zu wählen, die nicht aus Erdöl hergestellt sind, was bei Lycra, Polyester und anderen Synthetikmaterialien oft der Fall ist. Aber ein Regenschauer oder eine ordentliche Schwitzattacke in einem Wolltrikot reichen, und das Tragen wird unangenehm. Außerdem verliert das Material sofort seine Form, dann hat man plötzlich das Werkzeug in der Rückentasche in der Kniekehle schlackern.

»Eine andere Sache«, sagt Mattias, »ist, dass Trikots heutzutage nicht mehr nur aus *einem einzigen* Stoff gemacht werden wie früher. Jetzt sind es verschiedene Stoffdetails an verschiedenen Stellen, um verschiedene Funktionen zu erzielen. An der einen Stelle Belüftung, an einer anderen Windschutz und so weiter. Jedes solche Teil kann auf verschiedene Weise hergestellt sein.«

Mattias erzählt, dass alle Kleidungsstücke von Craft in Asien produziert werden, obwohl wir uns im alten Webereiviertel von Borås befinden. Ja, alle Kleidungsstücke mit Ausnahme der Klubbekleidung. Will ein Fahrradklub ein neues Klubtrikot haben, werden diese begrenzten Kontingente in Rumänien gemacht.

»Aber alles wird hier vor Ort entworfen und designt. Wenn eine Probekollektion fertig ist, testen wir die Produkte, indem wir Probanden auf einem Fahrrad, das wir im Obergeschoss stehen haben, in die Pedale treten lassen. Fällt der Test zu unserer Zufriedenheit aus, bestellen wir die Kollektion in allen Größen und manchmal auch in drei Weiten.«

»Drei Weiten?«

»Ja, wobei das hauptsächlich bei unseren Spitzentrikots notwendig ist. Die Profis sind ja so ungeheuer schlank.«

»Entwerft ihr auch verschiedene Kollektionen je nach Land, in dem die Kleidung verkauft werden soll? Die Menschen haben ja rund um den Erdball verschiedene Staturen.«

»Nein, die Passform geht von einem Durchschnittseuropäer aus. Unsere Produktion ist nicht so groß und global, als dass wir uns nach verschiedenen Körperformen zu richten bräuchten.«

Als ich aus Borås zurückkomme, gehe ich auf die Homepage für mein Lieblingstrikot. Dort steht, dass mein *Contoured fit*-Trikot eine *body framing technology* hat und aus Dry3d, Dry3pro microfiber und Dry3d titanium hergestellt ist. Es ist also dieses Dry3 plus, das mein Polyestertrikot so gut macht?

»DAS LEBEN IST WIE EIN ZEHNGANGRAD. DIE MEISTEN VON UNS HABEN GÄNGE, DIE SIE NIE VERWENDEN.« SNOOPY

M

MADONNA DEL GHISALLO

Sie ist die Schutzheilige der Radfahrer. Die gleichnamige Kirche liegt auf einem kleinen Berg mit demselben Namen, nicht weit vom Comer See in Italien.

Der Madonna del Ghisallo (Berg) liegt auf der Route des Giro di Lombardia und war auch mehrere Male Teil des Giro d'Italia. Deshalb dachte der Priester Ermelindo Vigano in Madonna del Ghisallo (der Kirche), dass es angemessen wäre, die Madonna del Ghisallo (die Heilige) zur Beschützerin der Radfahrer zu erheben. Papst Pius XII hielt das für eine gute Idee.

Madonna del Ghisallo (die Kirche) beherbergt inzwischen sogar ein kleines Fahrradmuseum, in dem auch ein ewiges Licht für Radfahrer brennt, die ums Leben gekommen sind. Nicht zuletzt brennt es für den Radrennfahrer Fabio Casartelli aus Como, der auf einer Etappe der Tour de France 1995 verstarb. Casartellis havariertes Fahrrad ist in der Kirche zu sehen. Eine ähnliche Fahrradkirche ist die französische Notre-Dame-des-Cyclistes in Labastide-d'Armagnac sowie die baskische Nuestra Señora de Dorleta in Salinas de Léniz.

MAGNESIUM

Ich bekomme die Tablette von einem Mannschaftskameraden, als noch eine ziemliche Strecke der Vätternrundfahrt vor uns liegt. »Beugt Krämpfen vor«, sagt er.

Ich nehme die Tablette und ärgere mich augenblicklich. Wegen der schwedischen Siebenkämpferin Carolina Klüft. In ihrer Eigenschaft als Botschafterin des Schwedischen Naturschutzbundes erzählte sie, dass sie immer natürlich gegessen hat. Unabhängig davon, ob andere Sportler verbotene Substanzen oder zugelassene Nahrungsergänzungsmittel in sich reinstopften, kaute sie auf ihrer Banane herum. Wenn möglich, einer mit Bio-Siegel.

Wenn sie das kann, kann ich das auch, dachte ich und befüllte vor der Vätternrundfahrt meine Trikottaschen mit *flapjacks* (britische Haferriegel mit Nüssen, Mandeln, Trockenfrüchten, Kokos und Honig). Aber dann machten sich diese Signale aus der Wadenmuskulatur bemerkbar. Und als mir der quick fix in Form einer Pille offenbart wurde, einer Magnesiumtablette, war mein Versprechen an mich selbst und an Carolina Klüft, mich an das Natürliche zu halten, sofort vergessen.

ist ein Begriff, der aus dem Englischen zu uns kam – *mountain bike* bezeichnet wörtlich ein Fahrrad für die Berge. Daneben gibt es bei uns auch die Bezeichnung Geländerad oder das All-Terrain-Bike, was aber genau genommen eine Mischung aus Trekking- und Mountainbike ist. Heute ist das Mountainbike eines der am weitesten verbreiteten Fahrräder, das seit 1990 auch offiziell bei den Olympischen Spielen zum Einsatz kommt.

Ich selbst habe mir ein Mountainbike gekauft, nachdem ich einen Beitrag über das größte schwedische Mountainbikerennen Cykelvasan in der Sportschau gesehen hatte. Cool, dachte ich mir, Typen, die über Schotterwege preschen, das kann ich auch. Ich fuhr mit meinem neuen MTB 20 Minuten über einen Wanderweg, kippte viermal um, dachte mir, das wird schon gut gehen, und meldete mich zu einem kleineren Rennen in Eskilstuna am folgenden Wochenende an. Nicht so schlau. Als ich ins Ziel kam, blutete ich an beiden Armen und beiden Beinen. Außerdem hatte ich, wie sich später herausstellte, einen Bluterguss in der Leiste, der so groß war wie eine Familienpizza. Lustigerweise war ich höchst zufrieden mit meinem Einsatz und irgendwo auch froh über den Schmerz, der mir auf eine Art ein jugendliches Gefühl verlieh. Ein Jahr später komme ich beim Hammarby Hill Cross-Country ins Ziel, ohne irgendwo zu bluten. Es fühlt sich gut an, und die schmerzlindernde Salbe, die bei der Registrierung ausgeteilt wurde, brauche ich nicht. Aber wenn ich ehrlich sein soll, ich bin ein feiger Bergfahrer, und ich falle am häufigsten um, weil ich zum Stillstand komme. Mir fehlt der Mut, Anlauf vor den Hindernissen zu nehmen, und die Technik, um sie zu bewältigen. Ich hätte wohl vor 40 Jahren damit anfangen sollen.

Das Hammarby Hill hat etwas von einem Volksfest. Wir radeln durch den Wald, es werden Würste gegrillt und Saft ausgeschenkt, während unbegreiflich veraltete Musik verzerrt aus Lautsprechersystemen dringt und ein etwas zu frisch fröhlicher Ansager uns anfeuert, alles zu geben. Es ist lustiger, als allein Rad zu fahren und seine Wurst für sich zu grillen.

Die Geburt des Mountainbikes wird einer Gruppe von jungen Leuten in Kalifornien zugeschrieben, die Schwinn Cruiser aus den 70ern, die damals noch wie gewöhnliche Herrenräder aussahen, modifizierten, um Berge hinunterzurollen. Das führte mit der Zeit dazu, dass der Fahrradhersteller Specialized 1981 seinen Stumpjumper (»Baumstumpfhüpfer«) auf den Markt brachte. Auch dieses Fahrrad sieht aus wie ein leicht modifiziertes Herrenrad, nicht mehr und nicht weniger, aber die Kombination aus stabilem Rahmen, Rädern und Reifen, fünfzehn Gängen und einem toughen Design machte den Stumpjumper zu einem Verkaufserfolg. Vielleicht nicht in erster Linie, weil man damit über Baumstümpfe hüpfen konnte, aber der Vorteil dieses Fahrrads war, dass man es so vielfältig verwenden konnte. Es war eben ein Fahrrad für jedes Gelände.

Von einem Fahrrad, das sich für alles eignet, hat sich das MTB heute mehr und mehr zu einem Fahrrad für bestimmte Einsatzzwecke entwickelt. Die ersten Stumpjumper hatten überhaupt keine Federung. Jetzt kann man zwischen verschiedenen Dämpfungsvarianten vorn und hinten wählen. Wie auch verschiedene Radgrößen und Reifenbreiten. Und weil verschiedene Disziplinen innerhalb des Mountainbikesports entstanden sind, ist die Spezialisierung weiter fortgeschritten. Heutzutage ist »Mountainbike« deshalb eher ein Sammelbegriff, unter dem man Räder für Cross Country, Enduro, Freeride, Downhill, Trial, Dirt Jump, Urban, Street, Singlespeed, Mountain Cross, North Shore und sicher noch einige andere Varianten mehr zusammenfasst.

Dass man davon ausgeht, dass die Geschichte des Mountainbikes in Kalifornien ihren Anfang nimmt, hat am Ende vielleicht mehr damit zu tun, dass es die Amerikaner waren, denen es gelang, Profit aus einer alten Idee zu schlagen – durchs Gelände zu radeln ist nämlich ein alter Brauch. Beispielsweise wurde The Rough Stuff Fellowship (»eine Organisation für Geländeenthusiasten«, wie es heißt) in Großbritannien bereits Mitte der 50er-Jahre ins Leben gerufen. Und Flamen, die ihr Fahrrad über einen schlammigen Hügel schleppen, gibt es gefühlt seit dem Tag der Erfindung des Fahrrads – was heute unter der Disziplin des Cyclocross gängig ist.

MUSETTE

kommt aus dem Französischen und bezeichnet eine kleine, leichte Stofftasche mit einem langen Schulterriemen, die der Helfer an der Verpflegungsstation mit Getränken und kaubarer Energie füllt. Der Verpflegungsbeutel ist einfacher für einen Rennfahrer zu greifen als beispielsweise eine Wasserflasche und ein Energieriegel. Wenn der Fahrer den Proviant auf das Fahrrad und die hintere Trikottasche verteilt hat, wird der Verpflegungsbeutel am Straßenrand weggeworfen.

MUUR,

niederländisch für »Mauer«, ist auch ein Fahrradbegriff für einen kurzen, steilen Hügel, der nicht selten grob gepflastert ist.

N

NABENDYNAMO

Bevor diese neue Art von Dynamo zum Einsatz kommen konnte, war er gezwungen, auf eine andere Erfindung zu warten: die LED-Lampe.

Früher saß der Dynamo eines Fahrrads für gewöhnlich an der Gabel und wurde gegen den Reifen gedrückt, wenn die Dämmerung hereinbrach. Das war noch nie eine besonders glückliche Lösung: Es kostete viel Kraft, funktionierte schlecht, wenn es nass war, und konnte katastrophale plötzliche Stopps verursachen, wenn sich eine Mutter löste und der Dynamo zwischen den vorderen Speichen landete. Doch musste er zwangsweise dort sitzen, wo er saß, weil die größte Geschwindigkeit des Rads nötig war, um ausreichend Elektrizität zu erzeugen, um die trägen Glühlampen jener Zeit betreiben zu können.

Die Nabe macht selbstverständlich genauso viele Umdrehungen wie der Reifen, aber ihre Geschwindigkeit ist erheblich geringer. Nachdem eine LED-Lampe allerdings nur etwa 5 Prozent des Stroms verlangt, die es braucht, um eine Glühlampe zu betreiben, reicht die bescheidene Rotation der Nabe aus, um ausreichend Licht zu produzieren.

O

ÖLANDRUNDFAHRT

Dieses Jedermannrennen wird zeitig im Herbst gefahren und hat drei verschiedene Längen, zwischen denen die Teilnehmer wählen können – 35, 60 und 120 Kilometer. Alle sind gleich platt.

ÖSTBERG,

genauer J. W. Östberg, wird für gewöhnlich als Schwedens erster Fahrradhersteller angesehen. Eigentlich Wagenmacher, hatte er auf der Weltausstellung in Paris 1867 ein Fahrrad gesehen und, wie sein Sohn Adolf später schrieb: »Er war augenblicklich Feuer und Flamme für dies neue Fortbewegungsmittel und begann unmittelbar nach seiner Rückkehr mit der Herstellung von Fahrrädern.«

Die Leidenschaft für Fahrräder breitete sich aus, und es wurden immer mehr, die sich mit der Herstellung beschäftigten. Im Volksmund nannte man diese schweren Geräte, mit geschmiedetem Rahmen und Gabel und eisenbeschlagenen Holzrädern, oft einfach Östbergare – wenn man nicht Benskakare (»Boneshaker« oder im Deutschen ursprünglich »Knochenschüttler«) sagte. Diese frühen Fahrräder waren nämlich so unbequem, dass die Innovation auszusterben drohte, bevor sie sich überhaupt etabliert hatte. Und das, obwohl man es sowohl als Transportmittel als auch als Sportgerät und für reine Vorführungen verwendete. Die Kopfsteinpflasterstraßen in den Städten waren so gut wie unmöglich mit dem Fahrrad zu befahren, und es war zu beschwerlich, die Fahrräder zu einer Landstraße zu schleppen, um erst dort aufzusteigen. Die Rettung kam durch den Import von Hochrädern aus England. Man könnte meinen, der Unterschied sei nur gering, aber ihre Stahlrahmen waren leichter, sie hatten durch ihre großen Räder eine bessere Übersetzung, und es saßen Gummireifen auf den Rädern, zwar Vollgummireifen, aber sie glichen Unebenheiten so weit aus, dass sich dieses Fahrgerät wieder wie eine Zukunftsmaschine anfühlte.

Östbergs Sohn Adolf war ein genauso enthusiastischer Radfahrer wie sein Vater. Er war Mitbegründer von Stockholms Bicycle Klubb (schmachvoll genug einige Jahre nach Göteborgs Velocipedklubb, der bereits 1882 gegründet wurde - der Handel mit England sorgte dafür, dass Göteborg in Sachen modischer Einfälle vor der Hauptstadt lag) und schrieb 1889 das informative wie lehrreiche Buch *Hjulsport* (»Radsport«, wobei *hjul* »Rad« als Bauteil bedeutet, wie das englische *wheel*).

Am faszinierendsten an *Hjulsport* ist, dass das meiste ganz genauso scheint, wie es heute ist. Es gab bereits eine Menge verschiedener Arten von Fahrrädern: Tandemhochrad, Dreirad für Frauen, Einrad und verschiedene Varianten von »Sicherheitsfahrrädern« (Drahtesel mit Kettenantrieb, die dafür sorgten, dass man keine so großen Räder brauchte, und damit das Risiko eliminierten, aus großer Höhe zu fallen), ein unendliches Angebot an Zubehör, von der Öllampe *Kungen av vägen* (»König der Straße«), von der es hieß, sie könne »5 bis 6 Stunden« leuchten, über ein Meer an verschiedenen Arten von Packtaschen bis hin zu Schellen, Fahrradglocken, Hupen und Kilometerzählern (»Ein solcher wird an der Nabe des Antriebsrads befestigt und ist mit Zeigern versehen, die sich auf einer skalierten Zeigertafel drehen.«). Dazu all diese Ratschläge:

Über Kleidung: »[...] unserer Ansicht nach sind Kniehosen und lange Strümpfe eine leichte und behagliche Bekleidung. [...] Farblich sollte Fahrradkleidung blau, hellbraun oder grau sein, erstgenannte Farbe verbirgt Ölflecken, die beiden letztgenannten verhindern, dass der Straßenstaub sichtbar zutage tritt.«

Über Instandhaltung: »Genau wie geeignetes Schmieröl kann auch reines Speiseöl mit einem kleinen Zusatz von bestem Petroleum verwendet werden oder, noch besser, das von der Firma Per From in Stockholm für den Zweck eigens hergestellte Schmieröl, welches die gute Eigenschaft besitzt, nicht zu verharzen. Antriebsketten und Zahnräder an Sicherheitsmaschinen und Dreirädern werden mit Petroleum gereinigt, sollten aber nicht mit Öl geschmiert werden, sondern mit Vaseline.«

Über Verkehrsmanieren: »Fußgängern soll nicht unnötigerweise zugerufen werden, vielmehr mögen sie höflich gewarnt werden. [...] Fahren auf Gehsteigen ist strengstens verboten.«

Der oben genannte Hersteller von Schmieröl gab selbst Tipps und Ratschläge für Fahrradfreunde heraus. Manche von ihnen sind ungemein zeitlos, wie: »Wenn Sie Angst um Ihre Maschine haben, dann verleihen Sie sie nie.«

OTB

Kurzform für *over the bars*, soll heißen »über den Lenker«. Wird scherzhaft verwendet für die, die das Rad unfreiwillig auf diesem Wege verlassen.

ist eine Stadt in Flandern. Ich komme mit dem Zug aus Italien an, und schon beim Blick aus dem Zugfenster erkenne ich, dass alles anders ist. Ich sehe Radwege an Kanälen und Feldern entlang, Straßenschilder, die sich ausschließlich an Radfahrer richten, und ganze Familien, die draußen sind und sonntags radeln.

Italien war verkehrstechnisch ein einziges Chaos. Fährt man Auto, steht man entweder im Stau auf der Autostrada, im Stau auf der Landstraße, oder man irrt irgendwo in einem Vorort herum, weil man den dazugehörigen Stadtkern nicht mehr länger mit dem Auto erreichen kann. Fahrrad zu fahren ist in Italien zudem prinzipiell lebensgefährlich: hektischer Verkehr und das so gut wie vollständige Fehlen von Radwegen. Es sind fast nur Männer, die dort Rad fahren, und keiner scheint es mit seiner Familie zu tun.

Stijn Van Houdt von Visit Flanders wartet im Hotelfoyer auf mich. Er hat ein Extrafahrrad dabei. Wir rollen aus Oudenaarde hinaus, an der Schelde entlang, einer ausgebauten und stark von Prahmen befahrenen Wasserstraße. Die Landschaft hier ist flach, wohin man schaut. Schwer zu glauben, dass irgendwelche größeren Herausforderungen auf uns warten könnten. Stijn tritt ruhig in die Pedale, während er die Geschichte von De Ronde van Vlaanderen, der Flandern-Rundfahrt, erzählt, die inzwischen ihren Zieleinlauf in Oudenaarde hat.

»Das erste Rennen wurde 1913 veranstaltet. Genau wie in Italien und Frankreich war es eine Sportzeitung, die zu mehr Reklame und mehr Lesern kommen wollte. *Sportwereld* hieß die Zeitung, und die treibende Kraft war Karel Van Wijnendaele, einer der Teilhaber.«

Wir treffen ein paar andere Radfahrer, sehen einen Prahm mit achtzehn Containern und einige Kühe. Dann kommen wir an die erste Steigung, den Paterberg, und Stijn gibt mir ein paar Instruktionen. »Bleib im Sattel, sei entspannt in Armen und Händen, halte den Lenker, als würdest du ein Vogeljunges halten, versuch, eine gute Linie zu finden, Pflasterstein ist nicht gleich Pflasterstein. Schäm dich nicht, wenn du absteigen musst. Das mussten schon bessere Radfahrer als du.«

Nie im Leben, denke ich. Denn wenn es etwas gibt, das ich nie tue, dann ist es aufgeben. Was selbstverständlich eine idiotische Einstellung ist und der Grund, warum ich keine gefährlicheren Sportarten betreibe als Radfahren.

Stijn gibt das Tempo vor. Ich hänge mich ran. Es geht ziemlich gut, bis wir auf das Kopfsteinpflaster kommen, wo ich augenblicklich in Schwierigkeiten gerate. Es gelingt mir nicht, eine gute Linie zu finden, ich verliere an Geschwindigkeit, stehe trotz Stijns Instruktionen auf, worauf das Hinterrad unmittelbar auf dem feuchten Laub durchzudrehen beginnt, ich setze mich wieder hin, rutsche auf dem Sattel weit nach hinten, woraufhin das Vorderrad leicht wird. So ruckle ich weiter, mit zunehmendem Frust darüber, dass ich nicht in der Lage bin, die Voraussetzungen zu meistern. Denn es stimmt schon, teilweise liegt die Steigung bei 20 Prozent, aber nicht sehr lang, und der ganze Paterberg ist nicht länger als 360 Meter. Trotzdem bin ich total am Ende, als ich oben ankomme, und bleibe neben Stijn stehen, der ziemlich unbeeindruckt aussieht.

»De Ronde hat heutzutage 17 solche Steigungen. Manche, wie den Paterberg, fährt man zweimal.«

Dann rollen wir eine Weile leicht dahin, bevor es Zeit wird für die nächste Steigung und die nächste und die nächste. Es wird zu einer Art Intervalltraining, bei dem ich lerne, dass nicht die Steigung das Schlimmste ist, sondern eher die Länge des Anstiegs. Beispielsweise ist der Oude Kwaremont ein richtiges Monster, obwohl seine mittlere Steigung nur 3,5 Prozent beträgt, der Hügel ist 2600 Meter lang und der Zustand des Kopfsteinpflasterabschnitts rein mittelalterlich. Manche Pflastersteine sind zwar wie unsere, ziemlich flache Quadrate, über die man halbwegs leicht hinwegfahren kann, während andere das sind, was die Flamen *kinderkopje*, also Kinderschädel, nennen, große, runde Steine, von denen jeder einzelne sich wie ein eigenes Hindernis anfühlt, das überwunden werden muss.

Wir radeln nach Ronse hinein, um Kaffeepause zu machen. Es ist 11 Uhr durch, also kann man nach flämischem Brauch den Kaffee ausfallen lassen und stattdessen ein Bier trinken. Stijn ist gezwungen, auf Französisch zu bestellen, weil wir inzwischen die Sprachgrenze überrollt haben und uns im französischsprachigen Teil Belgiens befinden.

»Was sagst du«, wundert sich Stijn, »ihr Spitzname ist *Vlaanderens mooiste*, also das Schönste von Flandern. Stimmst du zu?«

Ich nicke nur ein wenig matt und nehme einen großen, wohlverdienten Schluck vom Bier. Auf der einen Seite ist es natürlich Wahnsinn, auf Kopfsteinpflaster Rad zu fahren, auf der anderen Seite kann man auch auf andere Art an seine Grenzen kommen. Wie lange kann ich fahren, die ganze Vätternrunde? Wie hoch hinauf kann ich fahren, bis auf den Mont Ventoux? Und die Frage, die man sich eben hier in Flandern stellt: Wie miserabel kann der Straßenbelag sein, um noch voranzukommen? Nicht verwunderlich, dass Cyclocross hier eine populäre Sportart ist.

»Die Flandern-Rundfahrt ist immer auch ein Rennen mit nationalistischem Einschlag gewesen«, sagt Stijn, als hätte ihn die französischsprachige Bedienung daran erinnert. »Um zu zeigen, dass Flandern auch tüchtige, mutige und ausdauernde Sportler hervorbringen konnte, dass dieser Landstrich nicht nur aus armen, ungebildeten Rübenpflanzern bestand.«

Wir trinken unser Bier in Schlucken und sehen andere Radfahrer auf dem großen Platz kommen und gehen.

Stijn erzählt ein paar Anekdoten über De Ronde. Darüber, dass das Rennen auch während der deutschen Besatzung ausgetragen wurde, was den Verdacht der Kollaboration nährte; über den Windstoß, der das Zielband wegblies, weshalb der führende Italiener Nino Defilippis beim Sprint zu früh das Tempo rausnahm und vom Briten Tom Simpson um den Sieg gebracht wurde, der an ihm vorbeizog; über 1969, als ein frustrierter Eddy Merckx wie ein Irrer fuhr, um endlich dieses Rennen zu gewinnen, was ihm vorher nie gelungen war, und am Ende mit fünfeinhalb Minuten Vorsprung auf den Zweiten durchs Ziel rollte.

»De Ronde findet früh im April statt«, fährt er fort, »und ist deshalb bekannt für ihr schlechtes Wetter, für Regen und Schlamm, Wind und Kälte. Aber das stimmt eigentlich gar nicht, wenn man die Statistiken überprüft. Zwei Drittel der Rennen wurden tatsächlich bei schönem Wetter gefahren. Aber das Publikum hat gern ein bisschen raue Verhältnisse.«

»Wie wichtig ist Radsport hier?«

»Sehr wichtig, auf dem Niveau von Fußball. Es finden sich für gewöhnlich rund 700 000 Zuschauer an der Strecke ein. Das ist mehr als jeder zehnte Flame - und der Rest sitzt zu Hause und verfolgt das Rennen im Fernsehen mit.«

Wir verlassen Ronse. Grasen ein paar kleine Steigungen ab, kommen durch hübsche Städte mit frisch renovierten Häusern, wo die Architekten keine Angst hatten, Neues mit Altem zu vermischen. Es ist eine extrem schöne Landschaft zum Radfahren.

Stijn hält an, zeigt auf ein Schild, auf dem »Koppenberg« steht und dann hinunter auf eine Markierung auf der Fahrbahn. »Im Centrum Ronde van Vlaanderen kann man sich einen Chip kaufen, der deine Zeit den Koppenberg hinauf misst. Die kannst du danach im Internet mit anderen vergleichen. Der Koppenberg ist der schlimmste, nur dass du es weißt. Keine andere Steigung hat so viele Profis absteigen sehen. Am schlimmsten war es 1987, als der Däne Jesper Skibby führte. Mitten im Anstieg wurde er vom Juryauto angefahren, er überschlug sich, und dann kamen die anderen Fahrer. Es gab ein einziges Durcheinander. Alle mussten absteigen. Danach konnte man unmöglich wieder losfahren.«

Stijn beschleunigt und beginnt, ruhig und methodisch, sich den Koppenberg hochzuarbeiten. Die Straße wird von Bäumen beschattet. Laub liegt auf der Straße, dazu noch Tau von letzter Nacht. Es ist egal, was ich tue, das Hinterrad rutscht, das Vorderrad steigt, und die Kinderschädel scheinen sich immer höher aus dem Boden zu erheben in der Absicht, mich endgültig in die Knie zu zwingen, und die steilsten Stellen, wo die Steigung über 20 Prozent hat, sind nicht nur heftig, sondern werden beinahe unüberwindbar. Doch am Ende bin ich oben.

»Hier«, sagt Stijn und zeigt auf ein flaches Stück, »wird das Rennen für gewöhnlich entschieden. Wer nach dem Koppenberg noch Kräfte übrig hat, gewinnt.«

Dann nimmt Stijn wieder Fahrt auf. Nach ein paar Kilometern kommen wir zu einer Abfahrt. Auch hier Kopfsteinpflaster. »Du brauchst mehr Geschwindigkeit, ein bisschen über 30, erst dann wird es erträglich, dann schwebt man eher über die Pflastersteine hinweg.«

Ich erreiche nie dieses schwebende Stadium, obwohl ich versuche, an Stijn dranzubleiben. Ich denke vor allem an alles, was sich lockern kann: Plomben, Kniescheiben, Hüftgelenke. Genau hier und jetzt fühlt sich *Vlaanderens mooiste* an wie ein sehr schlecht gewählter Spitzname. Aber nach einigen Hundert Metern fahren wir wieder auf Asphalt. Schnell ist die brutale Kopfsteinpflasterunterlage vergessen, denn alles andere ist wirklich schön hier. Das Schönste von Flandern.

P

P

PANNIER

Panier ist das französische Wort für »Brotkorb« und wurde anfangs ausschließlich dafür verwendet. Mittlerweile hat es ein »n« hinzubekommen und ist ein international verbreiteter Begriff für verschiedenste Arten von Fahrradtaschen und -körben.

Fahrradtaschen gibt es in allen Größen, Designs und Materialausführungen. Die praktischsten und wetterfestesten sind aus Kunststoffgewebe, die schönsten, schwersten und nicht sehr praktischen werden aus Leder hergestellt. Außerdem gibt es welche aus einer Art Segeltuch aus Hanf oder Baumwolle, die man danach wachst.

Es gibt paarweise Taschen, die man an den Gepäckträger vorn oder hinten hängt, Lenkertaschen, die manchmal frei hängen, manchmal auf einem Frontgepäckträger aufliegen, Taschen, die man hinten am Sattel befestigt, an der Sattelstütze oder solche, die man an den Rahmen hängt. Eine Variante, die bisher noch recht selten zu sehen ist, sind Einmaltaschen aus Karton. Sie sind für den impulsiv einkaufenden Radfahrer gedacht, der seine Waren statt in eine Tüte in eine Doppeltasche aus Pappe packt, die er dann über den Gepäckträger hängt.

Wer lange Radferien macht oder besonders schwere Einkäufe transportiert, achtet für gewöhnlich darauf, dass die Packtaschen tief hängen, weil das ein besseres Fahrverhalten ergibt als ein hoher Schwerpunkt, der das Radfahren kippelig macht.

PARIS–ROUBAIX

ist eines der sagenumwobensten Rennen. Man nennt es auch die »Hölle des Nordens«. Grund dafür ist, dass ein Fünftel der Gesamtstrecke von circa 250 Kilometern auf Kopfsteinpflaster gefahren wird. Zu der unbarmherzigen Unterlage kommt auch noch, dass das Rennen meist am ersten Sonntag im April stattfindet, wenn das Wetter nicht selten kalt und regnerisch ist.

Ich hole mein Leihrad am Bahnhof in Lille ab und setze Kurs auf Roubaix. Das Rennen führt nicht direkt durch Lille, also muss ich zuerst ein Stück ostwärts radeln, um auf den richtigen Abzweig zu stoßen. Ich habe es mir leicht gemacht, indem ich im Prinzip nur die Schlussphase des Rennes, etwa die letzten 15 Kilometer, fahre. Außerdem ist mein Citybike zwar schwer und träge, aber es hat breite, nicht zu stark aufgepumpte Reifen, die vieles verzeihen. Trotzdem, am Schild, das »Roubaix 9« verkündet, tue ich, was die meisten Rennfahrer zu tun pflegen, ich werfe verstohlene Blicke zum Wegesrand, um zu sehen, ob man dort fahren kann, außerhalb des Kopfsteinpflasters. Denn es fühlt sich sehr bald so an, als würden sowohl am Fahrrad als auch an mir alle Befestigungspunkte losgerüttelt und zu einem Haufen Einzelteilen zusammenfallen. Alle Bilder von Paris-Roubaix, auf denen Fahrer aussehen, als hätten sie sich in einer Schlammpfütze gewälzt wie Wasserbüffel, kommen daher, dass sie versucht haben, dem Kopfsteinpflaster zu entkommen, und in den Graben gefahren sind.

Aus oben genannten Gründen wird der Name Roubaix oft in Produktbezeichnungen verwendet, die betonen sollen, dass beispielsweise ein Rahmen extra vibrationsdämpfend ist oder ein Laufradsatz besonders robust. Manchmal sowohl als auch. Ein Freund von mir hatte eine Weile zwei Laufräder, von denen es hieß, sie seien speziell für das Rennen Paris-Roubaix gebaut worden. Die Felgen waren aus laminiertem Holz, und dessen federnde Eigenschaften sollten den Parforceritt über die Pflastersteine erleichtern.

Die Pflastersteine werden nicht selten mit ihrem französischen Namen bezeichnet, *pavé*. Der Straßenbelag war anfangs, vor den Zeiten von Beton und Asphalt, ausschließlich aus Stein. So wurde das Wort sogar zu einem Synonym für »Trottoir«, ähnlich wie das englische *pavement*. Selbst *pavé* findet man unter den Produktnamen für Fahrradrahmen, Beleuchtung, Reifen sowie im Namen eines sehr trendigen Fahrradcafés in Barcelona wieder.

Der letzte der 28 Kopfsteinpflasterabschnitte ist nur 300 Meter lang, fühlt sich aber vermutlich wie 300 Meilen an, wenn man die ganze Strecke gefahren ist. Im Jahr 2004 waren vier Mann in der Spitzengruppe übrig, die auf die letzte Runde im Velodrom von Roubaix einbogen. Einer von ihnen war der große, schwere Schwede Magnus Bäckstedt, mit dem niemand gerechnet hatte. Es sah lange so aus, als sollte Bäckstedt den Kürzeren ziehen bei diesem Katz-und-Maus-Spiel auf der Bahn. In der letzten Kurve lag er nicht nur auf der letzten Position, er schien auch eingekeilt. Doch dann ergab sich eine Lücke, die anderen Fahrer machten einen Schlenker die Bahn hinauf, und, wie Bäckstedt im Fernsehinterview des Programms *Icons – Hell of the North* später sagen sollte, »two pedal strokes on the inside of the Côte d'Azur, and that was it«. Also zweimal auf der untersten blauen Markierung, die im Bahnradsport nach der französischen Riviera benannt ist, in die Pedale getreten, und alles war klar. Aber wenn es nur zwei Tritte in die Pedale waren, dann müssen es die kräftigsten der Radsportgeschichte gewesen sein, denn Bäckstedt gewann mit einer ganzen Länge Vorsprung, was bei einem so kurzen Sprint mehr als bemerkenswert ist. Selbst strample ich, nach einem Kaffee auf der Grand Place, zurück nach Lille.

PENDELN

ist ein trügerischer Begriff. Jedenfalls wenn es um das Pendeln mit dem Fahrrad geht. Zwar weiß jeder, was Pendeln bedeutet, aber keiner kann es richtig definieren. Nicht zuletzt, wenn man Pendeln von, sozusagen, einfachem Mit-dem-Rad-in-die-Arbeit-oder-zur-Schule-Fahren unterscheiden will. Worin liegt der Unterschied? Pendeln ist weiter, aber wie weit? Weiter als zwei Kilometer, weiter als fünf? Pendeln braucht mehr Zeit. Reicht eine Viertelstunde, oder muss man mindestens eine halbe Stunde unterwegs sein, um ein Pendler zu sein?

Pendler haben auch eine andere Einstellung zu ihrem täglichen Radfahren. Sie pendeln nicht auf einem alten Damenrad oder einem Klapprad. Sie fahren nicht in Straßenkleidung. Sie haben Ahnung von ihrem Fahrrad, kennen die Marke, die Zahl der Gänge und die Breite ihrer Reifen. Außerdem loten sie ständig das Verbesserungspotenzial des Pendelns aus. Soll ich auf dünnere Reifen wechseln, auf engere Kleidung, bessere Beleuchtung, Nabenschaltung, soll ich einen Blogeintrag schreiben über miserable Radwege und lebensgefährliche Autofahrer?

Eigentlich kann man genauso gut auf einem ganz gewöhnlichen Fahrrad pendeln wie auf einem Rennrad. Anfängern sei empfohlen, mit dem zu beginnen, was sie zur Hand haben. Sonst passiert es leicht, dass der neu gekaufte Drahtesel schnell auf einer Onlinehandelsplattform landet: »Nur 50 Kilometer gefahren, wegen Fehlkaufs abzugeben.«

Nach einer Weile als Pendler entscheiden sich viele, auf ein Hybridrad umzusteigen. Ein hinreichend leichtes Fahrrad mit einer großen Zahl an Gängen, einem geraden Lenker für besseren Überblick im Stadtverkehr, mit schmalen Reifen und mit Platz für Schutzbleche und Spikereifen. Ein gutes Pendlerrad sollte auch einen ordentlichen Gepäckträger haben oder sogar zwei, an denen man Packtaschen anbringen kann, um auf dem Heimweg seine Einkäufe zu erledigen. Es ist ein bisschen witzlos, mit dem Fahrrad zu pendeln, wenn man danach mit dem Auto zum Supermarkt fährt.

PLATTFUSS

Die Jugend von heute weiß nicht einmal mehr, was das ist! Ich bin lange fast daran verzweifelt, dass meine Töchter keinen Platten flicken können, bis ich begriff, dass es sich um obsoletes Wissen handelt. Es passiert so selten, dass es sich gar nicht lohnt, es zu lernen. Ich kann mich nicht mehr erinnern, in welchem Jahr es in meiner Familie zum letzten Mal einen Plattfuß gab, und wir haben schließlich gut zehn Fahrräder in Gebrauch.

Bessere Reifen und Felgen haben die ehemals notwendige Fähigkeit, die ich noch vor der Schule gelernt habe, quasi eliminiert: den Mantel, im besten Fall mit ein paar Reifenhebern, im schlimmsten Fall mit ein paar Schraubenziehern, abstreifen; den Schlauch aufpumpen; ihn in einen Eimer Wasser stecken, um zu sehen, wo Luft austritt, und damit das Loch zu lokalisieren; den Schlauch herausnehmen, ihn abtrocknen, dabei das Loch nicht aus dem Auge verlieren, und es danach mit Kugelschreiber markieren; die Stelle um das Loch mit Schleifpapier leicht aufrauen, Vulkanisierflüssigkeit sowohl auf den Schlauch als auch auf den Flicken auftragen; den Flicken gut auf den Schlauch pressen und die ausgebesserte Stelle reiben, weil Wärme den Prozess beschleunigt; Schlauch und Mantel wieder montieren; pumpen; eine Runde fahren und feststellen, dass die Luft immer noch langsam, ganz langsam ausströmt; brüllen: »Plattfüße, ich hasse Plattfüße!« Und dann alles noch einmal von vorn. Solch charakterbildende Arbeit braucht sich die Jugend von heute selten anzutun. Als ich jüngst trotzdem beim Fahrradhändler nach Vulkanisierflüssigkeit suchte, wurde dieser Kleber nicht mehr verkauft. Er ist durch Expressflicken ersetzt worden.

POLLER

sind Hindernisse aus Beton, die manchmal zur Abgrenzung von Radwegen oder zur Sicherung von Baustellen genutzt werden, um Autofahrer daran zu hindern, mit Radfahrern zusammenzustoßen. Was mit sich bringt, dass Radfahrer nicht selten mit den Pollern zusammenstoßen.

PRODUKTPIRATERIE

kommt auch in der Fahrradwelt vor. In erster Linie sind es Carbonrahmen, die kopiert und übers Internet verkauft werden.

Man findet Threads im Netz, in denen diskutiert wird, ob die nachgemachten Rahmen genauso gut sind wie das Original, ob sie vielleicht identisch sind - aus einer Überproduktion womöglich -, und ob diese Piratenpreise nicht eigentlich die echten Preise sind. Ich finde, diese Diskussion führt in die völlig falsche Richtung. Wir wissen, dass gerade in Asien nicht selten umwelttechnisch zweifelhaft und arbeitstechnisch verwerflich produziert wird. Kauft man ein Markenprodukt, wird einem ein gewisser Einblick garantiert. Markenherstellern sitzen Journalisten und Gewerkschaften im Nacken, sie werden von Organisationen wie dem Worldwatch Institute, Save the Children und der UN überprüft.

Will man wirklich sicher sein, ein Produkt eines Unternehmens zu kaufen, das keine Umweltgesetze umgeht, unsere Natur nicht zerstört, bei dem Kinderarbeit außer Frage steht und Erwachsene unter fairen Bedingungen arbeiten, dann sollte man weiter bei einem Markenunternehmen kaufen, an das man Bedingungen stellen kann. Piratenunternehmen kann man weder kritisieren, noch kann man etwas von ihnen verlangen. Und dabei muss es gar nicht um Carbonrahmen gehen.

Alle Produkte, die verdächtig billig sind, werden in der Regel unter inakzeptablen Bedingungen hergestellt. Dieses tolle Radtrikot mit Aufdruck deiner Lieblingsmannschaft, das so gut wie nichts gekostet hat, wurde vermutlich in einem von der Mafia kontrollierten Betrieb in einem Keller außerhalb Neapels von einem illegalen Einwanderer hergestellt, der viel zu lange am Tag für viel zu wenig Lohn arbeitet.

PROZESSIONSSPINNER

sind Schmetterlinge, deren Raupen im Frühling 2015 den merkwürdigsten Fahrradunfall verursachten, von dem ich je gehört habe.

In einer Art Gänsemarsch gehen sie auf die Jagd nach Blättern zum Fressen - in Schweden oft von Eichen, im südlichen Europa für gewöhnlich von Olivenbäumen. Man kann dann ungefähr 20 Raupen sehen, die sich wie eine Schlange über die Straße ringeln. Dabei können es Zehntausende Prozessionen gleichzeitig sein, die eine Asphaltstraße kreuzen.

Das war es, was direkt außerhalb von Sevilla geschah, als ein Radrennen vorbeikam. 300 Rennfahrer donnerten direkt durch eine enorme Ansammlung von Prozessionsspinnern, deren Haare stark brennenden, juckenden Hautausschlag samt Atembeschwerden verursachen können. Mehr als 200 Radrennfahrer mussten sich zur Behandlung ins Krankenhaus begeben.

Q

QUADRACYCLE

Ein vierrädriges Fahrrad, das auf der Weltausstellung in New York im Jahr 1853 erstmals vorgeführt wurde. Zum Teil wurde es als Lösung für das Balanceproblem präsentiert, mit dem Zweiräder sich herumschlugen, zum Teil als sozialeres Beförderungsmittel, weil es für gewöhnlich mehr als einen Sitz hatte. Im Lauf der Jahre wurden auch einige Fahrradautos mit vier Rädern gebaut, aber die Nische wurde immer von Dreirädern dominiert.

Heute lebt das Vierrad in erster Linie als Touristenrad auf Strandpromenaden und in Vergnügungsparks weiter.

QUICKSILVER

Amerikanischer Spielfilm aus dem Jahr 1986 mit Kevin Bacon in der Hauptrolle. Ein bisschen wie Dirty Dancing, bloß mit Fahrrädern. Siehe auch: »Fixie«.

R

RADELNDER SCHULBUS

Darunter versteht man, ähnlich dem laufenden Schulbus, eine Art, den Schulweg der Kinder autofrei und damit sicherer zu machen. Ein radelnder Schulbus ist somit nichts anderes als ein radelnder Elternteil, der wie eine Gänsemutter voraus mit den Kindern des Viertels im Schlepptau zur Schule fährt.

RADSCHNELLWEG,

mitunter auch Fahrradautobahn genannt, ist eine eher miserable Wortwahl, um eine spezielle Art von Radweg zu definieren. Der Gedanke hinter der Wortwahl ist wohl, dass ein Fahrradschnellweg genauso hohe Priorität genießen soll wie eine Schnellstraße für Autos oder eben eine Autobahn. Man soll einfach Rad fahren können, ohne sich Sorgen wegen des Querverkehrs zu machen.

Es mangelt immer noch an einer einheitlichen Definition. Es wäre allerdings gut, über die folgenden Punkte Einigkeit zu erzielen:

- Zwei Spuren in jeder Richtung, sodass Schnellfahrer und Schnarchnasen gut miteinander auskommen können
- Fußgängerverbot
- Höhenfreie Kreuzungen (sodass sich die Wege nicht auf derselben Ebene kreuzen). Wenn das nicht funktioniert, soll der kreuzende Verkehr in jedem Fall Vorfahrt gewähren.
- Beleuchtung
- Guter Fahrbahnbelag, gern in einer abweichenden Farbe
- Priorisierter Winterdienst
- Auf längeren Strecken gern mit Luftpumpen und einfachem Werkzeug

Inzwischen hört man hin und wieder den Begriff Velostrada für Fahrradautobahn. Das mag ich. Wäre es nicht schön, wenn man diese Bezeichnung überall verwenden würde?

Ich bin sowohl in London als auch in Kopenhagen auf Velostradas gefahren. Eine gute Initiative, aber ich bin nicht übermäßig beeindruckt. Fühlen sich meist wie ungewöhnlich breite Radwege an. Ich warte auf die erste Stadt, die ganz einfach eine ganze Straße annektiert und sie in eine Velostrada umwandelt. Punkt. Wie schwer kann das sein?

RADWEG,

offiziell eigentlich Radverkehrsanlage, ist, wie das Wort erkennen lässt, ein eigener Weg für Fahrräder - zumindest meistens. Mitunter muss man ihn mit Fußgängern teilen. Und manchmal auch mit geparkten Autos. Ein Radweg kann dabei ein baulich angelegter Weg sein, der parallel zu einer Straße verläuft und getrennt ist durch einen Bordstein oder einen Grünstreifen oder gar völlig abseits der offiziellen Straße angelegt ist. Oder aber es handelt sich um eine Art Schutzstreifen, der lediglich durch einen aufgemalten Strich gekennzeichnet ist. Hier kommen nicht selten die bereits erwähnten geparkten Autos ins Spiel.

Ein paar Dinge, die im Gesetz stehen:

› Sind Radwege mit einem speziellen Hinweisschild (weißes Fahrrad auf blauem Grund) gekennzeichnet, sind sie benutzungspflichtig. Man muss also auf dem Radweg fahren.

› Auf gemeinsamen Geh- und Radwegen darf man nur mit besonderer Rücksicht auf die Fußgänger fahren und muss die Geschwindigkeit an die der Fußgänger anpassen. Ob die Fußgänger auch Rücksicht auf Fahrradfahrer nehmen müssen, wird im Gesetz nicht erwähnt.

› Die Geschwindigkeitsbegrenzung für Fahrräder auf einem Radweg ist dieselbe wie die für Autos auf der Fahrbahn daneben. Was unter anderem mit sich bringt, dass man ein Fahrrad schon mal mit 50 Sachen bewegen darf, während die Autos neben einem im Berufsverkehr stehen.

Übrigens ist Malmö, laut den eigenen Stadtrepräsentanten, Schwedens beste Fahrradstadt mit beeindruckenden 490 Kilometern Radwegen. Was, ebenfalls laut den Malmöern, sogar mehr ist als das, was Kopenhagen, die oft gepriesene Weltstadt der Fahrradfahrer, zu bieten hat.

RANDONNEUR

»So ein Fahrrad will ich haben«, dachte ich, als ich das erste Mal auf das Modell stieß. Das ist mir natürlich auch schon früher passiert, aber mit dem Randonneur war es anders. Da dachte ich: »Dieses Rad, das bin ich.«

Das Fahrrad, das ich auf dem Bild sah, ähnelte einem etwas älteren, kräftigeren Rennrad mit dünnen, grazilen Schutzblechen und einem kleinen Frontgepäckträger, der eine Lenkertasche stützte. Ich dachte, wenn Schnupferich von den Mumins Fahrrad fahren würde, täte er es auf einem Randonneur. Eine Freiheitsmaschine für einsame Wölfe, auf der man sich jederzeit auf den Weg machen, eine Weile fort sein und wiederkommen kann, wenn einem danach ist. Vielleicht nicht einen ganzen Winter wie Schnupferich, aber einige Tage in jedem Fall.

Ein schönes Wort ist das auch, *Randonneur*. Es ist französisch, aber die Franzosen scheinen es eher zu verwenden, um Wanderer zu bezeichnen. *Randonée pédestre* ist wie Bergwandern, aber mit einem spirituellen Einschlag - von dem viele schwedische Bergwanderer meinen, er sei ohnehin in dem Begriff inbegriffen.

Obwohl das Randonneur sofort romantische Gedanken an Entdecker- und Abenteuertouren in mir weckte, musste ich einsehen, dass damit heutzutage etwas anderes verbunden ist. Meist ist es Teil von regelgebundenen Klubaktivitäten für Langstreckenradfahrer.

Eine *Randonée*, zeigt sich, ist eine lange Tour auf dem Rad. Organisiert, ja, die Idee dahinter ist allerdings, dass der Radfahrer von Start bis Ziel allein klarkommen soll, ohne Verpflegungsstationen und Begleitfahrzeuge. Eine Randonée nennt man auch *Brevet* nach der Stempelkarte, die der Radfahrer dabeihat, um zu beweisen, dass er an gewissen Kontrollstationen vorbeigekommen ist. Übliche Distanzen sind 200, 300, 400 und 600 Kilometer. Nicht selten werden diese in einer Serie gefahren.

Daneben gibt es auch den *Audax*, eine Variante des Brevet, bei der man in der Gruppe fährt, und es gibt Verpflegungspausen. Die schönste Variante ist der Lauf Paris-Brest-Paris mit netten 1200 Kilometern. Er wurde 1891 zum ersten Mal ausgetragen und wird heute jedes vierte Jahr gefahren. Oder vielleicht ist der schönste Lauf auch La 1001 miglia, 1625 Kilometer mit Start und Ziel im milanesischen Vorort Nerviano.

Oder die Seidenstraße nach Usbekistan. Oder Montreal-Boston-Montreal. Um das Ganze noch vollends zu verkomplizieren, verwendet man den Begriff *Audax* in Großbritannien ausgerechnet für Läufe, bei denen man solo fährt.

Wenn ich mich im Netz nach Fahrrädern umschaue, die bei diesen Langstreckenfahrten zum Einsatz kommen, sehe ich nur selten den Typ von Randonneur, dem ich zuerst verfallen bin. Eine gewöhnliche Kohlefaserkonstruktion mit Titanschrauben und aerodynamischen Speichen. Was mich natürlich nicht daran hindert, mir auch weiterhin einen Randonneur kaufen zu wollen - einen, den ich Schnupferich taufe und mit dem ich einfach losfahren kann, um erst wieder zurückzukommen, wann ich es will.

REGEN

ist kein Grund, nicht mit dem Rad zu fahren, man muss nur ein paar zusätzliche Dinge bedenken:

› Direkt nach dem ersten Guss kann es am rutschigsten sein, weil durch das aus Motorfahrzeugen ausgetretene Öl, aber auch durch Staub, Gummiabrieb und Pollen ein gefährlicher Schmierfilm entstehen kann.
› Felgenbremsen funktionieren bei Nässe schlechter.
› Abschnitte der Fahrbahn, die man für gewöhnlich gern mag - wie schöner glatter Beton - können jetzt die rutschigsten sein.
› Kanaldeckel und alles andere aus Metall besser vermeiden.
› Schutzbleche verwenden, für richtiges Sauwetter besorgt man sich besser noch Verlängerungen zum Spritzschutz.
› Auf wetterfeste Kleidung achten, am besten aus atmungsaktivem Material, das gegen Regen schützt und gleichzeitig Feuchtigkeit nach außen transportiert, sodass man trocken ankommt. Klingt gut, leider habe ich noch keine atmungsaktive Kleidung gefunden, die voll und ganz funktioniert. Wenn man nicht weit hat, reichen auch gewöhnliches Regenzeug und Gummistiefel.
› Langsam fahren und in Kurven noch langsamer.
› Einen extra Reflektor oder Neonweste tragen. Autofahrer haben zwar Scheibenwischer, aber ihre Sicht wird auch schlechter.
› Schnell durch große Pfützen fahren. Einfach, weil's immer wieder Spaß macht.

REIFENDICHTMITTEL

versprechen ein Dasein ohne Reifenpannen. Diese Flüssigkeit, mit der man den Schlauch befüllt, schließt ein neu entstandenes Loch. Der

Nachteil ist, dass die Flüssigkeit den Reifen eine Idee schwerer macht und dass sie nach einigen Monaten austrocknet, sodass man sich einen neuen Schlauch kaufen muss. Eine andere Möglichkeit sind stich- und schnittunempfindliche Pannenschutzbänder, die man zwischen Schlauch und Mantel legt. So kommt es erst gar nicht zu Löchern im Schlauch.

REIFENFABRIK

Eine der bekanntesten liegt in Korbach in Hessen. Während meines ganzen Recherchebesuchs in Continentals riesiger Anlage gelingt es niemandem, mir zu erklären, warum dem so ist. Es ist schön hier, eine hügelige Agrarlandschaft, aber wirklich weitab vom Schuss. Selbstverständlich gibt es in Deutschland keine wirklich dünn besiedelten Gegenden, aber es ist, als hätten die größeren Städte Kassel, Frankfurt, Bonn, Köln, Düsseldorf und Dortmund in der Landschaft einen Kreis gezogen und entschieden, dass sich darin nichts Großes befinden soll. Außer der Reifenfabrik von Continental, denn die ist schon immer dort gewesen.

Ich darf mich an eine Gruppe finnischer Fahrradhändler anschließen, die herumgeführt und gerade so viel umschmeichelt werden sollen, dass es von der EU-Kommission nicht als Bestechung gewertet wird. Später dürfen die Fahrradhändler ein Rennauto fahren, aber Autos rollen ja auch auf Reifen, und Reifen verkaufen die Fahrradhändler ja auch.

Die Finnen und ich werden an einigen Geschäftsräumen vorbeigeführt und durch ein großes Tor hinein in die eigentliche Fabrik, von der Teile noch aus dem frühen 20. Jahrhundert stammen.

»Ich erkenne den Geruch wieder«, sagt ein junger Finne, »ich wohne in Nokia.« (In Nokia befindet sich der Reifenhersteller Nokian, nicht aber der Handyproduzent Nokia.)

»Alles«, sagt Marco Buhl, er ist unser Guide, »begann 1871 in Hannover, als die Continental-Caoutchouc und Gutta-Percha Compagnie gegründet wurde.«

Ein schönes Wort, denke ich, Guttapercha, aber schwer, ernst zu bleiben, wenn man davon spricht.

»3000 Arbeitsplätze hier in Korbach«, fährt Marco fort. »Aber bei Weitem nicht alle machen Fahrradreifen. Im ganzen Konzern sind wir annähernd 180 000.«

Marcos wichtigste Mission bei dem Rundgang ist es zu betonen, dass hinter Fahrradreifen, die in Deutschland hergestellt werden, sehr viel mehr Handwerk steckt als hinter denen, die in Asien hergestellt werden, beispielsweise in Continentals eigener Fabrik in China. Es soll einen

Qualitätsunterschied geben, höherwertiges Material und besseren Pannenschutz, was man auch beim Preis spüren soll. Alle sollen daran verdienen, dass man einen Reifen verkauft, auf dem »Made in Germany« steht, selbst wenn man Fahrradhändler aus Tampere ist. Um diesen Unterschied sichtbar zu machen, haben die deutschen Reifen etwas coolere Namen wie BlackChili oder Extraeinlagen aus Gatorskin, während die Reifen aus China auf Namen wie Safety oder Plus hören.

»Das ganze Gummi wird hier in der Fabrik gemischt. In Fahrradreifen ist viel Naturkautschuk, Latex.«

»Gibt es ein Umweltzeichen?«, frage ich, der ich schon lange umweltfreundliche Autoreifen ohne krebserregende PAK-haltige Weichmacheröle (polyzyklische aromatische Kohlenwasserstoffe) kaufe.

Erhältlich sind solche Reifen in Deutschland bereits seit 2010 nicht mehr. Doch was die Umweltplakette anbelangt, windet sich Marco ein bisschen, bevor er antwortet. »Nein, das gibt es nicht. Noch nicht, aber wir arbeiten daran. Der Markt verlangt es.«

Jetzt stehen wir vor einer Maschine, die Drahtreifen herstellt, also den gewöhnlichsten Reifentyp, bei dem zwei eingekapselte Stahldrähte den Reifen in der Felge in Position halten. Mir wird bewusst, dass das ein ziemlich komplizierter Prozess ist. Zuerst werden bis zu acht verschiedene Sorten Natur- und Synthesekautschuk (plus ein Anteil Chemikalien und Pigmente) zusammengerührt, um die richtige Mischung für genau diesen Reifen zu erhalten. Danach wird das Gummi in verschiedenen Maschinen gewalzt, um die richtige Breite und Dicke zu erhalten. Jetzt reißt die Frau an der Maschine ein Stück Gummi an einem perforierten Rand ab und legt es um eine Trommel, die sie mit einem Pedal rotieren lassen kann. Danach fügt sie Lage um Lage hinzu, eine Lauffläche, einen Pannenschutz und dann die beiden Stahlringe aus Draht.

Ich zähle 15 verschiedene Arbeitsschritte, inklusive solchen wie dem Schneiden mit der Schere und dem Glätten der Gummilagen von Hand. Es bedarf zweifellos eines Menschen, um einen Fahrradreifen herzustellen, und zwar einen Menschen mit Kenntnissen und Erfahrung.

Dann traben wir weiter zum nächsten Stopp des Reifens, zum Vulkanisieren. Das ist ein etwas magischer Prozess, bei dem das Material gleichsam verwandelt wird, eine andere Eigenschaft erhält, indem Wärme zugeführt wird. Das Gummi ändert sich von plastisch zu elastisch. Vor dem Vulkanisieren kann man dem Reifen also die Form geben, die man will. Nach dem Vulkanisieren wird der Reifen einfach zu seiner Ursprungsform zurückkehren. Deshalb kann man keine neuen Reifen aus altem Gummi machen. Es ist nicht möglich, alte Autoreifen zu schmelzen, also werden sie stattdessen gemahlen und unter anderem als federnde Unterlage unter Kunstrasen eingesetzt.

Ich war vor einiger Zeit im Industriemuseum von Gislaved in Schweden und habe mir ihre Gummi- und Reifenausstellung angesehen. Jetzt in Korbach fällt mir auf, dass so vieles in der Reifenherstellung sich immer noch gleicht. Würde ein Arbeiter der Continental-Caoutchouc und Gutta-Percha Compagnie von 1870 wiederauferstehen und durch die Türe hereinkommen, würde er sich nach einer Weile zurechtfinden. Er wäre sicher darüber verwundert, dass die ganze Leistung und Wärme elektrisch durch magische Kabel bereitgestellt wird, aber sonst *kein* Problem. Nach einem kurzen Update könnte er mit der Arbeit beginnen.

Ich frage, wie lange es dauert, einen Reifen herzustellen, wenn man alle Arbeitsschritte zusammennimmt. Das ist keine böswillige Frage, ich stelle sie eher aus Verwunderung. Denn wenn Menschen mehr als nur ein paar Minuten in die Produktion involviert sind, pflegt die Fertigung ziemlich bald in einem Land mit niedrigen Lohnkosten zu landen.

»Das weiß ich tatsächlich nicht«, antwortet Marco.

Es ist natürlich klar, dass er es weiß. Vielleicht will er bloß nicht enthüllen, um wie wenige Minuten es sich eigentlich handelt. Wir, die wir viel für einen Reifen bezahlen, der in Deutschland von Hand hergestellt worden ist, werden vielleicht ein wenig nachdenklich, wenn die Zeit, die dieses Handwerk in Anspruch nimmt, nur bei fünf Minuten liegt oder vielleicht fünfzehn, wenn man Verpackung und Versand noch mitrechnet.

Selbst wenn die Produktion sich nicht groß verändert hat, hat sich bei den Reifen selbst viel getan. Heutzutage sind sie viel leichter als früher. Der Pannenschutz ist ausgezeichnet, und selbst einen Mountainbikereifen mit grobem Profil kann man inzwischen zusammenfalten und im Rucksack mitführen.

Dann dürfen wir auch Marcos Chef zuhören, der Anekdoten erzählt – »Als uns klar wurde, dass unser Gatorskin 10 000 Kilometer hält, haben wir ein wenig Gummi weggenommen und den Preis erhöht.« –, größtenteils kleinere Seitenhiebe auf die Felgenhersteller. Das ist, soweit ich es verstanden habe, ein wenn schon nicht ewiger, so doch gärender Konflikt, der mindestens bis ins Jahr 1926 zurückreicht, als der französische Hersteller Mavic die Aluminiumfelge einführte. Plötzlich gab es etwas Neues, auf das die Reifenhersteller sich einstellen mussten, und das gefiel ihnen nicht. Sie wollten – und wollen immer noch – die Entwicklung selbst vorantreiben und sich nicht an die Innovationen anderer anpassen müssen. 1926 hatte man Angst, die Aluminiumfelgen könnten zu warm werden und dadurch Reifenpannen verursachen, was der Grund dafür war, dass sie bei der Tour de France bis 1931 verboten waren.

So ähnlich klingt es, als der Chef über Felgen aus Kohlefaser spricht. »Das Risiko ist, dass sie zu warm werden. Gute Reifen, Schlauchreifen, beinhalten viel Naturkautschuk, Latex, das seinen Schmelzpunkt bei etwa 180°C hat. Also verwendet Felgenband. Immer Felgenband. Wir haben bei den Felgenherstellern darauf hingewiesen, aber die zucken nur mit den Achseln und warten darauf, dass alle Fahrräder Scheibenbremsen haben. Dann verschwindet das Problem mit den überhitzten Felgen. Aber bis dahin sind wir es, denen man die Schuld dafür gibt, wenn Radfahrer eine Panne haben, obwohl es der Fehler der Felgenhersteller ist.«

Dann geht der Chef schnell Continentals ganzes Angebot an Reifen durch, um eine Ahnung davon zu bekommen, was sich in Finnland verkauft. Die finnischen Fahrradhändler sinken alle tiefer in ihre Stühle. Sie wollen nicht auf Fragen antworten, haben keine Kraft mehr. Sie wollen weg und Bier trinken und Rennauto fahren. Der Chef verliert auch die Lust angesichts des finnischen Schweigens und verneinenden Antworten wie »diese Reifen verkaufen wir auch nicht in Finnland«.

»Aber«, sagt der Chef, der einen neuen, besonders robusten Reifen verhökern will, »ihr sagt, dass ihr kaum Fahrräder habt in Finnland und dass kaum eine finnische Stadt Leihräder anbietet. Ihr seid wirklich anders in Finnland!«

Die Gesichter der finnischen Fahrradhändler verfinstern sich, denn die Art, wie der Chef »anders« sagt, klingt für ihre Ohren wie »zurückgeblieben«, was die Entwicklung des Fahrrads angeht. Nach einer Weile der Stille ergreift einer der Finnen das Wort. »Unsere Kartoffeln sind auch anders.«

Der Chef schaut den kleinen, untersetzten Finnen an, der mit keiner Miene verrät, ob er Spaß macht oder es ernst meint. Eine Sekunde lang verliert der deutsche Chef die Fassung angesichts der Möglichkeit, dass er genau in diesem Moment vielleicht selbst die Lachnummer im Raum ist. Aber dann schüttelt er den Kommentar des Finnen ab und erzählt eine Anekdote über schweigende Schweden, die nach einer gewissen Menge Bier laut wurden und Samba tanzten. Vermutlich dieselbe Geschichte, die er sonst in einem Raum mit schwedischen Fahrradhändlern erzählt, aber dann eben mit Finnen.

ROULEUR

ist französisch für einen Radrennfahrer, der stark auf flachen und leicht kupierten Strecken ist. Setzt sich bei Wettbewerben wie Paris-Roubaix und der Flandern-Rundfahrt durch.

S

SCALATORE,

italienisch für einen Radrennfahrer, der gut steile Hügel hinaufklettert. Von *scala* für »Treppe«. *Grimpeur* nennt man denselben Radrennfahrer auf Französisch.

SCANDIUM

ist ein Metall der Seltenen Erden, das zusammen mit Aluminium dazu verwendet wird, um eine Legierung herzustellen, die um 50 Prozent zugfester und widerstandsfähiger ist als andere Aluminiumlegierungen.

Dieses Element (Sc, Ordnungszahl 21 im Periodensystem) wurde 1879 von Lars Fredrik Nilson entdeckt, einem Chemieprofessor aus Uppsala. Darauf gestoßen ist er erstmals in der Grube Ytterby auf der Insel Resarö im Stockholmer Schärengarten. In diesem Bergwerk wurden gleich sieben der Elemente entdeckt. Und sie alle haben Namen bekommen, die mit dem Ort ihrer Entdeckung in Verbindung stehen. Scandium bezieht sich natürlich auf Skandinavien.

SCHLAUCHREIFEN

Ein Schlauchreifen ist in 32 Sekunden zusammengenäht. Manchmal dauert es ein paar Sekunden mehr, manchmal ein paar weniger. Ich habe die Zeit der Arbeiterin an der leistungsstarken Nähmaschine mit der vertikal ratternden Nadel in Continentals Reifenfabrik in Korbach selbst gestoppt.

Bei einem Schlauchreifen wird der Mantel rund um einen gewöhnlichen Schlauch zu einer geschlossenen Hülle vernäht und dann mit Kitt auf die Felge geklebt. Das etwas Merkwürdige an Schlauchreifen ist, dass sie immer noch existieren, vor allem im Profizirkus, obwohl sie keineswegs mehr als besser gelten als Drahtreifen mit separatem Schlauch. Ja, sie sind vielleicht eine Idee leichter, ja, man kann sie mit sehr unterschiedlichem Reifendruck fahren, und ja, bei einer Reifenpanne bei hohem Tempo haben sie eine stärkere Tendenz, auf der Felge zu bleiben. Ich glaube aber, dass es sie aus ganz anderen Gründen noch immer gibt: Hat ein Profi eine Reifenpanne, kommt sofort ein Servicemann mit einem neuen Rad; der Profi selbst verwendet ja nicht die halbe Nacht auf den Versuch, einen neuen Reifen aufzukleben, und der Profi bezahlt den neuen Schlauchreifen auch nicht aus eigener Tasche. Müsste der Profi seine Schlauchreifen selbst handhaben, hätte er es wohl längst aufgegeben.

»Welchen Anteil an eurer Produktion haben Schlauchreifen?«, frage ich den Produktionschef von Continental.

»Circa drei Prozent.«

Die Arbeiterin hat jetzt einen neuen Reifen genäht. 32 Sekunden sind vergangen. Sie muss jedes Mal ein wenig am Ventil herumbasteln, sonst würde es schneller gehen. Die Schlauchreifen, die sie zusammennäht und die mit dem Argument verkauft werden, dass sie in Deutschland handgefertigt sind, kosten bis zu 100 Euro pro Stück. Ich habe selbst welche. Sie waren an einem Fahrrad aufgezogen, das ich gebraucht gekauft habe. In einem alten Buch, das ich gefunden habe, steht, wie man bei einer Reifenpanne bei einem Schlauchreifen vorgeht. Man trennt die Naht auf, fummelt den Schlauch raus, repariert ihn auf die übliche Art und Weise, fummelt ihn wieder rein und näht alles zu. Für die Reparatur braucht es einen Flicken, Vulkanisierflüssigkeit, Sandpapier, Segelgarn, eine Nadel, einen Fingerhut, einen Kugelschreiber und Talk. Plus unendlich viel mehr Zeit als 32 Sekunden.

SCHLÜSSELBEIN

Der Knochen, den sich viele Radfahrer bei Stürzen brechen, wenn man beispielsweise mit der Schulter auf die Erde knallt. Es kann aber genauso gut passieren, wenn man sich mit der Hand abzustützen versucht.

Sich das Schlüsselbein nicht ein einziges Mal gebrochen zu haben wird von vielen Radfahrern als Zeichen feigen Fahrens angesehen.

SCHNEERADELN

an einem Samstagmorgen. Es hat über Nacht geschneit, bestimmt zehn Zentimeter. Ich beschließe, trotzdem zum Technischen Museum zu radeln. Die Trottoirs sind freigeschippt, die Straßen sind mit dem Schneepflug geräumt, der Radweg jedoch ist unberührt. Ich folge der Spur eines einsamen Radfahrers, der wie ich Richtung Zentrum geschlingert ist.

Darüber, dass Radwege nicht besonders oft von Schnee befreit oder, noch schlimmer, als Abladeplatz für anderen Schnee genutzt werden, kann man sich natürlich aufregen. Obwohl es andererseits ökonomisch nicht wirklich vertretbar ist, 12 Kilometer Weg freizuräumen, damit ich und noch einer mit dem Rad fahren können. Bei diesem Gedankengang beißt sich aber der Hund in den Schwanz. Wenige fahren mit dem Fahrrad, weil Schnee auf den Radwegen liegt, und es liegt Schnee auf den Radwegen, weil wenige mit dem Fahrrad fahren.

Als Südschwede bin ich das Radfahren im Winter gewöhnt. In Schonen schneit es selten, und wenn doch, fährt der Schone trotzdem mit dem Fahrrad, nur ein bisschen vorsichtiger. Es ist obendrein selten sonderlich kalt. Hier ein paar Tipps, um den Zögernden dazu zu bringen, auch im Winter mit dem Rad zu fahren:

1. Im Winter Rad zu fahren ist, wie vieles andere auch, eine Frage der Einstellung. Man sollte deshalb damit beginnen, seinen mentalen Widerstand gegen das Schneeradeln zu überwinden, indem man einfach

eine langsame Runde dreht. Das geht ausgezeichnet, solange man es etwas vorsichtiger in Kurven und an Kreuzungen angeht.

2. Der nächste Schritt ist die Anschaffung eines Spikereifens, mit Betonung auf einem. Rechnet man nicht mit einem besonders harten Winter und sind es vor allem vereiste Stellen, von denen man nicht überrascht werden will, dann reicht es aus, das Vorderrad mit Spikes zu versehen. Es genügen auch wenige Spikes, gut 70, die in größeren Abständen zum Rand hin sitzen. Der Reifen funktioniert dann im Großen und Ganzen wie ein gewöhnlicher, und die Spikes greifen erst beim Schlingern.
3. Winterlichere Straßen erfordern sowohl vorne als auch hinten Spikes. Bei starker Vereisung wählt man am besten Spikereifen mit vielen Spikes, bis zu 140. Diese Reifen sind außerdem aus einem weicheren Gummi gemacht, das bei großer Kälte nicht so steif wird wie ein normales. Bei viel Eis auf den Straßen kann man auch etwas Luft aus den Reifen lassen, um so eine größere Kontaktfläche mit der Fahrbahn zu schaffen. Das Problem ist, dass man es selten die ganze Zeit über mit den gleichen Straßenverhältnissen zu tun hat. Von Schnee über Eis hin zu blankem Asphalt - bei ersterem helfen Spikes nicht sonderlich, bei letzterem sind sie unnötig.
4. Viel und weicher Schnee kann dazu tendieren, sich an der Innenseite der Schutzbleche zu sammeln, was schlussendlich einen bremsenden Effekt hat. Es passiert sogar, dass kalte Kunststoffschutzbleche durch den Druck des Schnees von unten Risse bekommen. Dann sollte man ein paar einfachere, breitere Schutzbleche montieren, wie sie manche Mountainbikefahrer benutzen.
5. Was die Kleidung betrifft, sollte man ans Langlaufen oder Joggen denken. Komplizierter als das braucht es nicht zu sein. Man darf gern die ersten 200 Meter frieren, bis man richtig warm ist, um danach eine genau richtig temperierte Fahrt zu haben. Bei besonders eisigen Temperaturen kann eine Sturmhaube nötig sein, um sich gegen den Fahrtwind zu schützen, genauso wie ein spezieller Schuhüberzug, um die Füße extra vor der Kälte zu schützen.
6. Man muss sein Fahrrad im Winter mehr pflegen, besonders wenn Salz gestreut wird.
7. Man sollte auf eine bessere Beleuchtung und mehr Reflektoren achten, weil es dunkler ist und viele Autofahrer nur mit einem kleinen, freigekratzten Guckloch in der Windschutzscheibe fahren.

SCHUTZENGEL

plus Radfahrer ergibt bei Google über 100 000 Treffer. Nachdem keine anderen Verkehrsteilnehmer den Gefahren im Straßenverkehr so ausgesetzt sind wie Radfahrer, danken wir an dieser Stelle unseren geflügelten Schutzgeistern für ihren Arbeitseinsatz. Weil man sich auf diese Schutzengel aber natürlich nicht wirklich verlassen kann (und will), wäre es gut, wenn Fahrer von Autos, Bussen, Lastwagen und Sattelzügen noch mehr Rücksicht auf uns Radfahrer nehmen würden. Das beginnt schon mit einem ordentlichen Abstand von mindestens eineinhalb Metern, wenn sie uns überholen.

SCHWEDISCHE FAHRRADHERSTELLER

gab es ungefähr 2500. Allerdings kommt es darauf an, wie man rechnet. Wenn man alle verschiedenen Steuerrohrplaketten aufzählt, wie es Gert Ekström in seinem Buch *Geliebtes Fahrrad* getan hat, landet man bei dieser großen Zahl. Wenn man jedoch identische Fahrräder, die verschiedene Namen erhalten haben, Fahrräder, die halb- oder ganz fertig gekauft wurden und nur einen neuen Namen von einem geschäftigen Fahrradhändler erhielten, Dorfschmiede, die nur eine Handvoll Fahrräder pro Jahr bauten, und viele andere mehr abzieht und nur einmal rechnet, dann wird die Zahl erheblich kleiner - ist aber immer noch erstaunlich hoch, weil jede Stadt und größere Ortschaft ihre eigenen Fahrradfabriken hatten: 24 in Lund, 3 in Boden, 3 in Färila, 64 in Göteborg, 4 in Sunne, 2 in Haparanda und so weiter.

Gruppiert man die Namen, waren die gewöhnlichsten, Ekström zufolge, royaler Herkunft wie Kronan (»Die Krone«) und Monark (»Monarch«), mythologischer wie Hermes und Oden, astronomischer wie Polstjernan (»Polarstern«) und Tellus, geografischer wie Norrland und Vestmannia, oder waren nach Tieren wie Svalan (»Schwalbe«) und Elgen (»Elch«), Pflanzen wie Liljan (»Lilie«) und Skogsstjärnan (»Siebenstern«), Wertvollem wie Diamant und Pärlan (»Perle«) oder Schnelligkeit wie Pilen (»Pfeil«) und Spurt benannt.

Meine Favoriten, ganz unabhängig von der Kategorie, sind: Peking lyx (»Peking Luxus«), Kalibrerade kulan (»Kalibrierte Kugel«), Tarzan, Bussig (»Lieb«) und Hej (»Hallo«).

SICHERHEIT

In einem gewöhnlichen Jahr sterben in Schweden zwischen 20 und 30 Radfahrer an den Folgen eines Unfalls mit einem Motorfahrzeug (im Vergleich dazu wurden in Deutschland 2017 etwa 400 Todesfälle verzeichnet). Gleichzeitig sterben quasi null daran, dass sie von anderen Radfahrern niedergemäht werden. Sollte uns das nicht zu denken geben und vielleicht eine Debatte darüber anstoßen, wer sich am Riemen reißen soll?

Man kann das aber noch fortsetzen: Die meisten ernsthaften Fahrradunfälle ohne Fremdbeteiligung werden durch nachteilige Umstände verursacht, beispielsweise durch Straßenglätte aufgrund von Eis oder Schnee, durch Schotter oder Laub, durch schlecht instand gehaltene Radwege oder schadhafte Straßen. Nur die wenigsten Fahrradunfälle gehen darauf zurück, dass ein Radfahrer sein Handy benutzt, dass er oder sie auf dem Heimweg von der Kneipe, also alkoholisiert, ist oder dass ein Radfahrer in einen Fußgänger hineinfährt.

Es ist klar, auch Radfahrer können mehr Vorsicht walten lassen und weniger Risiken im Straßenverkehr eingehen. Aber Tatsache bleibt: Bei der großen Mehrzahl aller ernsten Fahrradunfälle, vor allem derer mit tödlichem Ausgang, ist es nicht der Radfahrer, der den Zusammenstoß verursacht.

SLOW ROLL,

auch unter der Bezeichnung *Critical Mass* geläufig, nahm seinen Anfang in Detroit. Mit anderen langsam eine Runde durch die Stadt zu radeln wurde zu einer Art, die Menschen in dieser bankrotten Autostadt zusammenzubringen. Aber es war auch eine Art, darauf hinzuweisen, dass Radfahren eine Alternative zum Auto sein kann und dass ein Wiederaufbau nicht notwendigerweise an Fahrzeuge mit vier Rädern geknüpft sein muss.

Das Phänomen Slow Roll hat sich über die Welt verbreitet und hat auch bei uns in einigen Städten Einzug gehalten. Die Leute fahren eine Runde, haben Spaß und kommen in Kontakt miteinander. Und auch hier ist die Slow-Roll-Bewegung ein stiller Protest gegen den Autoverkehr.

SRAM,

einer der weltweit größten und besten Hersteller für Fahrradkomponenten, befindet sich in Chicago. Michael Zellman gibt mir die Hand und führt mich hinaus auf die Dachterrasse. »Schöne Aussicht, was?«

Ich blicke in Richtung City, die Stadt mit den breiten Schultern (*City of Broad Shoulders*), die windige Stadt (*Windy City*), die Stadt der Schlachthäuser, der Wolkenkratzer, des Sears Tower, der mit seinen 442 Metern 25 Jahre lang das höchste Gebäude der Welt war. Heutzutage heißt er Willis Tower. Merkwürdig. Als würde man den Namen des Eiffelturms ändern.

»Aber wir werden bald dort hinüber ziehen«, sagt Michael und deutet auf ein großes Ziegelgebäude, das vermutlich ebenfalls eine Fabrik oder ein Lager beherbergt hat. »Dasselbe Haus, in dem Google sitzt. Die Leute sagen mir, das sei cool, aber ich weiß nicht.«

Dann führt Michael mich herum. Wenn etwas cool ist, dann sind das SRAMs Geschäftsräume, in denen das kreative Chaos herrscht, das entsteht, wenn man in einem Großraumbüro Computerschreibtische mit Arbeitstischen voller Schraubenzieher, Bohrmaschinen und Steckschlüssel vermischt. Dazu all die Fahrräder, die überall stehen und hängen, und der Duft von Espresso.

»Siehst du, hier haben wir eine eigene kleine Teststrecke«, sagt Michael und zeigt auf einen aufgemalten Radweg, der 50 Meter lang geradeaus führt, bevor er eine enge Kehre um einen Aufzugsschacht macht.

»Es sind nicht die großen, ernsten Tests, die wir hier machen, aber Leute, die neue Produkte entwickeln, müssen direkt ausprobieren können, was sie zusammengeschraubt haben. Sie sind ungeduldig. Und dann können ein paar Runden hier wirklich sehr gut sein.«

Wir gehen weiter. Keiner hat eine Tür an seinem Büro außer gelegentlich ein Chef. Wir kommen an einem Aufenthaltsraum mit einem Großbildfernseher vorbei. »Hier schauen wir uns morgens die Tour de France an.«

»Wie viele Mannschaften fahren dieses Jahr mit euren Schaltgruppen?«

»Nur drei. Aber es sind gute Mannschaften«, sagt Michael eine Spur gezwungen. SRAM ist nicht richtig auf den Zug aufgesprungen, als die elektronischen Schaltungen vor ein paar Jahren ihren Auftritt hatten und als SRAM noch neun Mannschaften bei der Tour hatte.

»Aber jetzt haben wir aufgeholt«, sagt Michael, als ob er Gedanken lesen könnte, »wir wollten einfach nichts auf den Markt bringen, bevor es richtig gut ist. Und die SRAM eTap ist richtig gut.«

Vielleicht. Aber einige Tage nach meinem Besuch rollte Vincenzo Nibali auf den Champs-Élysées durchs Ziel, auf einem Fahrrad mit einer Schaltung von Campagnolo. Im Jahr zuvor war Nibalis Mannschaft Astana noch mit SRAM gefahren. Die noch größere Ironie an der Sache ist allerdings, dass Nibali einer der wenigen Fahrer war, die am alten, mechanischen System festhielten.

Michael rattert weiter Fakten herunter, während wir weiterwandern, 2700 Angestellte, Wachstum hauptsächlich durch das Aufkaufen anderer Marken: Sachs, Rock Shox, Avid, Truvativ, Zipp. Aber es ist klar, dass es auch weiterhin um Innovation geht.

»Wir haben über 200 Patente«, sagt Michael, »aber alles begann mit der Drehgriffschaltung.«

Diese Drehgriffschaltung, *Grip Shift*, entwickelten die drei Jungs, die hinter SRAM stehen, 1987, und sie glaubten so fest an ihre Erfindung, dass sie ein eigenes Unternehmen gründeten, statt zu versuchen, die Idee an einen der existierenden Giganten zu verkaufen.

»Das war natürlich Wahnsinn. Aber es hat geklappt. Schon 1994 hatte SRAM mehr als 10 Millionen Drehgriffschaltungen verkauft.«

Und dann sollte man sich erinnern, dass Shimano 1992 mit einem dem Augenschein nach identischen Produkt SRAM Konkurrenz machte. Seither haben die beiden Unternehmen sich immer wieder in Patentprozessen gegenübergestanden.

»Tatsächlich«, sagt Michael und zeigt auf ein Foto an der Wand, »waren die ersten Drehgriffschaltungen an Rennrädern verbaut. Daran erinnern sich nicht viele. Erst später wurden sie mehr und mehr ein Ding für Mountainbikes.«

Es ist auch der Mountainbikebereich, in dem SRAM den meisten Erfolg hatte und in mehreren Fällen auch in der Entwicklung führend war. Jetzt verfügen sie über ungefähr 50 Prozent Marktanteil, während es bei Rennrädern nur 20 sind.

Wir fahren mit dem Aufzug hinunter, weil Michael mir zum Abschluss das Lager zeigen will. In einem Gang, der einer Unterführung gleicht, kommen wir an einer offenen Tür vorbei. Drinnen werkelt ein Mann an einem Stück Aluminium herum. Ich bleibe stehen und stelle einige Fragen. Zuerst antwortet er etwas widerwillig, erzählt von verschiedenen Sorten Aluminium mit unterschiedlichen Eigenschaften, dann aber, als er zu Stahl übergeht, wird er in seinen Ausführungen immer enthusiastischer. Er gibt mir einen Klumpen, um ihn zu befühlen, und zeigt auf eine hoch entwickelte Maschine.

»Die kann eine 11-fach-Kassette aus einem einzigen kompakten Stück Stahl fräsen. Statt die Zahnräder eins nach dem anderen aus einem Stahlband auszustanzen. Viel besser. Viel einfacher.«

Und viel teurer, denke ich, weil ich weiß, dass die Kassetten in 4130 Chrom-Molybdän-Stahl, über die er spricht, gute 300 Euro kosten. Aber mir gefällt der Mann, seine Werkstatt und der Gedanke, dass es immer ein paar Etagen unterhalb Espresso trinkender Marketing- und Verkaufsexperten ein Hirn gibt, das sich all das ausdenkt, womit das Unternehmen steht und fällt. Eine neue Art zu schalten, eine neue Art, eine Gabel zu dämpfen, eine neue Art, eine Kassette herzustellen.

Ein Stück von SRAM entfernt steht eine Reihe mit Leihfahrrädern, wie man sie inzwischen in jeder Großstadt, die den Umweltgedanken auf ihrer Agenda hat, findet. Ich sehe nach, mit was für einer Schaltung sie ausgerüstet sind – Shimano. Schwer, Prophet im eigenen Land zu sein.

Dann fahre ich nach Andersonville, dem schwedischen Stadtteil Chicagos, der daran erinnert, dass Chicago vor gut hundert Jahren gewissermaßen Schwedens zweitgrößte Stadt war (dort lebten mehr

Schweden als in Göteborg). Andersonville ist inzwischen eher ein Szeneviertel mit einer der größten LGBTQ-Gemeinschaften Chicagos, mit trendigen Secondhandshops, coolen Bars mit Bierkarten so lang wie die Wunschliste des Disneyweihnachtsmanns und Fixie fahrenden Hipstern. Aber ich sehe, das Erickson's Delicatessen immer noch Köttbullar verkauft - »wir haben frische Preiselbeeren« - und dass The Swedish Bakery, wo das gesamte Personal mittlerweile Spanisch spricht, inmitten von tausend Sorten Cupcakes tatsächlich auch eine leuchtend grüne Prinsesstårta verkauft.

STAHL

Reynolds Technology liegt in einem Vorort von Birmingham. Ich steige am Bahnhof Spring Road aus dem Pendlerzug und gehe in Richtung Shaftmoor Lane. Gebäude 21 wirkt wie geduckt neben dem viel größeren Flugzeugmotorenhersteller Aero Engine Controls. Keith Noronha, mit dem ich vor unserem Treffen geredet habe, sagte mit Trauer in der Stimme: »Wir sind jetzt kleiner. Viel, viel kleiner.« Dass es Reynolds immer noch gibt, dass eine englische Fabrik, die Stahlrohre für Fahrräder herstellt, weiterhin existiert, fühlt sich allerdings sehr positiv an, finde ich. Aber ich gebe bereitwillig zu, dass dieses Gefühl zum Großteil aus Nostalgie besteht. Rein von den Fakten her spielt es natürlich keine Rolle, in welchem Land die Stahlrohre hergestellt werden.

Reynolds ist eine dieser Marken, deren man sich gerne bedient, wenn man kennzeichnen will, dass man auf ältere, traditionsreiche Qualität setzt, auf etwas, das man heutzutage nicht mehr oft findet, das hält, das in England in einer zuverlässigen Backsteinfabrik und nicht in einem suspekten Schuppen in Asien hergestellt wird. Ungefähr auf die gleiche Art wie der Flugzeugmotorenhersteller auf der anderen Seite des großen Zauns stolz verkündet, dass er Teil der Rolls-Royce-Group ist.

Mit einer alten Marke zu arbeiten, die alle Fahrradinteressierten kennen, ist natürlich ein Vorteil, aber was Reynolds angeht, kann es auch ein Nachteil sein, weil viele an etwas denken, das es früher gegeben hat, das passé und ersetzt worden ist. Das von moderneren Materialien überholt wurde und dem deswegen gerne eine Aura von Rückständigkeit anhaftet.

Als Keith Noronha mir die Hand gibt und mich in einen Konferenzraum führt, wo eine Menge altes, historisches Material präsentiert wird, frage ich mich, ob das nicht die falsche Herangehensweise ist, zumindest wenn Reynolds sich als moderner Hersteller von Stahlkomponenten präsentieren will. Trotzdem ist das Erste, was er mir zeigt, ein

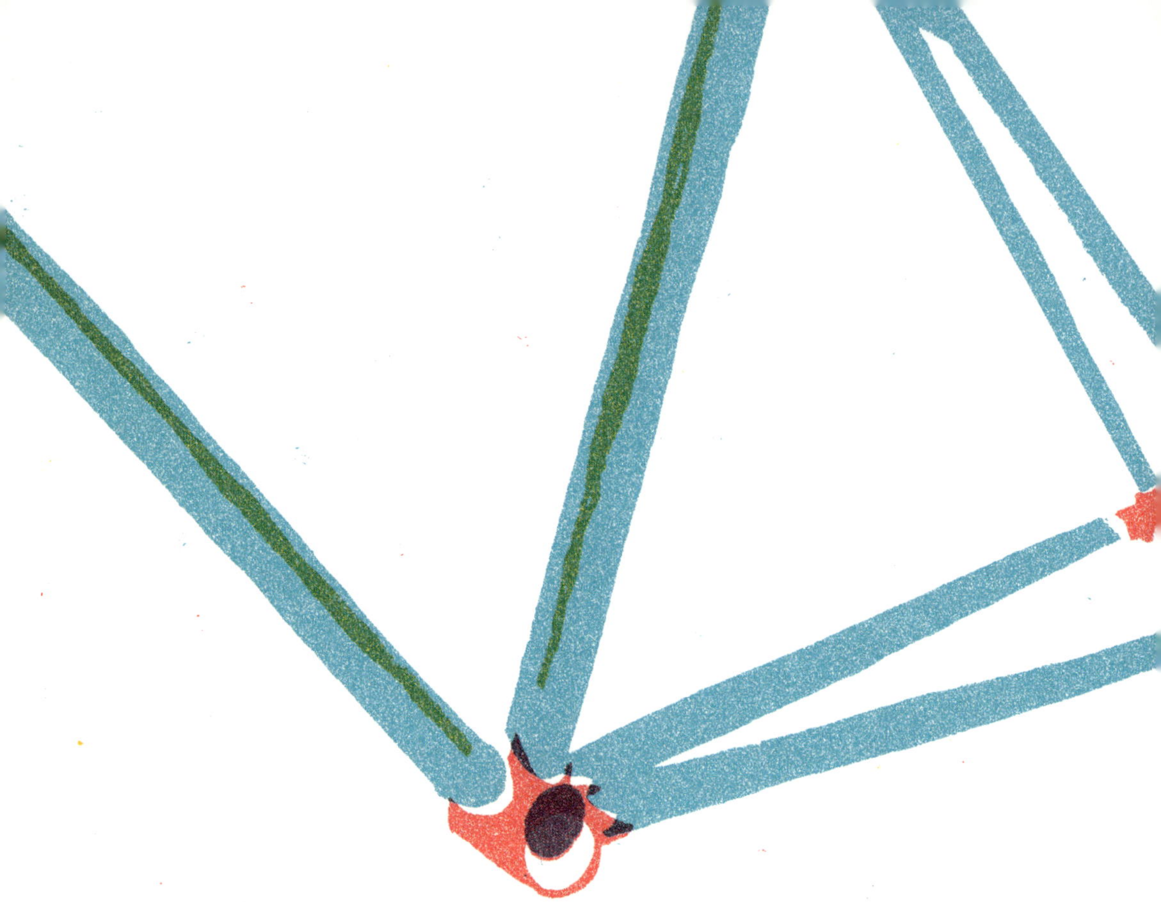

Patentbrief von 1897 zum *butted tubing*, eine Methode, um die Stärke der Rohrwände zu reduzieren. Diese bahnbrechende Erfindung von Reynolds ist nicht ganz einfach zu begreifen. Man hat ein gleichmäßig dickes Rohr. Wie bekommt man die Wandstärke in der Mitte dünner als an den Rohrenden, während gleichzeitig die Außendimension erhalten bleibt? Keith Noronha erklärt, dass der Prozess der Konifizierung damit beginnt, dass eine Form, die in der Mitte dicker ist, in das Rohr gesteckt wird, woraufhin eine Maschine das Rohr presst, sodass seine inneren Maße der Form folgen. »Danach«, sagt Keith beinahe triumphierend, »wird das Rohr zum Rotieren gebracht und erhält durch die Zentrifugalkraft einen etwas größeren Durchmesser. Anders könnte man ja sonst die Form nicht wieder herausbekommen.«

Ich nicke, als wäre alles glasklar. Diese Erfindung war revolutionär, weil ein Fahrradrahmen jetzt viel leichter gestaltet und gleichzeitig die Festigkeit an den Enden beibehalten werden konnte, wo die größten Belastungen auftreten.

Wir betreten die Fabrik. Es dröhnt, zischt und scheppert, riecht nach warmem Hydrauliköl und Stahl. Für mich ist das das Sinnbild ei-

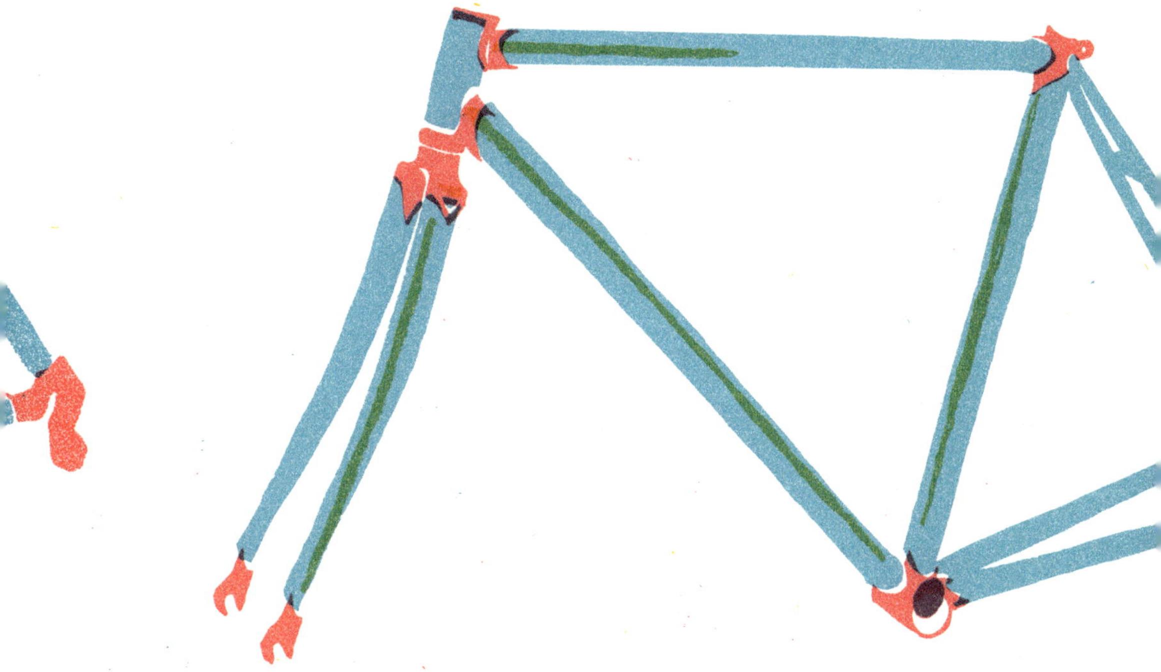

ner Fabrik, wie ich sie aus meiner Kindheit kenne, als ich mit zur Arbeit meines Vaters, der Werkzeugmacher war, durfte. Das sagt vielleicht etwas über den unzureichenden Modernisierungsgrad bei Reynolds aus.

Auch wenn Keith den Prozess erklärt hat, ist es schwer, ihn in der Wirklichkeit nachzuvollziehen. Ein Rohr ist in einer Vorrichtung, die aussieht wie das Spannfutter einer Drehbank, befestigt. Ein Mann zieht an einem Hebel und tritt auf ein Pedal, wonach das Rohr in einen Zylinder hineinfährt und dem Augenschein nach unmittelbar wieder ausgespuckt wird. Dann legt der Mann es zu anderen auf einen Haufen. Fertig. Als Zuschauer sieht man an dem Rohr keinen Unterschied zu vorher. Keith sagt etwas davon, dass hier in Birmingham nur die allerbesten Rohre hergestellt werden. Die anderen, von etwas geringerer Qualität, werden in Asien gemacht.

Wir gehen wieder zurück zum Konferenzraum, weil es unmöglich ist, sich in der Fabrik wirklich zu unterhalten. Keith Noronha erzählt, dass Reynolds zwar am bekanntesten für seine Fahrradrahmen ist, aber schon immer auch für andere Zwecke Rohre geliefert hat: Rollstühle, Flugzeuge, Gokarts, Autos von Jaguar. Dann holt er einige Papiere hervor, in denen es um Reynolds 531 geht, das Rohr, das den Markt für Rennräder eine unglaublich lange Zeit dominiert hat. »Schau hier«, sagt Keith und zeigt auf einen alten Zeitungsausschnitt. »Tour de France 1964. Auf dem ersten Platz Jacques Anquetil, der Franzose, den man Monsieur Chrono nannte wegen seiner Meisterleistungen im Einzelzeitfahren. Er fuhr auf einem Rahmen aus Reynolds 531. Aber siehst du, das tat der Zweite auch. Und der Dritte, Vierte, Fünfte und Sechste!«

Das ist natürlich fantastisch. Genauso bemerkenswert ist allerdings, dass Reynolds 531 eine Innovation aus dem Jahre 1935 ist. Als Anquetil auf der Champs-Élysées ins Ziel sauste, tat er das also auf einem beinahe 30 Jahre alten Produkt. Zwar gab es im Lauf der Jahre fast ein Dutzend unterschiedlicher 531er, aber die Grundlage, eine Stahllegierung mit 1,5% Mangan, 0,25% Molybdän und 0,35% Kohlenstoff, war über 50 Jahre lang dieselbe, bis es durch Reynolds 653 ersetzt wurde.

Ein Jahrzehnt später war Reynolds 531 immer noch maßgeblich. Als Gösta »Fåglum« Pettersson 1971 sensationell den Giro d'Italia gewann, tat er es auf einem schwedischen blauen Monark. Obwohl es eigentlich kein Rad aus Varberg war, mit dem er die Ziellinie in Mailand überquerte, sondern ein italienisches Masi, das umlackiert wurde, um schwedisch auszusehen. Das machte man offenbar zu jener Zeit. Die Rahmenrohre kamen von Reynolds. Später hatten auch viele der Monark-Fahrräder, die nach den Erfolgen schwedischer Fahrer verkauft wurden, Reynoldsrahmen. Monarks Slogan lautete: »Fliegend locker und leicht.«

»Insgesamt 27 Sieger bei der Tour de France sind auf Reynolds gefahren«, fährt Keith fort. »Alle Großen, Eddy Merckx, Bernard Hinault und Miguel Indurain haben die Tour auf Reynolds gewonnen.«

Das letzte Mal, dass jemand die Tour mit einem Stahlrahmen gewann, war 1994. Und das war Miguel Indurain.

»Aber vielleicht sind wir auf dem Weg zurück«, sagt Keith und sieht halb hoffnungsvoll, halb verzweifelt aus.

Mir fällt es ein bisschen schwer, ihn ernst zu nehmen. Gewiss, es gibt eine Menge Enthusiasten, die Stahlrahmen aus nostalgischen Gründen mögen oder aus Umweltbewusstsein, weil Stahl wiederverwertbares Material ist. Aber alle anderen, die leichte Fahrräder aus Aluminium haben wollen oder eher noch aus Carbon, wie soll man die zurückgewinnen? Als könnte Keith meine Gedanken lesen, sagt er: »Stahl ist tatsächlich nicht so schwer, auch wenn es die Leute gern glauben. Das liegt daran, dass viele Stahl mit Fahrrädern für ältere Menschen verbinden und dass sie nie ein Stahlrennrad in der Hand hatten.«

Kann es sein, denke ich, dass Stahl tatsächlich mehr vom Zeitgeist als von anderen Materialien mit wirklich besseren Eigenschaften verdrängt wurde? Dass allein der Eindruck, dass Stahl schwer klingt, uns dazu gebracht hat, zu Fahrrädern aus einem neumodischen, magischen Material zu wechseln? Dass Stahl unter Freiluftsportlern das Schicksal von Wolle und Leder teilt, etwas, das nur Alte überziehen, während moderne Menschen zu wasserdichtem, atmungsaktivem Material greifen?

Keith holt ein paar Werbebroschüren des britischen Profirennstalls Madison Genesis.

»Ihre Räder haben Rahmen aus Reynolds 953. Eine fantastische Legierung! Wir können starke Rohre herstellen, die nicht dicker als 0,3 Millimeter sind. Madison Genesis haben einige Etappen auf diesen Stahlrahmen gewonnen. Zwanzig Jahre nachdem das Material aus der professionellen Fahrradwelt verschwunden ist.«

Als ich von Birmingham nach Hause komme, gehe ich runter in die Garage und hole meine zwei Rennräder hervor, ein modernes aus Kohlefaser und ein Retromodell aus Stahl. Ich habe das eine als leichter und flinker angesehen und das andere als schwerer und schöner. Sie haben gleichwertige Laufräder und identische Schaltgruppen. Als ich jetzt zum ersten Mal die Räder wiege, stellt sich heraus, dass der Unterschied nur 108 Gramm beträgt. Fliegend locker und leicht - das war vielleicht doch nicht so falsch. Kurz darauf erhalte ich eine Pressemitteilung vom britischen Fahrradhersteller Sven, der verkündet, dass es ihm gelungen ist, ein komplettes Rennrad aus Stahl zu bauen, das nur 6,3 Kilo wiegt.

STILGUIDE

Was hat das Radfahren an sich, dass alle eine ästhetische Meinung zu dieser Aktivität zu haben scheinen? Außenstehende machen sich gern über uns mittelalte Männer in Lycra lustig, aber auch unter Radfahrern selbst wird sehr kritisch auf das Outfit geachtet.

»Du solltest die Brillenbügel außerhalb des Kinnriemens von deinem Helm tragen«, sagte ein wildfremder Mann zu mir bei meiner ersten Klubausfahrt.

»Warum denn das?«, fragte ich ihn, einigermaßen perplex.

»Es sieht einfach besser aus.«

»Aber ist doch völlig unpraktisch, dann muss ich die Brille ja jedes Mal abnehmen, wenn ich den Helm abnehme.«

»Ja, und?«

Noch absurder war es, als ich eine Werkzeugsatteltasche kaufen wollte. Ich wollte in den Ferien in Spanien Rad fahren und ein bisschen mehr Sachen mitnehmen als gewöhnlich, weil ich dort niemanden würde anrufen können, der mich notfalls abholt.

Nachdem wir unterschiedliche Modelle von Satteltaschen durchhatten, sagte der Verkäufer zu mir: »Willst du sie etwa an einem Rennrad montieren? Das ist nicht so gut.«

»Nicht?«, antwortete ich und dachte, dass etwas mit der Befestigung nicht hinhauen würde.

»Nee, das sieht total hässlich aus.«

»Hässlich?«

»Ja, die Geschmackspolizei, du weißt schon.« Woraufhin er mir detailliert erzählte, was ich in meinen Rückentaschen dabeihaben und wie ich sie packen sollte. »Den Ersatzschlauch kannst du mit einem Gummiband unter dem Sattel befestigen. Das sieht okay aus.«

All diese (zum Teil abstrusen) Regeln gibt es gesammelt im Internet unter der Überschrift »The Rules«. Es sind insgesamt 95. Hier eine Auswahl, in freier Übersetzung:

› Sattel, Lenkerband und Reifen sollten farblich aufeinander abgestimmt sein.
› Radhosen sollten schwarz sein.
› Teamkleidung ist nur für Teammitglieder.
› Entfernungen werden in Kilometern gerechnet.
› Lange Socken, die über den Knöchel hinausgehen, sind nichts für Radfahrer.
› Die Pumpe darf nicht am Rahmen montiert sein.
› Höcker (Rucksäcke mit Trinksystem) sind was für Kamele, benutz Trinkflaschen.
› Trinkflaschen nur bis zu einem halben Liter.
› Rasier dir die Beine.
› Reifen sollten so montiert werden, dass die Kennzeichnung beim Ventil landet.
› Einen Schritt weg vom Rad und der Helm muss runter. Die Fahrradkappe ebenfalls.
› Keine Aufkleber auf deinem Fahrrad, überhaupt keine.
› Ventilkappen sind hässlich, genauso wie Rückspiegel.
› Nur klitzekleine Tachometer sind okay.
› Keine Nahrungsaufnahme bei Runden unter 40 Kilometern.
› Verwende das kleine Kettenblatt vorn nur, wenn der Hügel steiler als 20 Prozent ist. Häng dich stattdessen rein.
› Abfahrten sind nicht dazu da, sich auszuruhen.

Auch wenn diese Ratschläge mit Humor geschrieben sind, gibt es eine verbreitete Tendenz, auf Regeln herumzureiten, die es einem schwer machen kann, sich wohlzufühlen. Wenn ich beispielsweise in Andalusien Rad fahre, tue ich es in Mountainbikeschuhen, deren Sohlen es mir ermöglichen spazieren zu gehen, wenn ich Rast in einer schönen Stadt mache. Ich trage Baggy Shorts, weil ich in ihnen, bilde ich mir ein, weniger wie ein »mittelalter Mann in Lycra« aussehe. Ich rasiere mir auch nicht die Beine. Nächstes Mal werde ich mir eine Satteltasche kaufen. Oder vielleicht auch nicht, sie sind tatsächlich ziemlich hässlich.

STRASSENSTEUER

oder eine Art von Maut gibt es in Schweden nicht. Natürlich geht ein Teil der Steuern, die wir bezahlen, in den Bau und Unterhalt von Straßen, aber es ist nicht so, dass ausschließlich Autofahrer eine spezielle Abgabe bezahlen. Viele von ihnen behaupten das zwar und führen es als Argument dafür an, dass sich Radfahrer erstens fernhalten und zweitens dankbar sein sollen, dass andere das finanzieren, worauf sie fahren. Was die Autofahrer allerdings mit Straßensteuer verwechseln, ist die Kraftfahrzeugsteuer. Hierbei wird die Höhe der Abgabe danach berechnet, wie viel Emissionen das Fahrzeug verursacht. Ein Fahrrad erzeugt keine Abgase, weshalb es auch nicht mit dieser Umweltsteuer belegt ist.

STÜRZE,

die sich mir besonders gut eingeprägt haben:

1. Ich bin noch klein, es ist Juni, der Anfang des Sommers. Ich bin auf dem Heimweg von meinem Freund Pär, dessen Eltern eine Laube im Pärlans folkpark in Helsingborg haben. Der Weg ist eben, fast kein Verkehr. Anschließend kann ich mich an nichts mehr erinnern. Erst wieder, dass ein unbekannter Mann mich unter den Armen hält, als wäre ich ein Sack Kartoffeln, an unserer Tür klingelt und Mutter aufmacht. »Ist das hier Ihr Sohn?«, fragt er. »Er ist mit dem Fahrrad gestürzt - ich habe es im Kofferraum.«

   Im Krankenhaus stellte der Röntgenologe fest, dass ich eine 12 Zentimeter lange Fraktur am Schädelknochen habe. »Aber man gipst den Kopf nicht ein«, wovor ich mich ein wenig gefürchtet hatte. Ich musste zur Beobachtung dortbleiben. Am nächsten Vormittag wurde ein weiteres Bett in mein Zimmer gerollt. Darin lag mein kleiner Bruder. Er hatte eine geplante Operation hinter sich gebracht. Über diesen Zufall wurde noch lange bei Familientreffen geredet.

2. Ich bin ein junger Mann, studiere in Lund und fahre nachts mit dem Rad zurück ins Studentenwohnheim. Am Rennlenker meines grünen, französischen Motobécane hängt eine Plastiktüte mit Langspielplatten

(Thelonious Monk, glaube ich), die ich mir ausgeliehen habe, um sie auf Kassette zu überspielen. In der Klostergatan passiert, was allen passiert, die mit Schallplatten in einer Tüte am Lenker Rad fahren: Das eine Bein stößt gegen die Tüte mit den Platten, die gegen den Lenker schlägt, der sich 90 Grad gegen die Fahrtrichtung dreht. Ein plötzlicher Halt. Ich fliege wie eine Zeichentrickfigur in hohem Bogen über den Lenker, dicht gefolgt von meinem Fahrrad, weil meine Füße in den Pedalkäfigen festhängen. In weniger als einer Millisekunde ist alles ein einziges schmerzhaftes Durcheinander, bevor ich wieder im Sattel sitze und weiterstrample. Am wichtigsten ist, dass es niemand gesehen hat. Die Schallplatten überlebten, und meine Rippen verheilten auch wieder (wenn man Monk hört, muss man wenigstens nicht so oft lachen).

3. Einige Jahre später und etwas älter bin ich mit meiner Frau in unserem Sommerhaus in Södermanland. Die Frau backt Hefeschnecken, während ich mit dem Rad die Zeitung holen fahre. Der Briefkasten ist zwei Kilometer entfernt. Ich gehe über die Weide mit den fünf Stieren hinüber zum Weg, springe drüben beim Bauernhof auf mein Sommerfahrrad und fahre los. Danach habe ich eine Erinnerungslücke. Der Weg ist nur eine Idee abschüssig und macht eine kleine Biegung, aber vielleicht war es der Schotter. Als ich das Bewusstsein zurückerlange, liege ich im Graben inmitten von Brennnesseln. Ich komme auf die Beine, fahre zum Briefkasten und fische die Zeitung aus unserem Briefkasten. Wieder zurück bleibe ich auf dem Hof stehen, um den Bauern zu grüßen. Er wundert sich, warum ich im Gesicht blute. Als ich es erklären will, kommen allerdings keine Wörter aus meinem Mund. Das fasziniert mich. Die Wörter liegen mir auf der Zunge, aber über meine Lippen kommt nur Gebrabbel. Im Ferienhaus verarztet mich meine Frau, gibt mir eine Hefeschnecke und geht danach meine Brille suchen. Sie findet sie im Graben, was bedeutet, dass ich die Runde in halb blindem Zustand und mit einer mittelschweren Gehirnerschütterung gefahren sein muss.

4. Ich bin mittleren Alters. Wir sind auf einem fünfzigsten Geburtstag, danach wollen wir mit den Fahrrädern durch den Wald nach Hause fahren. Es ist um Mittsommer, also nachts ziemlich hell, aber ich habe trotzdem eine neue solarbetriebene Lampe für meine Frau gekauft. Sie ist keine so geübte Radfahrerin. Am Morgen danach haben meine neuen Hosen einen 40 Zentimeter langen Riss auf der Innenseite des Beins. Ich selbst habe einen blauen Fleck in der Leiste, so groß, als wäre ich beim Stierlauf in Pamplona dabei gewesen. Meine Frau sagt, ich verdanke ihn einer hervorstehenden Fichtenwurzel. Das Bett ist voller Nadeln.

T

TANDEM

Ja, es geht etwas schneller, aber sonst, was ist der Witz am Tandemfahren? Ich kann nicht anders, als an den hinteren Teil eines Pferdekostüms zu denken, wenn ich die zweite Person auf einem Tandem sehe. Sie sieht nichts und ihre Nase hängt im verschwitzten Rücken des Vordermanns. Wer hinten sitzen muss, hat da eindeutig die Niete gezogen. Wäre es nicht wegen der Geschwindigkeit, ich würde glatt vermuten, dass die Erfindung entstand, weil ein Mann seine Frau an der kurzen Leine halten wollte. Viele komische Erfindungen aus der Kinderzeit des Radfahrens drehten sich darum. Wie drei- oder vierrädrige Geschichten, damit Frauen in langen Kleidern fahren konnten, oder Fahrräder mit zwei Sitzen nebeneinander, damit es Verliebten möglich war, Seite an Seite durch die Gegend zu strampeln. Das Wort *tandem* bedeutet übrigens nichts anderes, als dass sich die Sättel hintereinander befinden (aus dem Mittellateinischen für »hintereinander«). Liegen sie nebeneinander, nennt man das, jedenfalls im Englischen, *sociable*. Falls nun tatsächlich der Kontrollbedarf hinter der Erfindung des Tandems stand, glaube ich, dass stattdessen die Beziehung der beiden Radfahrer ziemlich bald auf die Probe gestellt wurde. Und das nicht nur aus Sicht- und Geruchsgründen, sondern weil der, der vorn sitzt, immer glaubt, dass der, der hinten sitzt, nicht ausreichend in die Pedale tritt. Was der Hintere sehr oft auch nicht tut. Tandem fahren ist – genauso wie mit dem Kanadier paddeln und Krocket spielen – etwas, was man als frischgebackenes Paar vermeiden sollte.

Tandem war sogar einmal olympische Disziplin, bis zu den Spielen in München 1972. Danach wurde es, zum Glück, abgeschafft.

TATTOOS

»Tätowierungen mit Fahrradmotiven, wollen das viele?«, fragt meine jüngste Tochter, während sie eine kleine Schildkröte auf ihrem Schulterblatt Platz nehmen lässt.

»Fahrräder, mein Gott ja, die ganze Zeit«, antwortet der Tätowierer. So ist es wohl. Eine kleine Suche im Internet ergibt Treffer für:

Rad fahrender Frosch, Totenschädel mit Fahrradhelm, Fahrradkettenschlange, Kettenblätter, stilisierte Fahrräder in allen Formen, schneidige Devisen wie *ride to live – live to ride* und *LOVE – VELO*, genauso wie knifflige auf Latein, die man erst zu Hause nachschlagen muss, wie *vivendum est equitare*, was so viel bedeutet wie »Leben heißt Rad fahren«, obwohl *equitare* ja eigentlich »reiten« bedeutet, aber auch im Englischen reitet man bekanntlich sein Rad: *ride your bike*.

vivendum est equitare

LOVE –

VELO

ride to live – live to ride

TEILE,

die auf dem Garagenboden landen, wenn man ein Fahrrad ohne Gangschaltung auseinanderschraubt: 105. Selbstverständlich gibt es Fahrräder mit sowohl mehr als auch weniger Teilen, aber 105 ist ein ziemlich guter Durchschnittswert, wenn man Details wie die Kette, den

Steuersatz und die Speichen des Vorderrads als jeweils ein Teil rechnet. Wenn man hingegen jeden Bestandteil, aus dem das Fahrrad zusammengebaut ist, mitrechnet, landet man stattdessen bei circa 750 Teilen.

TILLIE ANDERSON,

mit Künstlernamen *Tillie the Terrible Swede*, war gegen Ende des 19. Jahrhunderts die weltbeste Radfahrerin. Jedenfalls in der Welt, die man kannte, wenn man, so wie Tillie, in Chicago wohnte.

Weil ich gerade in Chicago bin, mache ich einen Abstecher: Mal sehen, ob The Swedish American Museum Material über Tillie hat, diese unbestreitbar ganz einzigartige schwedische Amerikanerin. Nichts, wie sich herausstellt.

»Ich glaube, es gibt ein Kinderbuch im Laden«, sagt die Frau an der Kasse.

Ich werde fündig. Sue Stauffachers *Tillie the Terrible Swede – How One Woman, a Sewing Needle, and a Bicycle Changed History* (etwa: *Tillie, die schreckliche Schwedin – Wie eine Frau, eine Nähnadel und ein Fahrrad Geschichte geschrieben haben*). Ich blättere in Stauffachers Buch. Sie hat sich dafür entschieden, eine Feelgood-Geschichte zu schreiben zum Thema: »Auch Mädchen können werden, was sie wollen, wenn sie nur entschlossen sind und dafür kämpfen«. Was im Fall von Tillie Anderson nur zur Hälfte stimmt.

Tillie war gerade auf ihrem Höhepunkt – Rekordhalterin sowohl in der Sprint- als auch in der Ausdauerdistanz sowie regierende Weltmeisterin –, als die Fahrradorganisation League of American Bicyclists im Jahr 1902 die Teilnahme von Frauen an Radrennen untersagte. Im selben Jahr starb ihr Mann und Trainer, Filip, an Tuberkulose. Einige Jahre zuvor, 1894, hatte dieselbe Organisation nicht-weiße Radrennfahrer verbannt, eine Regel übrigens, die noch bis 1999 in der Satzung stand. Das Verbot für weibliche Radrennfahrerinnen beruhte auf der gewöhnlichen männlichen Angst vor starken Frauen und vor einer zukünftigen Gesellschaft, in der es nicht mehr selbstverständlich sein würde, dass Männer Oberhaupt der Gesellschaft oder zumindest der Familie sind. Das Argument, das angeführt wurde, war einerseits, dass die Grimassen der Frauen beim Radfahren, das sogenannte *bikeface*, bestehen bleiben könnten, andererseits dass der Körper der Frau deformiert werden und damit das verlieren könnte, was als seine Hauptfunktion angesehen wurde, nämlich die Gebärfähigkeit. Außerdem war die Organisation der Ansicht, es sei zutiefst unmoralisch, dass Männer Eintritt dafür bezahlen könnten, um Frauen in eng anliegenden Trikots in einem Velodrom im Kreis Fahrrad fahren zu sehen.

Um das Argument der körperlichen Deformation zu entkräften, ließ sich Tillie von einer Gruppe von Ärzten untersuchen. Deren Schlussfolgerung, zusammen mit Zeichnungen von Tillies Beinen, wurde, Stauffacher zufolge, in einer Tageszeitung publik gemacht: »Obwohl Miss Andersons Gliedmaßen aus ästhetischer Sicht nicht ganz regulär geformt sind, steht es um ihre Gesundheit bestens bestellt [...] Ganz einfach gesagt, besteht ihr Körper von Kopf bis Fuß nur aus Muskeln.« Obwohl Tillie trotzdem aus dem Radrennsport ausgeschlossen wurde, war sie ihm ein Leben lang treu und wurde im Jahr 2000 in die United States Bicycling Hall of Fame aufgenommen.

TITAN

ist ein beinahe magisches Material. Es rostet nicht, ist sehr säure- und hitzebeständig, ist fester und härter als Stahl und ist sogar für den menschlichen Körper verträglich, weshalb es für Prothesen und Implantate verwendet wird. Ein britisches Fahrradunternehmen, das immer noch Fahrräder aus Titan baut, heißt Enigma, was »Rätsel« oder »Mysterium« bedeutet.

Auch wenn Titan das neunthäufigste Element in der Erdkruste ist, ist die Gewinnung teuer, obendrein ist es schwerer zu schweißen oder zu bohren als Stahl. Es dauerte deshalb, bevor man begann, Fahrradrahmen aus Titan zu bauen. Als man es dann tat, fiel es mit der nächsten Materialgeneration zusammen, der Kohlefaser. Einige behaupten auf eine beinahe konspirative Weise, dass Titan sogar besser sei als Carbon. Dass allerdings Carbon das dominierende Material auf Wettkampfniveau sei, meinen sie, beruhe ausschließlich auf Marketingmaßnahmen (Bauernfängerei) und billigeren Produktionskosten (was gerne mit Produktpiraterie zu tun hat).

Wenn Rahmenbauer heutzutage Titan bewerben, argumentieren sie nicht nur mit der Festigkeit des Materials, mit seinem geringen Gewicht und der Tatsache, dass es nicht rostet (was großteils Vorteile gegenüber Stahl sind), sondern auch damit, dass ein Titanrahmen bei einem Zusammenstoß nicht bricht, was bei Aluminium- und Carbonrahmen durchaus der Fall sein kann. Außerdem gelten Titanrahmen allgemein als komfortabler, weil sie eine bessere Dämpfung haben.

Heutzutage werden Titanrahmen hauptsächlich von Radfahrern mit Geld gekauft, die sich als qualitätsbewusste Kenner zu erkennen geben und betonen wollen, dass sie wahrhaftig keine nostalgischen Stahlradfahrer sind. Titan ist für sie das eigentliche Zukunftsmaterial, dem seine Zukunft von der Kohlefaser geraubt wurde. Heutige Fahrräder mit Titanrahmen sind jedenfalls meist rasend schön.

TODESSPLITT

ist der Streusplitt, der nach der Schneeschmelze noch viel zu lange auf Straßen und Radwegen liegt und eine der Hauptursachen für Unfälle von Radfahrern ohne Beteiligung anderer Verkehrsteilnehmer ist.

TOURENRAD

Will man Langstreckenstrapazen auf sich nehmen, ist ein Tourenrad das richtige Fahrradmodell. Es ist gebaut, um schwere Lasten zu tragen, hat viele niedrige Gänge und bietet die Möglichkeit, Satteltaschen tief aufzuhängen, sowohl vorn als auch hinten, um einen besseren Schwerpunkt zu haben. Die Idee ist, alles mitnehmen zu können, weil man nichts kaufen kann, wenn man sich erst mal in die endlose Weite aufmacht.

Dieser Typ Fahrrad ist etwas für Leute mit großartigen Plänen, wie zum Beispiel mit dem Fahrrad nach China zu fahren, Tasmanien zu umrunden oder die amerikanische Küste entlang vom Kap Zenit in Nordkanada (dem nördlichsten Punkt des Kontinents, auf Englisch *Zenith Point*) bis zum Kap Hoorn im äußersten Süden zu strampeln. Nicht selten steht es nach einem halben Jahr auf irgendeiner Onlinehandelsplattform zum Verkauf mit der Begründung einer plötzlich aufgetretenen »Verletzung«.

TRIAL-BIKES

sind womöglich die merkwürdigste Fahrradvariante von allen, weil der Drahtesel in den meisten Fällen keinen Sattel hat. Die Trialvariante gehört zur Familie der Mountainbikes, hat aber ziemlich wenig Ähnlichkeit mit diesem Fahrradtypus, weil ihr Federung, Gänge und eben der Sattel fehlen. Ein Trial-Bike hat breite, schwach aufgepumpte Reifen, und mit dem richtigen Fahrer können die meisten Hindernisse akrobatisch überfahren oder übersprungen werden.

Fahrrad-Trial ist eine Wettkampfform, bei der die Teilnehmer eine Strecke in möglichst kurzer Zeit zurücklegen sollen und möglichst, ohne einen Fuß auf die Erde zu setzen, wofür man sonst Punktabzug bekommt. Das Ganze findet entweder in der freien Natur auf steinigen Pfaden mit Felsen und anderen natürlichen schwer überwindbaren Hindernissen statt, oder man fährt in der Stadt über Parkbänke, Treppen, Mauern oder aufgebaute Hindernisse.

Der Katalane Ot Pi gilt als Urheber dieser Form des Radfahrens, die in Barcelona El bicitrial genannt wird. Es war sein Vater, Pere Pi, der die erste Variante eines Trial-Bikes baute, als Ot sechs Jahre alt war. Vorbild war das Trial-Motorrad, auf dem der Vater die WM gewonnen hatte. Das Fahrrad war der Startschuss für die Fahrradmarke Monty. Wenn Ot Pi heutzutage auf seiner Homepage darüber schreibt, welche Vorbilder er als Kind hatte, nennt er unter anderem Ulf Karlsson, einen schwedischen Trial-Motorradfahrer und Weltmeister, der - wenn nicht schon zuvor - den Schweden dadurch bekannt wurde, dass er 2002 auf einer Briefmarke prangte.

TRIKOT DES FÜHRENDEN

Jedes Etappenrennen hat ein spezielles Trikot für den Führenden, sodass das Publikum sehen kann, welcher Radrennfahrer in diesem Augenblick versucht, seine Spitzenposition zu verteidigen. Die Farbe, die den Führenden kennzeichnet, ist nicht selten auch eine Farbe, die das Publikum an den Hauptsponsor des Rennens erinnern soll. Beispielsweise ist das Trikot des Führenden beim Giro d'Italia rosa, weil die Zeitung, die hinter dem Rennen steht, *La Gazzetta dello Sport*, auf rosa Papier gedruckt wird. Bei der Tour de France ist das Trikot des Führenden gelb nach dem Organisator der ersten Jahre, der Zeitung *L'Auto*, die bisweilen auf gelbem Papier erschien, und bei der Vuelta a España ist das Trikot rot. In dem Fall allerdings unklar warum. Bei der Vuelta hat sich die Farbe des Trikots außerdem im Lauf der Jahre verändert. Zuerst war es orange, dann weiß, zurück zu orange, weiß mit roten Rändern, gelb wie bei der Tour, gelb mit einem Hauch von Gold und seit 2010 also rot.

TWEED RUN,

auch *Bike in Tweed* genannt (übersetzt etwa »Ausfahrt in Tweed«), ist eine Veranstaltung, die zumeist in Großstädten abgehalten wird. Bei einer Bike-in-Tweed-Veranstaltung im Kungsträdgården in Stockholm frage ich einen Mann in Tweed, der an einem alten, schönen orangenen Crescent lehnt, was Tweed eigentlich ist.

»Wolle aus Australien, die in Schottland zu Zwirn veredelt wird«, antwortet der Mann selbstsicher, wie es nur Männer - ob in Tweed oder nicht - tun.

Seine Aussage ist jedoch mehr als zweifelhaft, denn so viel weiß sogar ich: Wenn Schottland etwas nicht zu importieren braucht, dann ist es Wolle. Ich bin mehrere Male auf den Äußeren Hebriden gewesen, und dort streifen die Schafe frei umher, während die Häuser eingezäunt sind. Auf einer der Inseln - Harris - wird der berühmte Harris

Tweed hergestellt, der ein gewöhnliches Material für Sakkos ist. Vermutlich ist es so gewöhnlich, weil die Schafe der Insel die ganze Zeit draußen sind und es auch die ganze Zeit regnet, was bewirkt, dass die Wolle fett, fein und robust an der Grenze zur Unverwüstlichkeit wird.

Die erste Stadt mit einem sogenannten Tweed Run war London, man schrieb das Jahr 2009, und das Motto lautete: *A Metropolitan Cycle Ride With a Bit of Style* – »Eine Großstadtfahrt mit etwas Stil«. Die Ausfahrt wurde von einem Fahrradforum im Internet organisiert, London Fixed Gear and Single Speed, und war offenbar ein Hipsterphänomen, das selbstverständlich einige traditionsreiche Fahrradklubs, die »schon immer« Ausfahrten mit einem Vintagethema im Programm hatten, ein wenig sauer machte. Wie auch immer. Inzwischen wird an ungefähr 80 Orten auf der ganzen Welt in Tweed Rad gefahren.

Ich drehe eine Runde und unterhalte mich mit diesen nostalgischen Radfahrern, die aussehen, als seien sie der britischen Fernsehserie *Der Doktor und das liebe Vieh* entsprungen. Sie haben viel zu erzählen: »Sieh her, ich habe ›Tour de France‹ auf den Flaschenhalter gestempelt.« »Das hier ist eine Ölkanne. Wenn man die Tülle nach unten abwinkelt, tropft das Öl auf die Kette.« »Das nennt man Selbstmörderschaltung, weil sie so ungünstig an der Sattelstütze sitzt.« »Die Holzschutzbleche? Nee, die sind nicht original. Die habe ich selbst gebaut. Laminat.« »Die Bremsklötze sind aus Kork, das waren sie von Beginn an.« »Aus den 1910er-, 20er-Jahren. Mein Vater hat das Rad bei einer Auktion vor 35 Jahren gekauft. Stand seitdem in der Garage. Bis vorgestern. Das Loch im hinteren Schutzblech, wo man den Speichenschutz befestigt, ist original. Aber der Schutz selbst ist neu. Aus Seidengarn gehäkelt.« »Das ist ein Champion, eine schwedische Marke. Von 68. Hab es vor fünf Jahren gekauft, weil sich der Vorbesitzer zu alt dafür fühlte. Ich bekam sogar Werkzeug dazu. Und die Schuhe. Den Pullover auch.«

Auf der Bühne paradieren jetzt Sponsoren unterschiedlicher Vintageboutiquen. Ein Mann aus Vesterås posiert auf einem neu gebauten Hochrad aus Kohlefaser. »Die erste Tour war, ja, was soll man sagen? Interessant.«

Jetzt betritt der Conférencier die Bühne und erzählt von Tweed. Es handelt sich um eine Entstellung des Wortes für ein bestimmtes Gewebe, nämlich Twill. Jeansstoff ist ein Gewebe in Twill, Gabardine ebenfalls. Meist hat Tweed ein Fischgrätmuster, aber das muss nicht unbedingt sein. Tweed ist für harte Witterungsbedingungen gemacht und wird oft mit der Jagd in Verbindung gebracht, aber die Bewegungsfreiheit in den Kleidungsstücken wurde bald auch von Radfahrern geschätzt. Besonders das sogenannte *Norfolk jacket* – ein kurzes, praktisches Jackett mit vielen Taschen und einem Gürtel aus den 1860er-Jahren, das man heute bei *Tweed Runs* öfter sehen kann. Irgendwelche Schafe aus Australien erwähnt der Conférencier nicht.

Dann versammeln sich alle Radfahrer für eine stilvolle Runde durch Stockholm mit einer Pause für ein zeitgemäßes Picknick im Park.

U

ULTRACYCLING

ist eine Disziplin für diejenigen, die meinen, dass beispielsweise die Vätternrundfahrt viel zu kurz ist. Grob gesagt gibt es zwei Arten solcher Ultrarennen, einerseits die mit einer festgelegten Dauer, andererseits die mit einer festgelegten Distanz. Beiden Varianten gemeinsam ist, dass die Uhr auch weiterläuft, wenn man Pause macht oder schläft.

Ein Beispiel für ein Rennen mit einer vorgegebenen Dauer ist das Melfar 24. Ausgetragen wird es im dänischen Middelfart auf Fünen (Melfar ist der alte Name des Ortes), und es dauert, wie der Name schon sagt, einen Tag und eine Nacht. Gestartet wird um zehn Uhr vormittags. Danach kurbeln die Radfahrer auf einer Schleife von gut 55 Kilometern im Kreis. Wenn der Abend kommt, geht man über zu einer Nachtrunde von 14 Kilometern im Stadtgebiet von Middelfart, und zum Abschluss wird die letzte Stunde auf einer Strecke von knapp 3 Kilometern gefahren.

Das bekannteste Ultrarennen über eine bestimmte Distanz ist das RAAM, Race Across America. Die Route für dieses Rennen hat im Laufe der Jahre variiert, aber man startet immer irgendwo an der amerikanischen Westküste, radelt um die 5000 Kilometer und fährt irgendwo an der Ostküste durchs Ziel. Die allerbesten Rennfahrer schaffen es, den amerikanischen Kontinent in weniger als acht Tagen mit einer Durchschnittsgeschwindigkeit (Schlaf eingerechnet) von gut 25 Stundenkilometern zu durchqueren.

Die Tour d'Afrique ist noch länger und wird zwischen Kairo und Kapstadt gefahren: 100 Tage Strampeln plus 20 Tage Rast. Darüber hinaus gibt es unter anderem den Orientexpress (Paris-Istanbul) und die Seidenstraße (Istanbul-Peking).

UMGEKEHRTE CITYMAUT

So nannten die Politiker im norwegischen Lilleström ihr Experiment. Der Gedanke dabei war, nicht die Autofahrer zur Kasse zu bitten, sondern stattdessen die zu belohnen, die das Auto gar nicht erst benutzen, nämlich die Fußgänger und Radfahrer. Deshalb erhielten Fußgänger 90 Kronen (um die 9 Euro) und Radfahrer 100 Kronen (um die 10 Euro) für den Verzicht auf Autofahrten ins Zentrum. Die Höhe der Summen wurde nach einer Berechnung durch das Gesundheitsdirektorat, also das norwegische Bundesamt für Gesundheit, festgelegt. Radfahrer und Fußgänger halten sich gesünder und arbeiten deshalb mehr Tage pro Jahr, was das Gesundheitswesen weniger belastet, als es bei Autofahrern der Fall ist. Zudem wird die Infrastruktur weniger beansprucht. Der Gewinn für die Gesellschaft betrug 52 Kronen, also gute 5 Euro, pro geschlendertem Kilometer und 26 Kronen, etwa 2,50 Euro, pro geradeltem Kilometer. Eine durchschnittliche Gehstrecke wurde mit 1,7 Kilometern gerechnet und eine Radstrecke mit 4 Kilometern.

Ein sympathischer Versuch unterm Strich, aber nicht so zukunftsweisend, wie es vielleicht für schwedische Ohren klingen mag. Länder wie Belgien, Dänemark, die Niederlande, Deutschland und Frankreich haben bereits ein System, wo Behörden, Institutionen und größere Unternehmen ihren Angestellten eine Kilometererstattung bezahlen oder alternativ den Kauf eines Fahrrads unterstützen oder Steuererleichterungen anbieten.

UMWELTSCHUTZ

Man kann der Umwelt Gutes tun, indem man einen Baum pflanzt. Während der Baum wächst, absorbiert er Kohlendioxid, dieses Treibhausgas, das zu unserem immer wärmeren Klima beiträgt. Man rechnet für gewöhnlich, dass ein Baum ungefähr 12 Kilo Kohlendioxid pro Jahr absorbiert. Verschiedene Bäume absorbieren selbstverständlich unterschiedlich viel, abhängig davon, wie viel Holz der Baum produziert. Grob gilt: eine Tonne Kohlendioxid pro Kubikmeter Holz.

Wer sich entscheidet, mit dem Fahrrad statt mit dem Auto zu fahren, trägt ebenfalls dazu bei, den Ausstoß von Treibhausgasen zu verringern. Ein Liter Benzin erzeugt ungefähr zwei Kilo Kohlendioxid. Hat man ein Auto, das im Schnitt sechs Liter verbraucht, produziert man also auf 100 Kilometer so viel Kohlendioxid, wie ein Baum durchschnittlich im Jahr absorbieren kann. Andersherum gedacht, müsste man also 100 Kilometer radeln, statt sie mit dem Auto zurückzulegen, um 12 Kilo Kohlendioxid einzusparen und damit so tüchtig zu sein wie ein Baum in einem Jahr. Je nachdem, wie weit der Arbeitsplatz entfernt ist, könnte man mit der täglichen Fahrt hin und zurück zur Arbeit schon einen ziemlichen Beitrag leisten.

Und dann kann man ja trotzdem noch einen Baum pflanzen.

UNGETÜM

oder Koloss wäre wohl die adäquate Bezeichnung für ein allzu schweres und plumpes Fahrrad. In gewissen Fahrradkontexten umfasst das alle, die mehr als 6,8 Kilo wiegen.

»UNTER ZEHN LASS DEIN AUTO STEHN«

(schwedisch *Inte bilen under milen*) ist ein Slogan, der in Schweden eingeführt wurde, um die Menschen dazu zu animieren, bei Strecken unter zehn Kilometern doch lieber das Fahrrad zu nehmen. Ich kann diese Art von plumpen, schlagwortmäßigen Aufforderungen nicht besonders gut leiden, die dazu da sind, um aus uns bessere Menschen zu machen. Da bin ich gern störrisch. Esse meine Samstagssüßigkeit am Freitag, nehme den Dämmerschoppen schon vor sechs zu mir und beginne mit der Torte, während ich das Weißbrot überspringe.

Ich beschloss trotzdem auszuprobieren, ob diese Regel mich dazu bewegen könnte, mehr mit dem Rad zu fahren. Zumal ich auf eine Statistik stieß, dass mehr als 80 Prozent der Autofahrten innerhalb von Städten kürzer als drei Kilometer sind. Da braucht es nicht mehr Ökoautos, sondern eben mehr Fahrräder.

Diese Abmachung, die ich mit mir selbst traf, brachte vor allem zwei Dinge mit sich. Einerseits galt das Wetter nicht mehr länger als Ausrede, zehn Kilometer sind zehn Kilometer, auch wenn es schüttet oder schneit. Neues Regenzeug und Reifen mit Spikes wurden sofort angeschafft. Andererseits musste ich meine Einkäufe so weit wie möglich daran anpassen, was sich auf dem Fahrrad nach Hause transportieren lässt. Ein Großeinkauf bedeutete jetzt das Volumen, das in einem Paar Satteltaschen Platz findet.

Probleme? Einige. Manchmal ist es schwer akzeptabel, wenn man bei einem wichtigen Treffen wie ein tropfnasser Bergwanderer auftaucht. Manchmal ist das Prinzip auch ein bisschen lächerlich.

Wie zum Beispiel, als ich eine Matratze kaufte und sie auf den Gepäckträger zurrte. Mein 110 Zentimeter breites Paket sorgte für wenig Begeisterung bei den anderen Verkehrsteilnehmern auf dem Radweg. Aber das eigentliche Problem war die kundenunfreundliche Haltung vonseiten des Handels, der auf mein Ansinnen, auf umweltfreundliche Art und Weise unterwegs zu sein, keinerlei Rücksicht nahm. Ich wollte mich nicht als Problem fühlen und auch nicht als solches behandelt werden. Und schon gar nicht von meiner nächstgelegenen Einkaufspassage, die sich gern selbst als umweltfreundlich bezeichnet. Dort gibt es 900 beheizte Parkplätze für Autos, drinnen. Draußen gibt es 62 Abstellplätze für Fahrräder, von denen keiner groß genug für ein Lastenrad ist. Als ich der Einkaufspassage mailte und nach dieser für Radfahrer ungünstigen Priorisierung fragte, erhielt ich folgende Antwort:

Hallo, Johan, vielen Dank für Dein Feedback. Leider gehört uns das Grundstück außerhalb des Einkaufszentrums nicht, Eigentümer ist die Gemeinde. Ich kann Dir jedoch mitteilen, dass die Gemeinde die Zahl der Fahrradparkplätze im vergangenen Sommer erhöht hat. Leider haben wir keine Möglichkeit, Fahrräder in unsere Garage zu lassen, weil die Fahrbahn für die Ein- und Ausfahrt zu schmal ist, um eine separate Spur für Fahrräder einzurichten, was aber aus Sicherheitsgründen die Voraussetzung wäre.
Xxx Xxx (Leiter Shopping Center)

So interpretiere ich diese Antwort: »Wir haben auf euch Radfahrer geschissen, als wir den Bau der Einkaufspassage planten, und wir werden auch in der Zukunft auf euch scheißen.« Die Antwort wird noch merkwürdiger, wenn man mal vorausschauende Einkaufspassagen im Ausland besucht hat, beispielsweise Fisketorvet in Kopenhagen. Dort gibt es Hunderte überdachte Parkplätze für Fahrräder neben dem Eingang, spezielle Zonen für große Lastenräder, eine Fahrradpumpe, Haken, an denen man das Fahrrad aufhängen kann, um daran herumzubasteln, entsprechendes Werkzeug, das an Drähten hängt, und freundliche Hinweise, die an der Wand stehen wie »Regnet es? Komm zur Information und erhalte einen gratis Regenmantel« oder »Hast du zu viele Sachen dabei? Komm herein und miete ein gratis Schließfach.«

So, mein bester Shopping-Center-Leiter, behandelt man Fahrrad fahrende Kunden, wenn man glaubwürdig sein will in seinen Bemühungen um die Umwelt.

V

VÄTTERNRUNDFAHRT

Die schwedische Vätternrundfahrt ist aus vielen Gründen schwer zu beschreiben: Das Wetter ist sehr unbeständig und ändert sich von Jahr zu Jahr; zwischen einer Startzeit mitten in der Nacht und einer am Morgen herrschen kaum vergleichbare Fahrverhältnisse; und auch die Teilnehmer selbst könnten unterschiedlicher nicht sein. Und was die Strecke anbelangt: Die Vätternrunde ist die ultimative Kombination aus Zuckerbrot und Peitsche. Und doch hat sie etwas beinahe Magisches an sich, gerade weil sie so widersprüchlich ist. Einerseits scheint sie kaum zu bewältigen - 300 Kilometer, es ist schwer zu begreifen, wie lang das ist -, andererseits scheint sie eben gerade so zu bewältigen, schließlich gibt es genug nicht besonders gut Trainierte, denen das Unterfangen gelungen ist.

Unter diesen Vorzeichen startete ich also das Projekt »Vätternrundfahrt«. Obwohl ich selbst immer Sport getrieben habe, habe ich noch nie an einem langen Rennen teilgenommen, besser gesagt, an überhaupt keinem Rennen. Deshalb ging ich die ganze Sache sowohl mit großer Ernsthaftigkeit als auch mit großer Nervosität an. Ein paar Ausschnitte aus meinem Twitterfeed bis zum Tag X:

»Erschöpft, fett, alt. Bin nie mehr als 120 Kilometer gefahren. Spikereifen, schneefreier Boden, Regen. Wie soll das gehen? 124 Tage bis zur #Vätternrundfahrt« »Mein Freund, der Vättern-Veteran (17-mal): Du brauchst 2000 Kilometer in den Beinen. Am besten 3000. Heute bin ich 15 gefahren. Noch 2985 to go« »Wenn sechs ältere Herren sich auf ein Mannschaftstrikot einigen sollen, dominieren die Variablen *Italien, früher* und *Essen*.« »Na, jetzt tauschen wir das hier mal gegen ein Gebirgsdorf in Spanien ein. 117 Tage bis zur #Vätternrundfahrt« »Ronda bis Jimena de la Frontera, 60,4 Kilometer, 909 Höhenmeter. Störche, blühende Mandelbäume, 18 Grad - spanische Radfahrer in Balaklavas« »50 Kilometer durch einen Nationalpark aus Korkeichen. Alles in allem sieben Autos - ein Korkpferd« »Nach 1598 Höhenmetern ist der schönste Gedanke, dass der Vättern ein vollkommen flacher See ist.« »Lehre des Tages: Trinkt man Schnaps, sind 18% wenig, fährt man einen Hügel hinauf, sind 18% viel.« »Was zum Teufel? Bin zum Supermarkt geradelt und zurück, bei 20 Grad weniger als in Spanien. 88 Tage bis zur #Vätternrundfahrt« »60 schöne und sonnige Kilometer in Ekerö. So langsam nimmt es Form an.« »70 Kilometer, davon 30 verfahren. Wie kann ein Fahrrad-GPS nur auf Luftlinie beharren?« »Habe genau 1000 Radkilometer seit Neujahr absolviert. 54 Tage bis zur #Vätternrundfahrt« »Warum ist es überhaupt möglich, Lenker und Sattel schief zu montieren?« »HINTERHER teilte das GPS mit: Die Temperatur beträgt 5°C, gefühlt 2°C. Hätte ich das VORHER gewusst, hätte ich mir 279 Minuten in kurzen Hosen erspart.« »Radweg gesperrt. Loch in der Fahrbahn. Man wird auf die Spur für Motorfahrzeuge verwiesen - gegen die Fahrtrichtung. #RadfahreninStockholm« »Fahre zum ersten Mal mit einem Klub in der Gruppe. Mache alle Fehler, die man sich denken kann. Überhole, wenn ich nicht soll, wiederhole nicht alle Kommandos, greife an, wo ich Tempo rausnehmen sollte, und lande in einer plötzlichen Neunziggradkurve beinahe in einem pferdegepflügten Acker. Aber cool! 30 Tage bis zur #Vätternrundfahrt« »Die Zahl gefahrener Kilometer seit Neujahr: 2120. Die Zahl verlorener Kilos seit Neujahr: 0.« »Beleuchtung, Reflektoren, Klingel montiert. Das Rad wird immer hässlicher.« »Letzte Trainingsausfahrt. 2360 geradelte Kilometer. Das sollte gehen. 3 Tage bis zur #Vätternrundfahrt«

Und es ging. Ich hätte öfter in einer Gruppe trainieren, mindestens eine 200-Kilometer-Runde absolvieren, mehr in der Nacht fahren und einsehen sollen, dass ich einen stärkeren Scheinwerfer brauche. Aber es ging.

VELODROM

bezeichnet eine Radrennbahn des Bahnrennsports: ein schönes gewölbtes Oval mit blitzendem Parkett und Steilkurven. Hübsch, aber wenn man auf einem Bahnrad, das man nicht gewohnt ist, selbst über dieses blitzende Parkett radeln soll, ist der ästhetische Wert der Anlage nicht das, woran man als Erstes denkt.

»Jetzt drücken wir drauf! Beschleunigen«, ruft Göran, der den Einführungskurs abhält.Und ich drücke drauf. Beschleunige. Gebe alles. Schaue hoch, und es sieht genauso schrecklich aus, wie ich befürchtet habe. Wir sind dabei, mit voller Geschwindigkeit direkt in eine Wand hineinzufahren. So hatte ich mir das nicht vorgestellt, als ich in London die Idee hatte, Bahnradfahren auszuprobieren.

Herne Hill, Anfang April, Glyzinien, Kirschblüten und grünes Gras. Die Apotheke wirbt für Antiallergika. 22 Radfahrer fahren im Kreis. Diese Gegend im südlichen London ist betörend schön und äußerst exklusiv. Ein Reihenhaus mit drei Schlafzimmern kostet leicht eineinhalb Millionen Euro. Sie grenzt an Brixton, das Brixton der Rassenunruhen und Punksongs. Das Velodrom in Herne Hill wurde 1891 gebaut, und hier wurden die Bahnradwettbewerbe während der Olympischen Spiele 1948 ausgetragen.

Ich stoppe eine Rundenzeit der Fahrer: 41 Sekunden. Es sieht ziemlich gemächlich aus, wenn sie auf der 450 Meter langen Bahn ihre Runden drehen. Sie gehen auch nicht sehr steil in die Kurven. Ein wagemutigerer Fahrer, den ich später traf, schnaubte, Herne Hill habe keine größere Überhöhung als eine Trabrennbahn. Aber es sieht schön aus. Spinning vor dem Spinning, Spinning ohne Musik, Spinning draußen im Sonnenschein und in den Pollenwolken. Die Radfahrer fahren jeweils zu zweit nebeneinander in einer Gruppe. In der hinteren Kurve lässt sich das vorderste Paar von der Zentrifugalkraft nach oben treiben, und als die Gruppe unter ihnen vorbeigleitet, sieht es aus, als würden sie dort oben trockenschwimmen oder wie Falken schweben und nach Beute Ausschau halten, und dann tauchen sie ab, stürzen hinunter in ihre neuen Positionen ganz am Ende des Felds. Jetzt sind sie schon etwas schneller, 36 Sekunden pro Runde.

Velodrome wurden seit der zweiten Hälfte des 19. Jahrhunderts rund um den Erdball gebaut. Dafür gab es zwei Gründe. Einerseits waren gewöhnliche Straßen meist in ziemlich miserablem Zustand, andererseits war es einfacher, Eintritt zu verlangen, wenn das Publikum zu einer Radrennbahn kam, als wenn es einfach nur eine Landstraße säumte.

Das letzte große Velodrom, das gebaut wurde, befindet sich in Turkmenistans Hauptstadt Asgabat und besitzt eine Tribüne, die 6000 Personen fasst.

In Großbritannien war Bahnradsport schon immer eine große Sache, viele der besten Straßenfahrer kommen ursprünglich von der Bahn. Beispielsweise gewann Mark Cavendish WM-Gold im Bahnradfahren, und Sir Bradley Wiggins hat sieben Olympiamedaillen. Wiggins begann seine Karriere übrigens genau hier, in Herne Hill.

Bahnradfahren war schon 1896 olympisch, also von Beginn an, obwohl es bis 1988 dauerte, bevor es auch eine Disziplin für Frauen wurde. Das erste und einzige Mal, dass Bahnradfahren nicht auf dem Programm stand, war 1912, als die Olympischen Spiele in Stockholm stattfanden. Warum, weiß ich nicht.

Im Bahnradsport gibt es drei Wettkampfkategorien mit insgesamt zehn verschiedenen Disziplinen. Die einfachsten Formen des Sprintrennens beinhalten einfach, so schnell wie möglich zu fahren, einzeln oder in der Mannschaft, mit stehendem oder fliegendem Start. Es gibt auch eine Form des Sprints, bei dem die Zeit nicht gerechnet wird, sondern wo es nur darum geht, als Erster nach zwei oder drei Runden über die Ziellinie zu fahren. Zwei Fahrer starten gleichzeitig, und der Sieger muss sowohl gewieft als auch schnell sein. Da es ein Vorteil ist, in der letzten Phase des Rennens hinter seinem Konkurrenten zu liegen, um dann an ihm vorbeizuziehen, wird viel taktiert, langsam gefahren und auf den anderen gewartet, oft kommt es sogar zum Stillstand, bevor das abschließende Finish einsetzt. Außerdem gibt es Verfolgungsrennen – auch hier einzeln oder in der Mannschaft –, wo von gegenüberliegenden Seiten der Radrennbahn gestartet wird und es gilt, den Gegner einzuholen. Das Zweier-Mannschaftsfahren, auch Madison genannt, ist eine Art Staffellauf, bei dem zwei Fahrer einer Mannschaft einander auf einer Strecke zwischen 25 und 50 Kilometern ablösen.

Dann gibt es die merkwürdige Variante des Sechstagerennens. Anfangs ging es darum, innerhalb von sechs Tagen so weit wie möglich zu kommen, oder genauer, innerhalb von sechs Tagen und sechs Nächten. Zweiermannschaften fuhren sechs Tage lang rund um die Uhr, und die, die am weitesten kamen, hatten gewonnen. Der Fahrer, der nicht fuhr, ruhte sich in einer kleinen Kabine im Innenraum aus. Der aktuelle Weltrekord wurde vom deutschen Duo Huschke und Krupkat aufgestellt, die 1924 in Berlin 4544 Kilometer zurücklegten, was einer Durchschnittsgeschwindigkeit von 31,6 km/h entspricht. Wenn niemand vorhatte, einen Weltrekord aufzustellen, wurden diese Sechstagerennen bisweilen zu ziemlich schalen Veranstaltungen. Gerade wenn die Tribünen spärlich bevölkert waren, ließen es die Rennfahrer gemütlich angehen. Sie bewachten ihre Positionen und konnten schon mal dabei beobachtet werden, wie sie Zeitung lasen oder Briefe schrieben, alles während sie unaufhörlich im Kreis fuhren.

Heute sind die meisten Sechstagerennen viel kürzer. Man fährt vielleicht zwischen acht Uhr abends und zwei Uhr in der Nacht, und das Ziel ist auch nicht mehr, so weit wie möglich zu kommen, sondern Punkte bei den vielen versprengten Teilrennen zu sammeln. Das Publikum bei einem Sechstagerennen trinkt nicht selten große Mengen Bier, und ich erinnere mich noch an Zeiten, als die Radrennfahrer in dichtem Zigarettenrauch ihre Runden drehen mussten. In Schweden war das Interesse am Bahnradsport eher gering, trotzdem waren wir ziemlich früh dran mit dem Bau dieser ovalen Bahnen. 1892 wurde ein Velodrom mit einer Tausendmeterbahn in Lund gebaut und 1923 eines in Stockholm, das aber 1931 bereits wieder abgerissen wurde.

»Das Bahnrad hat keine Bremsen, keine Schaltung, keinen Freilauf«, sagt Göran.

»Aber warum?«

»Es geht so schnell. Wenn man zu mehreren fährt, würden alle Nachfolgenden in den hineinfahren, der bremst. Man darf nicht mal einen Tacho am Lenker haben, ein Blick darauf reicht schon aus, dass man die Konzentration verliert und einen Zusammenstoß verursacht.«

Wir fahren los. Zu Beginn läuft es zäh. Die Übersetzung mit 48 Zähnen vorn und 15 hinten ist für hohe Geschwindigkeiten gedacht. Eine junge Frau aus Göteborg ist dabei. Sie ist auch noch nie auf einer Radrennbahn gefahren, ist genauso nervös wie ich, aber irgendwie mutiger. Sie haut rein und tritt kräftig in die Pedale. Ich bleibe dran. Will nicht schlechter sein. Zuerst auf der ebenen Bahn, dann ein bisschen hinauf, aus der blauen Markierung, die Côte d'Azur genannt wird, hinaus. Wir fahren einige Runden. Pause für neue Instruktionen. Die Hände in den Untergriff. Überholen auf der Außenseite. Es ist nach oben hin nicht steiler, man stürzt nur tiefer. Und Stürze resultieren meist aus zu geringer Geschwindigkeit. Die Zentrifugalkraft wird zu klein, die Reibung zu gering, und das Hinterrad rutscht weg.

Wir drehen noch ein paar Runden. Göran führt uns immer weiter hinauf, und ziemlich bald sausen wir ganz dort oben entlang, wo die Reklame aufhört, und würde ich hinuntersehen, wäre mir schwindlig, aber ich sehe nicht hinunter. Ich entspanne mich, begreife, dass das

Fahrrad sich selbst durch die Kurven steuert, dass die Linie besser wird, wenn ich fest im Sattel sitze und den Drahtesel die Spur wählen lasse, und dass es ein herrlicher Sog ist, wenn man Anlauf nimmt und sich durch die Kurve presst und dann auf der anderen Seite herausgeschleudert wird.

»Es macht süchtig«, sagt Göran. »Komisch, dass es nie ein populärer Sport in Schweden geworden ist. Im Ausland sind ja alle Bahn gefahren. Alle aus dem Team Sky, die die Tour 2012 gewonnen haben, kommen vom Bahnradfahren.«

Zum Schluss stoppen wir die Zeit bei fliegendem Start. Man fährt sich eine Runde warm, dreht dann drei Runden, von denen die letzte gewertet wird.

»Wenn ihr aus der letzten Kurve der zweiten Runde kommt, müsst ihr ganz oben sein und danach quasi zur Startlinie hinunterstürzen, das Gefälle ausnützen, um danach die Runde so weit unten wie möglich zu fahren, wo sie am kürzesten ist.«

Ich bin als Erster auf der Bahn. Drei Runden, denke ich mir, wie anstrengend kann das schon sein? Es kann unglaublich anstrengend sein. Als die Glocke erklingt, bin ich richtig müde, es brennt in den Oberschenkeln, aber ich bin hoch auf der Bahn, lasse mich zur Startlinie hinunterfallen und sehe zu, die Kurve so tief wie möglich zu nehmen. Irgendwo dort ziehe ich den Schwanz ein. Traue mich nicht, mit der Geschwindigkeit, die ich draufhabe, durchzuziehen. Aber ich komme durch und mache auf der Gegengeraden Tempo, ich werfe mich in die letzte Kurve und fahre mit so einer Geschwindigkeit durchs Ziel, dass ich eine weitere Runde brauche, um anzuhalten. Dann ist die junge Frau aus Göteborg dran. Sie nimmt die Kurven besser, gleichmäßiger, wo ich das Gefühl hatte zu torkeln. Aber die Zeitmessung zeigt: Ich habe sie geschlagen - genau um eine Hundertstelsekunde.

VÉLODROME D'HIVER

ist eine traurige Ausnahme von den gewöhnlich guten Assoziationen, die das Radfahren hervorbringt. Dieses französische Velodrom - erbaut 1909, abgerissen 1959 - lag nicht weit vom Eiffelturm entfernt und wurde im Juli 1942 von der deutschen Besatzungsmacht und dem französischen Vichy-Regime dazu benutzt, um die zusammengetriebenen Juden von Paris dort zu internieren, die später deportiert werden sollten. Über 8000 Männer, Frauen und Kinder wurden fünf Tage lang unter unmenschlichen Verhältnissen eingesperrt: keine Nahrung, kein Wasser, kaum sanitäre Einrichtungen. Danach wurden sie weiter nach Auschwitz und in andere Vernichtungslager geschickt.

Die Blitzaktion, bekannt als *Rafle du Vélodrome d'Hiver* (»Razzia des Wintervelodroms«), wurde von Franzosen durchgeführt, aber kein Franzose wurde später für diese Säuberung vor Gericht gestellt. Überhaupt spielte das offizielle Frankreich seine Beteiligung an der Deportation der Pariser Juden lange Zeit herunter oder verleugnete sie schlichtweg. Heute gibt es ein Denkmal für die Razzia des Wintervelodroms am Quai de Grenelle.

VIBRATIONEN

Ungefähr ein halbes Jahr, nachdem ich begonnen hatte, regelmäßiger zu trainieren, machten sie sich bemerkbar. Meine Füße wurden taub. Zuerst dachte ich, es läge am Winter und den kalten Kunststoffschuhen, die die Wärme nicht hielten, obwohl ich Überzüge trug, aber als der Frühling kam, verschwanden die Beschwerden nicht. Im Gegenteil, sie wurden zunehmend spürbar. Und mitten im Sommer, bei 30°C auf Korsika, begannen dann auch meine Finger, taub zu werden. Nachdem ich mich eine 30 Kilometer lange Abfahrt hinuntergebremst hatte, verschwand das Gefühl in zwei Fingern und kam mehrere Wochen nicht zurück.

In dieser Situation dachte ich, ich wäre vielleicht krank. Ich googelte taube Extremitäten. Eine schlechte Idee, weil es eine Flut gruseliger Leiden gibt, die genau damit beginnen, dass Finger und Zehen taub werden. Dann ging ich zum Neurologen. Nachdem er mich ordentlich durchgecheckt hatte mit einer Menge kabelversehener Nadeln, die in meinem Körper steckten und durch die Elektrizität geschickt wurde, konstatierte der Arzt griesgrämig, dass ich vollständig gesund sei.

»Aber meine Zehen und Finger werden taub, wenn ich Rad fahre.«

»Dann wechseln Sie eben die Sportart.«

Nach der Untersuchung habe ich es mit weicheren Sohlen versucht, einem stoßdämpfenderen Lenkerband, Handschuhen mit mehr Gel, breiteren und weniger stark aufgepumpten Reifen. Nichts hat geholfen. Inzwischen vergesse ich das Taubheitsgefühl beim Fahren oft, und sobald ich abgestiegen bin, kommt das Gefühl meist unmittelbar wieder zurück.

Was der Neurologe hauptsächlich untersuchte, war, ob es sich um das Karpaltunnelsyndrom handeln könnte. Die Symptome sind eben taube Finger, aber sehr oft auch brennende Schmerzen. Ursache ist, dass ein Nerv im Handgelenk eingeklemmt wird. Dieses Syndrom kann eine Menge verschiedener Ursachen haben, alles von Diabetes und Schwangerschaft bis hin zum langjährigen Halten eines vibrierenden Fahrradlenkers. Es wird mit Schonung, einer Schiene oder im schlimmsten Fall operativ behandelt.

W

WATT

ist die physikalische Maßeinheit für Leistung. Beispielsweise kann ein ordentlicher Staubsauger eine Leistung von 2000 Watt bringen. Was auf der Stromrechnung landet, ist die Energie, die man für diese Leistung verbraucht hat, beispielsweise wie lange man seinen Staubsauger in Betrieb gehabt hat. Die Energie wird in Wattstunden gemessen, für gewöhnlich in Kilowattstunden.

Beim Radfahren kann man vieles in Watt umrechnen. Einerseits geht es um den Radfahrer und wie viele Watt er leistet. Andererseits geht es um die Kraft, die einen bremst, die man in Form von Reibung und Luftwiderstand überwinden muss.

In einem Idealzustand, ohne andere äußere Einflussfaktoren, wäre es einfach, die Leistung zu berechnen. Es würde reichen, das Gewicht von Fahrer und Fahrrad zu kennen, wie lang die Fahrt gedauert hat und wie schnell sie war. Aber es spielen natürlich ein Haufen anderer Faktoren mit hinein: der Wind, die Fahrbahnbeschaffenheit, das Fahrrad, wie hügelig es ist und ob man seine Beine rasiert hat. Sowie noch viele andere Dinge. Deshalb gibt es auch diverse Systeme, mit denen man die Leistung messen kann. So gibt es beispielsweise Messgeräte, die im Hinterrad, in der Kurbelgarnitur oder in den Pedalen sitzen, und sie können nicht nur messen, ob man mies an Steigungen ist, sondern auch, ob man ineffektiv tritt. Es gibt sogar spezielle Fahrradergometer. Gemeinsam ist all diesen, dass sie ziemlich viel kosten. Dasselbe gilt für aerodynamisches Fahrradzubehör, wo jedes gesparte Watt an Luftwiderstand leicht einen Zehner kostet. Als Amateur in einen Leistungsmesser zu investieren ist eigentlich ziemlich übertrieben. Andererseits kann es natürlich cool sein zu wissen, wie viel man leistet und wie die eigene Leistung sich auf einer Rundfahrt verändert. Wenn man Mitglied in einem guten Klub ist, gibt es oft Ausrüstung zum Ausleihen oder einen Ergometer. Das reicht völlig.

Wenn man sich für Leistungsmessung interessiert, gibt es zwei Dinge, die ganz lustig zu vermerken sind. Das erste ist, dass der Mensch eine ziemlich miserable Maschine ist. So kann ein sehr guter Bahnradfahrer während seines äußerst kurzen Endspurts 2000 Watt leisten. Das entspricht also der Energie, die es braucht, um eine Fußmatte zu saugen. Ein richtig guter Profi kann auf einer längeren Etappe auf bis zu 500 Watt kommen und müsste ungefähr 14 Stunden strampeln, um die Energie zusammenzubekommen, die es für die warme Dusche braucht, unter die er sich nach Abschluss des Rennens stellt.

Die zweite amüsante Sache mit der Wattrechnung zeigt, wie gut ein Fahrrad im Vergleich zu anderen Fortbewegungsarten ist. Ein durchschnittlicher Radfahrer verbraucht ungefähr 16 Wattstunden, um sich einen Kilometer fortzubewegen. So viel Energie braucht es, um eine Person einen Kilometer fortzubewegen, wenn man

› geht: 41,6 Wattstunden (also 2,6-mal so viel wie mit dem Fahrrad)
› mit der Straßenbahn fährt: 243,2 Wattstunden (15,2-mal so viel)
› mit dem Auto fährt: 560 Wattstunden (35-mal so viel)

WEINRADELN

Ich fülle meine Wasserflaschen am Brunnen auf dem Marktplatz in Bédoin und mache mich auf den Weg. Rebstöcke zu beiden Seiten der Straße, schwere, blaulila Trauben hängen bis zum Boden herab und sehen aus, als würden sie nur darauf warten, gepflückt zu werden. Obwohl diese Weinreben keine besonders schönen Gewächse sind, wenn sie so stark beschnitten werden. Mittelhohe, dicke Stümpfe mit ein paar zerzausten Blättern und einer Handvoll Trauben daran, die sich in beinahe endlosen Linien aneinanderreihen und die Landschaft aussehen lassen, als hätte jemand einen großen Kamm durch sie hindurchgezogen. Viel schöner sind die Olivenhaine, die zwischen dem Wein auftauchen, und die Gruppen von Zitrusbäumen, die ab und an den Weg säumen.

Es ist eine gute Zeit, um in diesem Teil der Provence Rad zu fahren. Die erste Septemberwoche, die meisten Franzosen sind nach den Ferien wieder nach Hause gefahren, aber die Wärme ist immer noch da. Und Hotels und Restaurants schwelgen noch etwas im Nachsaisongeschäft.

Ich fahre an Crillon-le-Brave vorbei, der tapfere Crillon - war das nicht eine Romanfigur? Die Landschaft wird flacher, aber die Dörfer liegen weiterhin auf kleinen Hügeln, auf die ich hinaufstrampeln muss. Hier gibt es keine Umfahrungen. Ich mache in Caromb auf einen Kaffee halt. Es ist Markt. Alte Frauen drücken auf Melonen herum, prüfen Tomaten und riechen an Würsten. Es werden frische Feigen und Myrtenlikör angeboten. Der eine oder andere kauft Hähnchen bei einem fahrenden Grill oder lose Eier, die er dann vorsichtig nach Hause trägt. Ein paar Touristen schlendern umher, und ein paar Wanderer schreiten in Schnürstiefeln vorbei, so groß wie Skistiefel, um sich dem GR911, einem von Frankreichs vielen Wanderwegen, anzuschließen.

Außerhalb von Caromb schlägt mir der Mistral wie eine unablässige Serie von Ohrfeigen ins Gesicht. Ich schalte runter und bahne mir meinen Weg durch den Gegenwind. Die gute Nachricht ist, dass dieser südfranzösische Wind für gewöhnlich nicht länger als drei Tage anhält. Die schlechte Nachricht ist, dass das genau der Zeitraum ist, in dem ich Rad fahren werde.

Ich mache Pause in Gigondas, um ein wenig Wein zu probieren. Ich erzähle der Frau hinter dem Tresen, dass mir die Gegend von einem weinkundigen Freund empfohlen wurde, der meinte, dass Gigondas das beste Weinbaugebiet in dieser Gegend sei. Sie freut sich so sehr darüber, dass sie in die Hände klatscht.

Ich selbst bin kein besonderer Weinkenner. Es bedarf schwerer Aromen, um meine Geschmacksknospen zu wecken. Kraftvoll und im Eichenfass gelagert sind Leitworte für meine Wahl. Fruchtig und elegant mag ich dagegen gar nicht. Und alle Weißweine schmecken gleich – zumindest fast.

»Die Weinlese beginnt in einer Woche«, erzählt die Frau. »Aber das Erntefest ist bereits in zwei Tagen. Früher hat man gefeiert, wenn die Lese vorbei war. Aber das gehört längst der Vergangenheit an. Jetzt müssen Bands gebucht, Bühnen gemietet, Grillexperten zu Rate gezogen und Verkaufsstände aufgebaut werden. Erst findet das Fest statt, dann die Ernte, *pas de problème*!«

Aber wenn Gigondas die Nummer eins ist, wer ist dann die Nummer zwei? Die Frau schaut auf eine Karte und sagt nach einer Weile: Vinsobres.

»Vinsobre-Weine sind auch ›Grand Cru‹, die höchste Kategorie.«

»Okay«, sage ich, »dann fahre ich dorthin«, obwohl ich einsehe, dass es 40 Kilometer geradewegs gegen den Wind sind.

Ich bleibe in Séguret zum Mittagessen stehen. Eine schöne kleine Ortschaft und offenbar zur schönsten irgendeiner Art gewählt. Ich finde ein Restaurant mit Aussicht und starkem Wind, bestelle einen korsischen Salat, weil ich eine Schwäche für die Kombination aus feinen Salatblättern und Leberwurst habe. Dazu ein Glas Rosé – »Passt zu allem, taugt zu nichts«, wie der schwedische Journalist Staffan Heimerson zu sagen pflegt. Die Aussicht über das Tal ist herrlich, aber jetzt frischt der Wind ordentlich auf. Meine Serviette wird fortgeweht, der Brotkorb fällt vom Tisch und rollt weiter wie ein kleines ferngesteuertes Auto. »Nein, da ist kein Sellerie drin«, höre ich die Bedienung zu einem Gast nebenan sagen, während sie einen riesigen Sonnenschirm einfängt, der vom Boden abgehoben hat und auf einen Tisch mit drei Crèmes brûlées und einem Vanilleeis zu stürzen droht.

Manchmal weiche ich von der Straße ab und folge einem Schild, auf dem ein Fahrrad abgebildet ist. So komme ich auf viele kleine Pfade, die sich durch Reihen von Weinreben pflügen. Dort rieche ich den Duft von warmer Erde, höre das Zirpen der Zikaden und sehe die Falken vom Himmel herabstechen. Meist weiß ich gar nicht, wohin diese Fahrradwege führen, aber es spielt keine Rolle, so falsch kann es nicht sein.

Ich komme nach Vinsobres. Ich probiere einige Weine in einem ziemlich tristen Lokal, wonach ich mir ein Zimmer zum Übernachten suche. Ich gehe ins Fremdenverkehrsbüro, und eine Frau erzählt mir, dass die Bar gegenüber der Kirche eine Art Wirtshaus sei.

»Aber das ist auch das einzige, das ich kenne«, fährt die Frau lachend fort. »Schade, dass die Touristeninformation nicht geöffnet hat.«

»Wo bin ich denn stattdessen gelandet?«, frage ich verdutzt.

»Das hier ist das Büro des Bürgermeisters.«

Das Wirtshaus ist geschlossen. Ein großes Emailschild an der Fassade erklärt, dass mittwochs Ruhetag ist. Heute ist Dienstag.

Vinsobres, übrigens - klingt dieser Name nicht wie Wein-von-dem-man-nüchtern-wird? Oder vermische ich die Sprachen? Ich konsultiere meine Karte. Es sind gut zehn Kilometer über einen ordentlichen Hügel bis zum nächsten größeren Ort. Und ja, auch der liegt im Norden. Direkt gegen den Wind.

Die meisten, die weinradeln, buchen ein Paket. Wenn sie ankommen, stehen die Räder bereit, die Routen sind vorausgeplant, die Verpflegung ist geregelt, und das Gepäck wird zum vorgebuchten Hotel transportiert. Gerade wünsche ich mir, ich hätte so eine Reise gemacht. Stattdessen verfolgte ich eine eigene Idee, fragte bei einem Anbieter vor Ort, ob er ein Tourenrad sowie ein paar Packtaschen zu verleihen hat, lud mein Gepäck um und fuhr los, ein wenig ins Blaue hinein. Und so bin ich jetzt in Valréas gelandet. Einerseits ist die Stadt in einem ziemlich uncharmanten Teil der Provence gelegen, andererseits ist sie befreiend gewöhnlich. Hier gibt es junge Leute, die in Cafés herumhängen, Menschen in Bars, die Wein trinken, ohne vorher daran zu schnuppern, keinen einzigen britischen Hobbykünstler, der Sonnenblumen malt. Und der ganze Stolz der Stadt ist, dass sie Frankreichs erstes Zentrum für die Papier- und Kartonindustrie ist. Außerdem finde ich das Grand Hôtel - ein Ort wie in einem Film. Ich bin der einzige Gast, und der Portier sieht aus wie Einstein.

»Sie können das Fahrrad in die Lounge stellen, *pas de problème*. Sie bekommen ein Zimmer mit Aussicht über den Garten, und der Pool liegt dort hinten - ja, unter einem Haufen Laub. Dieser Wind, schrecklich.«

Seine Fahrradferien in ein Weinbaugebiet zu verlegen ist inzwischen ziemlich verbreitet. Viele strampeln das Rheintal hinauf, durch die Provence oder die Toskana, voll organisiert oder spontan einfach drauflos, ganz nach Belieben. Siziliens Westküste hinunter oder von Pisa die Küste entlang nach Rom und weiter nach Mailand bis zur klassischen Weinroute Barolo-Barbaresco, die manchmal beim Giro dabei ist. Oder von Porto aus den Douro hinauf, mit einem Zwischenstopp bei einem der unzähligen Portweinproduzenten. Oder von Barcelona aus eine Runde durch Rioja. Oder in die Provence mit Start in Marseille.

Man kann eigentlich nichts falsch machen. Das größte Problem ist die Fahrradleihe, aber wenn man ein wenig googelt, findet man bald Anbieter, die zuverlässig wirken. Inzwischen werden sogar E-Bikes verliehen, was ausgezeichnet ist, wenn jemand ein bisschen weniger gut trainiert ist. Und das schönste Phänomen daran, dass so viele inzwischen ihre Unterkunft übers Internet buchen: So gut wie immer gibt es ein zentral gelegenes, altes, charmantes Hotel mit freien Zimmern, weil es keine eigene Homepage hat - wie eben das Grand Hôtel in Valréas.

Der Gourmetwein muss erst mal warten. Stattdessen stoße ich auf das fantastische Café de Paris, wo der Inhaber Jazz laufen lässt und mir ganz vorzügliche Moules Frites auftischt - Miesmuscheln mit Pommes frites. Genau das Richtige für einen erschöpften Radfahrer wie mich.

Als mir der Einstein vom Hotel am nächsten Morgen das Frühstück serviert, erzählt er, dass der Wind nachgelassen hat. »Ich arbeite seit 42 Jahren hier im Grand Hôtel«, sagt er und beschließt die Äußerung mit einem großen Seufzer. An der Stelle hätte ich sagen sollen, dass er seine Gäste in all diesen Jahren bestimmt sehr glücklich gemacht hat.

Ich fahre dieselbe Strecke zurück, die ich am Tag zuvor gekommen bin. Über den Berg und durch Vinsobres. Ein Schild klärt darüber auf, dass das Dorf einem Ortsverbund mit burlesken Namen angehört, also bedeutet Vinsobres vielleicht wirklich »der nüchterne Wein«. Ich radle an Weinbergen vorbei. Traktoren pflügen durch die Rebstöcke und stutzen sie herunter, vermutlich damit die Pflanzen alle Kraft in die Trauben leiten und nicht auf neue Triebe verschwenden. Die Erde ist steinig, die Gegend unscheinbar, und doch ist es bestes Land für den Wein. Manchmal steht ein Rosenbusch zu Beginn der Rebstöcke. In der Champagne lehrte mich ein Weinbauer einmal, dass die Blumen das Gegenstück zum Kanarienvogel der Bergarbeiter waren, der sie vor Sauerstoffmangel warnte. Wenn die Rosen schlaff herunterhingen, wusste man, dass Schädlinge am Werk waren.

In Mirabel-aux-Baronnies probiere ich ein bisschen mehr Wein. Es ist zwar erst 10 Uhr, aber es geht erstaunlich gut. Weiter. Heute geht es leicht voran, tatsächlich kein Wind. Obwohl ich ihn im Rücken hätte, wenn er da wäre. Immer etwas zu jammern. Ich biege ab und mache halt, diesmal für ein Glas Saft aus ökologisch angebauten Muskattrauben, vielleicht das beste Getränk, das ich je gekostet habe.

Ökolandbau ist sogar im landwirtschaftlich so konservativen Frankreich in vollem Gange. Ein Trend, dem sie sich wohl ergeben haben, kann ich mir vorstellen. Vor einigen Jahren bekam man in Schweden nur rund 20 rote Bioweine. Jetzt gibt es über 300. Eine Erhöhung um gut 1500 Prozent.

Ich weiche abermals von der geplanten Route ab, weil der Verkehr zu dicht geworden ist. Eine gute, aber etwas anstrengende Wahl, weil es immer weiter bergauf geht. Würde ich es nicht an meiner eigenen Atmung merken, bräuchte ich mich nur umzusehen. Die Natur ist ihr eigener Höhenmesser. Zuerst verschwinden die kleinen Gemüsefelder und Blumenbeete, dann der Wein und danach die Olivenbäume. Am

Schluss sind es nur noch Pinien und kleine, kraftlose Eichen mit spitzen Blättern. Weit unter mir im Tal kann ich immer noch die reiche Vegetation erkennen. Es sieht aus wie ein vom Rest der Welt vergessenes Tal, das sich hinter den Mont Ventoux duckt.

Ich kaufe ein Pain Bagnat und ein Glas Rosé von einer Frau in einem umgebauten Wohnwagen an einer Flussbiegung. Dieses mit Ei und Thunfisch belegte Brot habe ich schon damals bei meiner ersten Interrailreise gegessen. Danach geht es bergab, aber nicht so weit, dass ich wieder zu den Weinreben hinunterkomme. Hingegen bin ich jetzt von Lavendel umgeben. Überall sind Lavendelfelder. Sie sind alle kürzlich abgeerntet worden, geben aber immer noch einen schwachen Duft von sich wie aus einem altmodischen Kleiderschrank. Die Felder voller kleiner sich biegender Gewächse sehen aus wie eine stille Dünung auf dem Meer. Man kann das Lila noch erahnen.

Ich entscheide mich, in Sault zu übernachten, das sich als Hauptstadt des Lavendels bezeichnet. Hier gibt es Lavendel in jeder erdenklichen Form, in Sträußen und als Füllung für Stoffkissen, aber auch in Kuchen, in Honig und in Eiscreme. Lavendeleis schmeckt, als ob man auf einer Seife kaut, die im Kühlschrank gelegen hat.

Das Hôtel le Louvre ist schön, ziemlich voll, bietet aber ein Zimmer mit Halbpension zu einem erschwinglichen Preis an, in dem die Fahrradgarage inbegriffen ist. Also gönne ich mir Entenleberterrine, langsam gegartes Rindfleisch, einen Käseteller und einen exquisiten Wein aus dem nahe gelegenen Châteauneuf-du-Pape.

Während ich am nächsten Morgen darauf warte auszuchecken, blättere ich in John Walshs und Hannah Reynolds' *France en velo*, das in der Lobby ausliegt, ein Buch über eine Radtour quer durch Frankreich von St. Malo im Norden bis nach Nizza in der Provence. Die 30 Kilometer hinunter durch die Schlucht Gorges de la Nesque, schreiben sie, sei die schönste Strecke in ganz Frankreich. Gorges de la Nesque, genau dort werde ich ja fahren! Manchmal hat man Glück.

Und es ist wirklich extrem schön. Wie der sehr kleine Fluss, eher ein Bach, so eine tiefe Schlucht hat einschneiden können, geht über meinen Verstand. Man muss richtig die Augen zusammenkneifen, wenn man ein Aufblitzen des Wassers unten in der Tiefe sehen will. Dass es die ganze Zeit bergab geht, macht das Ganze nicht weniger schön. Die Höhenmeter, die ich an Tag eins und zwei angehäuft habe, bekomme ich jetzt an Tag drei zurück, und das in einer 30 Kilometer langen, nicht sonderlich steilen Abfahrt - ein schönes Geschenk.

Erst als ich schon fast unten bin, ändert sich die Vegetation wieder. Weiter oben waren es hauptsächlich knorrige Bäume, die Gämsen und Wildschweinen als Versteck dienen. Jetzt kommen der Wein, das Gemüse und die Blumen zurück, aber vor allem die Obstbäume. »Willkommen im Tal der Kirschen«, grüßt ein Schild. Von der Hauptstadt des Lavendels ins Tal der Kirschen, das klingt wunderschön, auch wenn es hauptsächlich eine Art ist, sich von allen Weinsorten zu distanzieren, die es ringsum dutzendweise gibt. Leider ist gerade keine Kirschenzeit. Die Blätter hängen schlaff in der Hitze wie die Ohren von traurigen Hunden.

Es geht noch ein Stück weiter durch einige Weinbaugebiete, bis ich wieder in Bédoin bin und mein Leihrad zurückgebe. Ich gehe in eine Konditorei, um einen Kirschkuchen zu kaufen, den ich zu einem Glas Rosé auf dem Marktplatz esse. Das passt auch gut.

WEISSE FAHRRÄDER

Es gibt eine bekannte Fotoserie mit John Lennon und Yoko Ono aus dem Hilton in Amsterdam. Wir schreiben das Jahr 1969, das weltberühmte Paar hat soeben geheiratet und verbringt einen Teil seiner Flitterwochen im Bett, als Protest gegen den Vietnamkrieg. Das Bett ist weiß, ihre Morgenmäntel sind weiß, die Blumen sind weiß, und in einem weißen Vogelbauer sitzt eine weiße Taube. Auf dem Panoramafenster hinter dem Bett sind zwei handgeschriebene Plakate mit Klebestreifen angebracht, auf denen »Hair peace« und »Bed peace« zu lesen ist. Und dann gibt es noch etwas anderes, das auf vielen der Fotos zu finden ist, ein weißes mit roten und gelben Blumen dekoriertes Fahrrad. Das Fahrrad liegt am Fußende des Betts und sieht auf den ersten Blick mehr wie ein Kunstobjekt als wie ein Fahrrad aus, das man verwenden kann - sowohl Kette als auch Räder sind weiß angemalt. Aber im Gegenteil, das weiße Fahrrad ist in höchstem Grad dazu gedacht, verwendet zu werden, und zwar von vielen.

Dieses *witte fiets*, wie das weiße Fahrrad auf Niederländisch hieß, war Teil der Protestbewegung Provo. Der Name Provo kommt von »Provokation«, und die Idee war, mit friedlichen Handlungen gewalttätige Reaktionen der Behörden zu provozieren. Die Gruppe entwickelte verschiedene Pläne, die alle die Bezeichnung »weiß« erhielten. Beim *Witte Schoorstenenplan* wurden Schornsteine weiß gestrichen, um schädliche Emissionen zu kennzeichnen, es gab einen feministischen *Witte Wijvenplan*, bei dem es um Emanzipation und eine freiere Sexualität ging, einen *Witte Woningenplan*, der Spekulation mit Immobilien verbieten wollte, und einen *Witte Kinderenplan*, der eine Art kooperative Kindertagesstätte mit einschloss. Zudem gab es einen weißen Automobilplan mit dem Ziel, einen Autopool mit elektrischen Kleinautos einzuführen, sowie diesen *Witte Fietsenplan*, den »Weiße

Fahrräder Plan«, der möglicherweise das erste Leihrädersystem der Welt war. Geschenkte und gefundene Fahrräder wurden auf Vordermann gebracht, ganz weiß gestrichen und in Amsterdam aufgestellt, sodass sie sich jeder nehmen und damit herumfahren konnte, der das wollte. Das allem Anschein nach unmotivierte weiße Fahrrad im Bett der Frischvermählten war also höchst motiviert als Teil eines Protests gegen Autoverkehr und Kapitalismus.

Die britische psychedelische Rockband Tomorrow schrieb ein Lied über das Phänomen: »My White Bicycle«. Der Song wurde später ein großer Hit, als die Supergruppe Nazareth eine Coverversion davon aufnahm.

WINTERRADELN

Ich habe einen Balkon in Sizilien gemietet. Es fühlt sich zumindest so an, weil man ihn jedes Mal passieren muss, wenn man vom Zimmer in die Küche will oder umgekehrt. Unterhalb verläuft die Straße, und auf der anderen Seite liegt ein schmaler Kieselstrand, dahinter das Mittelmeer. Ich wohne ganz oben. Unter mir wohnt die Tochter der Familie. Unter ihr ihre Mutter, die Vermieterin, und ganz unten ist ein Fischgeschäft. Manchmal morgens, wenn ich meinen Kaffee in der Miniaturküche koche und aus dem Fenster schaue, sehe ich Fußspuren aus dem Meer kommen, die weiter über den Strand führen und in nassen Abdrücken über die Straße, den Gehsteig und direkt hinein ins Fischgeschäft. Es ist der Inhaber, der im Morgengrauen mit seiner Harpune nach Tintenfischen geschnorchelt hat. Die Besitzerin hat mir gesagt, ich brauche mein Fahrrad nicht die vier Stockwerke hinaufzuschleppen, sondern ich kann es im Eingangsbereich parken. Das freundliche Angebot nehme ich natürlich an, bin aber jedes Mal gezwungen, den Lenker zu lockern und um 90 Grad zu drehen, weil der Durchgang so schmal ist.

Am Vormittag arbeite ich, und am Nachmittag fahre ich Rad. Entweder werden es lange Touren entlang der Küste oder planlose Fahrten den Ätna hinauf, auf mehr oder weniger fahrradfreundlichen Straßen. Es ist Januar, und die Landschaft ist grün und üppig. Orangen und Zitronen hängen reif an den Bäumen oder liegen aufgehäuft in Körben entlang der Straßen, um weitertransportiert oder direkt vor Ort verkauft zu werden.

Früher war hier der Winter die Hochsaison für den Tourismus, ähnlich wie in Rom, Athen, Nizza, Monaco oder auf Capri. Der Sommer galt als zu heiß, zu staubig und zu farblos für die romantischen Touristen jener Zeit. Dann kam die Leidenschaft fürs Baden, und schnell wurde das Meer zum einzigen Grund für eine Reise in den Süden. Die

Touristen kamen immer seltener im Winter, fielen dafür im Sommer wie Heerscharen ein.

Oberhalb von mir thront Taormina auf einem Felsen. Der Ort war seit der Antike eine Touristenfalle, ist jetzt im Winter aber ziemlich verlassen. Dasselbe gilt für Giardino Naxos, wo ich wohne. Das Hotel hat geschlossen wie auch die meisten Restaurants. Nur rund um den Marktplatz in der Altstadt gibt es noch nennenswertes Leben. Ich bin einen Monat lang hier und kann jeden Tag Rad fahren. Manchmal regnet es, aber nur selten. Eigentlich die perfekte Jahreszeit. Ich trage jeden Tag kurze Hosen und eine dünne Windjacke. Ich radle zu irgendeinem Gartenlokal und dann wieder zurück. Oder zu einem Weinberg. Oder zu einem Orangenverkäufer.

Morgens sitze ich auf dem Balkon, eingewickelt in eine Decke, nippe an meinem Kaffee und sehe die Sonne aufgehen. Abends sitze ich auf dem Balkon, eingewickelt in eine Decke, mit einem Glas Wein, und sehe den Hummerfischer vorbeifahren, dessen Scheinwerfer achtern das schwarze Meer um ihn herum erleuchten. Eines Morgens bekomme ich eine SMS von meiner ältesten Tochter, die fragt, ob ich den Ausbruch des Ätna am Abend zuvor gesehen habe, sie habe es gerade in der Zeitung gelesen. Habe ich nicht. Obwohl ich dort auf der Terrasse saß, habe ich nichts davon gemerkt, dass der Ätna Glut in die Nacht hinausspie und Rinnsale glühender Lava die Hänge des Vulkans hinunterströmten. Ich setze mich aufs Fahrrad und strample hinauf, bis ich an ein soeben verloschenes Lavafeld komme. Schwarz, steril, unbehaglich - es raucht dort so, als ob jemand Wasser auf die Kohle in der Sauna geschüttet hätte.

WOHLTÄTIGKEIT

rund ums Fahrrad ist ein neues Phänomen in Schweden. Man kann grob zwei Kategorien unterscheiden:

Das Fahrrad als neue Ziege: Statt Geld für den Kauf eines Tieres zu spenden, sponsert man ein Transportmittel. Eine arme Familie, die ein Fahrrad bekommt, kann damit hoffentlich einen Arbeitsplatz erreichen, einen Markt oder eine Schule, die vorher zu weit entfernt lagen. Im besten Fall hilft das Fahrrad einer Familie, die Armut zu überwinden.

Radfahren als neues Wohltätigkeitsevent zum Spendensammeln: Diese Variante gibt es schon länger in Ländern wie den USA oder Großbritannien, wo es kaum einen Radfahrer gibt, der nicht Geld für beispielsweise die Betreuung von Krebs-, Diabetes- oder Herzkranken einfährt. Das Prinzip ist, dass man mit dem Rad fährt und ein Sponsor Geld an die betreffende Betreuungseinrichtung bezahlt, wofür er auf deinem Fahrrad, Trikot oder entlang der Strecke für sich werben darf.

WOHNWAGEN

Ein Wohnwagen, den man hinten ans Fahrrad hängen kann, steht nicht ganz oben auf meiner Wunschliste. In erster Linie wegen des britischen Films *Sightseers*. In dem kommt ein enthusiastischer Radfahrer vor, der mit seinem durchsichtigen Wohnwagen aus Plexiglas durch die Gegend fährt. In einer der Schlussszenen stößt die weibliche Hauptperson den Wohnwagen samt dem darin eingesperrten Radfahrer in einen Abgrund.

Kleine Wohnanhänger, die für Fahrradferien geeignet sind, tauchen in der Fahrradgeschichte immer wieder auf. Zu Beginn hatten diese oft Zigarrenform und waren aus Masonit (Holzfaserplatten). Später gab es Varianten aus Aluminium, verschiedenen Kunststoffen und Fiberglas.

Die neueste Variante, der dänische Wide Path Camper, ist eine hübsche kleine Geschichte für zwei Personen, die rund 40 Kilo wiegt. Das ist nicht viel für einen Wohnwagen, aber verglichen mit einem Zweimannzelt eine ordentliche Gewichtserhöhung. Vermutlich muss man sich an Ferien in Dänemark halten, oder möglicherweise in Holland, oder man hängt ihn an ein E-Bike.

In jedem Fall sollte man nicht in der Nähe von Abgründen und neben campenden britischen Psychopathen parken.

WOLLE

war lange das dominierende Material für Fahrradtrikots und -hosen. Wie bei allen Materialien gab es auch Wolle in besserer und schlechterer Qualität. Merinowolle gehört zu den absolut besten. Anfangs kam Merinowolle aus dem südlichen Spanien, mitunter auch aus Nordafrika, und bis weit ins 18. Jahrhundert hinein war es verboten, Merinoschafe von der Iberischen Halbinsel zu exportieren. Heutzutage kommen 80 Prozent der Merinowolle aus Australien. In Funktionsunterwäsche ist Merinowolle weiterhin kaum zu übertreffen, aber als Material für Fahrradbekleidung wird sie heute meist nur von nostalgischen oder umweltbewussten Radfahrern verwendet. Zwar sind Kleidungsstücke aus Merinowolle elastisch, aber sie verlieren diese Eigenschaft, sobald sie Nässe und Schwerkraft ausgesetzt sind. Die Kombination aus Merinowolle, Regen, kleinerem Werkzeug und einer Banane in der Trikottasche resultiert bald darin, dass man sein kleines Gepäck unterhalb des Sattels schlenkern hat.

Abgesehen vom Umweltaspekt hat Merinowolle allerdings einen anderen klaren Vorteil, nämlich dass das Material Schweißgeruch entgegenwirkt. Man muss jetzt bedenken, dass Schweiß als solcher nicht

riecht. Der üble Geruch entsteht, wenn die Hautbakterien den Schweiß zersetzen. In Merinowolle gibt es einen Stoff, Kreatin, der stattdessen diese Bakterien zersetzt. Eine natürliche Wunderfaser also. Es reicht, ein Merinotrikot nach dem Training auszulüften, während ein Synthetiktrikot selbst frisch gewaschen noch ziemlich schlimm riechen kann. Für stilvolles Caféradeln sind deshalb Trikots aus Merinowolle zu empfehlen. Und nein, sie kratzen nicht.

X

X,

oder wie sein vollständiger Name lautet, VeloX, ist das schnellste Fahrrad der Welt.

Dieses vollständig geschlossene, zweirädrige Liegerad wurde mit einer Geschwindigkeit von 133,78 km/h gemessen.

XC,

Cross Country, ist die Bezeichnung dafür, abseits von Wegen direkt durchs Gelände zu fahren. Der Begriff wird auch beim Laufen und Skifahren verwendet. XC ist eine der Disziplinen, die unter den Sammelbegriff Mountainbike fallen, und seit 1996 olympische Disziplin.

Y

YPERN,

auf Französisch Ypres, sollte eigentlich beim Buchstaben »I« stehen, weil der flämische Name dieser Stadt Ieper lautet. Obwohl dann vermutlich nicht jeder sofort verstanden hätte, von welcher Stadt ich spreche. Aber jetzt wissen Sie es, also gehe ich zu Ieper über.

Dries Verclyte, Fahrradverantwortlicher bei Flanderns Fremdenverkehrsbüro, zeigt auf die Tuchhallen – einen riesigen, beeindruckenden gotischen Bau – und sagt: »Neu erbaut«, woraufhin er mit dem Arm ausholt, auf alle Häuser rund um den großen Platz zeigt und fortfährt, »neu, neu, neu.«

Alles ist neu, wieder aufgebaut nach dem Ersten Weltkrieg. Die Deutschen mussten dafür bezahlen. Sie hatten Ieper in Schutt und Asche gelegt. Die Tuchhallen hatten seit 1380 dort gestanden als Symbol für den Reichtum, zu dem die Stadt mit Leinen- und Wollgeweben gekommen war, ein Denkmal für eine vergangene Epoche.

»Alles wurde wieder genau so aufgebaut, wie es war. Stein für Stein. Die Flamen sind ein zähes und hartnäckiges Volk – vielleicht mögen wir das Radfahren deshalb.«

Wir radeln hinaus aufs Land. Es geht schnell. Ieper ist eine kleine Stadt. Man kommt auch schnell auf kleine, sich schlängelnde Straßen. Schlängeln ist das richtige Wort. Hier haben keine Flurbereinigungen Ordnung geschaffen unter Äckern und Eigentumsverhältnissen. Die Straßen biegen hierhin und dorthin ab, in feinen Kurven und in rechten Winkeln. In akzeptabel niedrigem Tempo sind das durchaus fantastische Straßen zum Radfahren, aber ich kann verstehen, dass es bei einem Rennen wie der Flandern-Rundfahrt eher anstrengend ist. Der amerikanische Rennfahrer George Hincapie hat das wie folgt zusammengefasst: »Es fühlt sich an wie eine Million Kurven, kombiniert mit 20 oder 30 Kletterpartien und engen Straßen, wo keine Gerade länger ist als ein paar Kilometer. All das zusammen sorgt dafür, dass es sich wie ein Krieg auf dem Fahrrad anfühlt. Es gibt kein Rennen in Nordamerika, das man damit vergleichen kann. Die Flandern-Rundfahrt könnte genauso gut eine eigene Sportart sein.«

Wir radeln an Weiden mit muskulösen Rindern vorbei, entlang dicht bewachsener Maisfelder und Äcker mit Rosenkohl, ein, wie mir jetzt auffällt, merkwürdiges Gewächs. Sieht aus wie eine kleine grüne Palme mit den kleinen Kohlsprossen, die am Stamm hängen. Es scheint, als wäre jeder Straßenabschnitt, auf dem wir fahren, Teil des flämischen Fahrradnetzwerks. Im Unterschied zu den meisten anderen Radwanderwegen, die ich gesehen habe, gibt es hier nicht nur Schilder, die eben den Weg markieren, sondern an jeder Kreuzung auch eine oder mehrere Nummern.

»Wir nennen sie Knoten«, sagt Dries. »Es war 1995, glaube ich, als ein pensionierter Bergbauingenieur auf dieses System kam. Es ist dasselbe, das sie unter Tage hatten, um sich in den Stollen und Schächten zurechtzufinden.«

Dries holt sein Smartphone raus, denn natürlich gibt es auch eine App dafür (googeln Sie einfach *Fietskompass*. *Fiets* bedeutet »Fahrrad« auf Flämisch).

Dries zeigt mir ein Kartenbild voller markierter Schleifen und Punkte. »Wenn man zum Beispiel keine ganze Runde fahren will, entfernt man ein paar Punkte, dann wird die Strecke etwas kürzer. Oder man fügt ein paar Punkte hinzu, um die Tour zu verlängern. Hat man eine eigene Runde geschaffen, indem man verschiedene Knoten verbindet, kann man sie teilen, sodass auch andere ihr folgen können. Siehst du? Die Schokoladenrunde. Die Caférunde. Die Bierrunde und die Vogelbeobachterrunde.«

Das ist zweifellos beeindruckend. Nicht nur, dass es hier Europas bestes Fahrradnetzwerk gibt, das ganz Flandern umfasst, sondern auch, dass es von Freiwilligen unterhalten wird.

»Es sind mehrere Tausend User. Jede Person behält vielleicht drei Straßen oder drei Abzweigungen auf dem Land im Auge. Dann berichten sie im Internet, ob irgendein Schild beschädigt ist oder fehlt. Am nächsten Tag ist es oft schon wieder behoben. Fehlende Schilder werden häufig als Souvenir stibitzt. Benennt man beispielsweise eine Runde nach Eddy Merckx, muss man damit rechnen.«

Die Kriegsrunde, denke ich, ob es die auch gibt? Aber ich frage nicht. So wie beispielsweise Vietnam als ein Land und nicht als ein Krieg betrachtet werden will, will man auch in diesem Teil Flanderns am liebsten nach vorn blicken und nicht nur an die Vergangenheit erinnern. Aber das ist nicht so leicht, wenn man an einem Gräberfeld nach dem anderen und unendlichen Reihen identischer, anonymer weißer Kreuze vorbeikommt. Es ist nicht leicht, wenn man liest, dass immer noch rund eine halbe Million Menschen vermisst werden. Wenn man an all die Schlachten denkt, die hier in diesem Grabenkrieg geführt wurden, der ein halbes Jahr andauerte und in dem allein die Briten ganze 150 000 Soldaten opferten, um acht Kilometer vorzurücken. Ein Stück bedeutungsloses Land, das einige Monate später wieder aufgegeben wurde.

»Siehst du?«, sagt Dries, dem es auch nicht gelingt, den Krieg von sich fernzuhalten. »All die runden Teiche, aus denen die Kühe trinken. Das sind Löcher von Granateinschlägen, die man nicht aufgefüllt hat. Ein bisschen bizarr.«

Dann machen wir in einem Café in einer kleinen Ortschaft Pause und studieren lang die umfangreiche Bierkarte, bevor wir bestellen.

»Hier in Flandern ist es üblich, dass jedes Café seine eigene kleine Radmannschaft hat. Entweder das - oder das Café ist Unterschlupf für den Fanklub eines Radrennfahrers. Manchmal sowohl als auch. Café und Klublokal, alles in einem.«

Ich nehme einen großen wohltuenden Schluck von dem Bier, dessen Namen ich nicht aussprechen kann und bald wieder vergessen haben werde. Es wurde wahrscheinlich nach einem mittelalterlichen Rezept in irgendeinem Kellergewölbe von einem Braumeister gebraut, der in vierzehnter Generation Nachkomme eines berühmten Trappistenmönchs ist.

Als wir wieder im Sattel sitzen, erzählt Dries, dass die Flamen das Radfahren als Freizeitbeschäftigung sehen, es ist ein beliebtes Hobby. Dass im Prinzip alle am Wochenende Rad fahren, dass aber nur wenige mit dem Fahrrad zur Arbeit pendeln. Ein großer Unterschied zu den Holländern, die ja nicht so wahnsinnig weit weg wohnen, was ein weiteres Mal unterstreicht, dass die Art, wie ein Volk Fahrrad fährt, auf reiner Gewohnheit fußt.

»Dann haben wir die Touristen, die herkommen und Rad fahren. Es gibt, vereinfacht gesagt, vier Typen. Diejenigen, die die Gelegenheit nutzen, eine Runde zu radeln, wenn sie schon einmal hier sind. Sie leihen sich ein Fahrrad in der Stadt. Diejenigen, die ein eigenes Rad dabeihaben, ein Rennrad oder ein Mountainbike, die zwischendurch die Landschaft hier ein bisschen erkunden wollen. Diejenigen, die einen Fahrradurlaub für ein paar Tage, eine Woche gebucht haben und jeden Tag eine bestimmte Strecke radeln, während ihr Gepäck mit dem Auto transportiert wird. Und zu guter Letzt die, die auf einem der längeren Radwanderwege durch ganz Flandern radeln, wie den EV4, der die Atlantikküste entlangführt.«

In einer dicht bevölkerten Gegend Rad zu fahren, in der kein Verkehrsalbtraum herrscht, fasziniert mich. Im Sommer fahre ich gerne in Södermanland südlich von Stockholm, einer eher dicht besiedelten Gegend Schwedens, trotzdem gibt es kein Café, um eine Pause während meiner Runden zu machen. Eine Ausnahme ist meine Hundertkilometerrunde, wo es an vier Sonntagen im Juni ein zeitweiliges Café in einem Bauernhof gibt. Das ist alles.

»Dort drüben«, ruft Dries, »in der kleinen Ortschaft da, organisiert ein Sänger jedes Frühjahr ein eigenes Radrennen. Belcanto heißt er, ja, das ist natürlich ein Pseudonym, eigentlich heißt er Guido Versmissen.«

Dann kommen wir nach Kemmelberg, und ziemlich lang hat keiner von uns Lust, sich zu unterhalten: Pflastersteine auf 395 Metern, 13 Prozent mittlere Steigung, im schlimmsten Fall sogar 23 Prozent. Auf dem höchsten Punkt bin ich total erledigt. Dann folgt eine genauso harte Abfahrt über noch schlimmere Pflastersteine. Unten im Flachen fühlt es sich so an, als wäre in mir alles durcheinandergeschüttelt und müsste erst wieder zurechtgerückt werden.

Dann radeln wir zurück zur neuen Stadt Ieper, die eine Kopie der mittelalterlichen Stadt Ieper ist. Irgendwie ein wenig merkwürdig. Als wäre nichts geschehen.

Z

Z

ist das schönste Fahrradmodell des schwedischen Herstellers Skeppshult und hat mehrere Designpreise gewonnen. Allerdings kann es wesentlich mehr Coolheitspunkte aufweisen als verkaufte Exemplare.

ZEDLER

Das Institut für Fahrradtechnik und -Sicherheit GmbH ist etwas so Ungewöhnliches wie ein unabhängiges Testinstitut für Fahrräder. Die Testresultate werden oft in den deutschen Zeitschriften *Tour* für Rennräder und *Bike* für Mountainbikes veröffentlicht.

ZIPP

stellt Fahrradteile her. Am bekanntesten ist das Unternehmen für seine Laufräder, nicht zuletzt für speichenlose Scheibenräder.

Å

ÅRE

ist ein Ort in Schweden und wird im Fahrradkontext mit dem Downhill-Sport in Verbindung gebracht. Besonders, nachdem 2004 der Åre Bike Park eröffnet wurde. Es gibt 34 Trails mit allen Schwierigkeitsgraden. Die Saison dauert ungefähr von Mai bis Oktober, und man kann Fahrräder ausleihen.

Downhill wird für gewöhnlich als das Fahrradpendant zum Abfahrtslauf beschrieben. Möglicherweise vermittelt das ein nicht ganz richtiges Bild, weil man beim Abfahrtslauf an steile, aber ebene Pisten denkt. Beim Downhill geht es ebenso steil zu, aber der Untergrund ist alles andere als eben. Vielmehr ist er voller Hindernisse wie Felsen, steinige Abschnitte, Wurzelwerk, künstlich angelegte Sprünge und Drops sowie steile Kurven.

Ein Downhill-Bike ist für seinen bestimmten Einsatzzweck gebaut. Außer Scheibenbremsen, robuster Federung und Reifen mit verstärkten Flanken hat ein Downhill-Bike auch eine hecklastige Geometrie und einen flacheren Lenkwinkel als sein Vetter, das Mountainbike. Das ist der Optimierung des Schwerpunkts geschuldet, damit der Fahrer die äußerst steilen Strecken meistern kann. Diejenigen, die Downhill fahren, tragen auch viel mehr Schutzausrüstung als andere Offroad-Fahrer. Unter anderem Rücken-, Ellenbogen- und Knieprotektoren sowie einen sogenannten Fullface- oder Vollvisierhelm.

Abgesehen davon, dass Åre ein Ort ist, wo man Downhill auf schwarzen Pisten fahren und mit dem Mountainbike über Wanderwege strampeln kann, ist es inzwischen auch ein Ziel für Straßenfahrer geworden. Die Åre Bike Challenge ist ein Rennen, das zwischen dem norwegischen Trondheim und Åre ausgetragen wird: 210 extrem schöne Kilometer mit 2022 harten Höhenmetern, die zu bewältigen sind. Es gibt auch zwei kürzere Varianten.

REGISTER

A

Abenteurer 9
Albert Einstein 9
Alfonsina Strada 9
Allen Key 10
Aller Fahrrad Anfang 11
Alleycats 12
Aluminium 13
Asphalttätowierung 14

B

Bacon 15
Balance 15
Ballonreifen 16
Bambus 17
Bandana 17
Bar 18
Beinrasur 18
Berg 19
Berufe 22
Betrug 24
Bianchi 27
Bier 34
Bikefit 35
Bikekitchen 35
BMX 36
Boneshaker 36
Brettern 36
Brooks Sättel 36
Bücher 41

C

Cafés 42
Campagnolo 45
Cruiser 50
Cyclocross 52

D

Dating 53
Designräder 53
Dirt Jump 58

E

E-Bike 59
Einrad 61
Einstellung 61
Einzigartig 66
Elektronische Schaltung 66
Emanzipation 67
Enganliegende Kleidung 69
Erfindungen 69
Ernährung 72
L'Eroica 76
EuroVelo 76

F

Fahrrad 77
Fahrradanhänger 77
Fahrradpumpe 78
Fahrradschulen 78
Fahrradurlaub 79
Faltrad 82
Fantom 82
Filme 83
Fixie 86
Flahute 90
Flaneur 90

G

Gangschaltung 91
Geier 96
Geld 96
Gemeinsame
Geh- und Radwege 97
Gesundheit 97
Gewicht 101
GPS 101
Grand Tours 104
Granny Gear 105
Groningen 105

H

Handbikes 109
Handgefertigte
Fahrräder 110
Harry Snell 122
Haute Route 123
Helm 123
Hintern 127
Hipsterfabrik 128
Hobbyschrauber 131
Horizontales Parken 131
Hors Catégorie 132
Hövding 132
Der Hundertzweijährige 132
Hybridfahrrad 133

I

Innenbeinlänge 134
Inzucht 134
Itera 135

J

Jagd & Fahrrad 136
Jour sans 136
Jönköping 136

K

Kadenz 137
Katzenauge 138
Klassiker 139
Kohlefaser 139
Königsetappe 142
Kork 143
Korsika 143
Kriterium 151

L
Lanterne Rouge 152
Lastenrad 153
Laxa 156
Leihfahrräder 157
Lieder über das Fahrrad 158
Liegerad 160
Luftwiderstand 162
Lycra 163

M
Madonna del Ghisallo 167
Magnesium 167
Mountainbike 168
Musette 169
Muur 169

N
Nabendynamo 170

O
Ölandrundfahrt 171
Östberg 171
OTB 173
Oudenaarde 174

P
Pannier 179
Paris-Roubaix 180
Pendeln 181
Plattfuß 182
Poller 183
Produktpiraterie 183
Prozessionsspinner 184

Q
Quadracycle 185
Quicksilver 185

R
Radelnder Schulbus 186
Radschnellweg 186
Radweg 187
Randonneur 187
Regen 190
Reifendichtmittel 190
Reifenfabrik 191
Rouleur 194

S
Scalatore 195
Scandium 196
Schlauchreifen 196
Schlüsselbein 197
Schneeradeln 197
Schutzengel 198
Schwedische Fahrradhersteller 199
Sicherheit 199
Slow Roll 200
SRAM 200
Stahl 203
Stilguide 207
Straßensteuer 209
Stürze 209

T
Tandem 211
Tattoos 212
Teile 212
Tillie Anderson 213
Titan 215
Todessplitt 216
Tourenrad 216
Trial-Bikes 216
Trikot des Führenden 217
Tweed Run 217

U
Ultracycling 220
Umgekehrte Citymaut 221
Umweltschutz 221
Ungetüm 224
»Unter zehn lass dein Auto stehn« 224

V
Vätternrundfahrt 226
Velodrom 228
Vélodrome d'Hiver 232
Vibrationen 233

W
Watt 234
Weinradeln 235
Weiße Fahrräder 241
Winterradeln 242
Wohltätigkeit 243
Wohnwagen 244
Wolle 244

X
X 246
XC 246

Y
Ypern 246

Z
Z 250
Zedler 250
Zipp 250

Å
Åre 251